COLLECTION
prisme

L'épanouissement de la liberté et de la démocratie passe par la promotion du caractère pluraliste de l'espace public. Lorsque les majorités dialoguent entre elles sans négliger les minorités, quand la voix des générations montantes n'est pas étouffée et que les points de vue dissidents trouvent des espaces pour s'exprimer, les conditions sont réunies pour qu'une société puisse se considérer riche d'un espace public pluraliste. Toutefois, sur ce terrain comme sur d'autres en démocratie libérale, le triomphe définitif est un fol espoir. Rien ne saurait remplacer la pratique renouvelée du pluralisme. Une lucidité, une vigilance de tous les instants demeurent nécessaires.

La collection « Prisme » se définit comme l'un des lieux de cette vigilance dans la société québécoise contemporaine. On y accueillera des perspectives critiques face aux idées dominantes, des approches novatrices dans l'étude des réalités politiques. Des efforts particuliers seront déployés pour promouvoir la relève intellectuelle. On réservera aussi une place de choix dans cette collection à des traductions d'essais importants écrits par des auteurs anglophones du Québec et du Canada. Cette collection aura atteint ses objectifs si elle parvient à surprendre le public éclairé, à le déranger, à lui faire entendre des voix ignorées ou oubliées. Cette collection est dirigée par Guy Laforest.

Six penseurs en quête de liberté, d'égalité et de communauté

Grant, Innis, Laurendeau, Rioux, Taylor et Trudeau

Traduction de Michel Buttiens

Cette traduction a reçu l'aide du Conseil des Arts du Canada et du ministère des Affaires étrangères et du Commerce international du Canada.

**Conseil des Arts
du Canada**

**Canada Council
for the Arts**

Six penseurs en quête de liberté, d'égalité et de communauté

Grant, Innis, Laurendeau, Rioux, Taylor et Trudeau

James P. Bickerton
Stephen Brooks
Alain-G. Gagnon

Les Presses de l'Université Laval

Les Presses de l'Université Laval reçoivent chaque année du Conseil des Arts du Canada et de la Société d'aide au développement des entreprises culturelles du Québec une aide financière pour l'ensemble de leur programme de publication.

Nous reconnaissons l'aide financière du gouvernement du Canada par l'entremise de son Programme d'aide au développement de l'industrie de l'édition (PADIÉ) pour nos activités d'édition.

Mise en pages : Diane Trottier

Maquette de couverture : Chantal Santerre

ISBN 2-7637-7955-7

Distribution de livres Univers
845, rue Marie-Victorin
Saint-Nicolas (Québec)
Canada G7A 3S8
Tél. (418) 831-7474 ou 1 800 859-7474
Téléc. (418) 831-4021
http://www.ulaval.ca/pul

Table des matières

Avant-propos

Peut-être en raison d'une modestie qui leur est propre, peut-être à cause de leur statut de bastion colonial d'un grand empire pendant des siècles, les Canadiens n'ont pas eu tendance à se considérer comme des acteurs de premier plan sur le scène intellectuelle mondiale. Ils se voient eux-mêmes comme des gens marginaux, qui ont une réplique à dire à l'occasion, mais qui sont en général destinés à jouer un rôle de soutien envers les grands centres de la pensée occidentale. D'ailleurs, pendant la plus grande partie de l'histoire du pays, il était normal pour les *Canadians* et les Canadiens français d'aller étudier à l'étranger, particulièrement en Angleterre, en France et aux États-Unis, sous la direction d'experts de renommée mondiale en histoire, en économie, en littérature, en sciences et dans d'autres domaines du savoir. En plus d'importer des capitaux pour bâtir ses chemins de fer, financer la construction de ses usines et exploiter ses ressources naturelles, le Canada importait des idées.

Il n'y a rien de mal, à tout le moins dans l'univers des idées, à apprendre des autres et à importer le *nec plus ultra*. À cet égard, les Canadiens ont été des partisans enthousiastes de la mondialisation bien avant que ce mot ne fasse son apparition dans les dictionnaires. Mais il se pourrait que de longues années à regarder ailleurs aient amené les Canadiens à négliger les courants qui se développaient chez eux et à considérer que, en ce qui a trait aux idées à tout le moins, une origine canadienne avait des connotations d'esprit de clocher, de produit dérivé et de pensée presque certainement de second ordre.

Quoi qu'on puisse en dire, aucune de ces connotations ne s'applique à la pensée politique canadienne. Il convient néanmoins, dans la plus pure tradition canadienne, de faire face à la réalité : le reste du monde ignore à peu près tout des traditions intellectuelles qui ont marqué le Canada et le Québec et – comme il faut dès lors s'y attendre – l'incidence des penseurs canadiens et de leurs idées en dehors des frontières de leur pays n'a été, au mieux, que marginale. Au début de l'histoire canadienne, on ne relève aucun Jefferson, Madison ou Paine. Le XXe siècle a été beaucoup plus prolifique en matière de réflexion politique au Canada. Mais, peut-être en raison de la relative placidité canadienne et du passage graduel du statut de colonie à celui d'État indépendant, conjugué au fait que le Canada était à peine sorti de l'ombre d'une puissance mondiale sur le déclin, la Grande-Bretagne, qu'il entrait dans celle d'une autre étoile montante, les États-Unis, la réflexion politique des Canadiens et des Québécois n'a guère retenu l'attention du reste du monde. Jusqu'à l'apparition relativement récente d'une curiosité pour les études canadiennes et québécoises aux États-Unis, en Grande-Bretagne et en France, l'intérêt suscité par les débats intellectuels au Canada est demeuré extrêmement limité, et on peut dire la même chose de sa connaissance.

Comme on pourrait s'y attendre, les Canadiens ont commencé à s'intéresser à leurs propres histoires et traditions intellectuelles avant que le reste du monde s'aperçoive de leur existence. Les deux dernières générations de Canadiens ont été formées dans un système universitaire où les cours et programmes portant sur l'histoire, la littérature, la politique, la culture et la pensée politique du Canada français et du Canada anglais étaient nombreux. On leur a appris que les Canadiens et les Québécois, comme d'autres peuples, se sont débattus, à leur manière et dans les circonstances particulières à leur histoire respective, avec les grandes questions liées à la condition humaine. Toutefois, à d'assez rares exceptions près, ils demeurent inconscients des identités et des idées des intellectuels dont la contribution à l'élaboration de la pensée politique contemporaine de leur pays a été la plus importante.

Cet ouvrage est destiné à ceux et celles qui souhaitent en apprendre davantage sur les personnes dont les réflexions ont contribué à définir l'évolution de la pensée politique moderne au Canada et au Québec. Dans certains cas, leur influence a surtout été indirecte, prenant la forme d'écrits et d'enseignements qui ont modelé la réflexion des décideurs politiques et des leaders d'opinion. Dans d'autres – on pense particulièrement à Pierre Trudeau et à André Laurendeau – leur influence a été plus directe et leur style plus engagé. Certes, il ne s'agit pas des seules figures à avoir laissé leur empreinte sur l'évolution des idées politiques du Canada français et du Canada anglais ces dernières décennies, mais on ne saurait en nier l'importance.

Chapitre 1

Les idées, les intellectuels et la vie politique au Canada

Souvent, les idées ont paru insaisissables en politique canadienne. Il y a un siècle, le spécialiste français des sciences sociales André Siegfried signalait ce qui lui apparaissait comme une absence quasiment totale de grandes idées et de conflit idéologique en politique canadienne. Plutôt que d'offrir aux électeurs des idéologies concurrentes et de livrer bataille sur des questions de principes, soulignait-il, les partis et politiciens canadiens se lançaient dans une sorte de guerre de sollicitation de votes. Les promesses de construction de route, de bureau de poste ou de contrat venaient se substituer aux débats sérieux sur des enjeux plus vastes axés sur les fins recherchées de la gouvernance. «Quel que soit le vainqueur, soulignait Siegfried, on sait que le pays sera administré de la même manière [...] la seule différence, c'est qu'il le sera par tel ou tel personnel.» (Siegfried, 1966: 180)

Siegfried n'était pas seul à prétendre qu'il était souvent difficile de susciter l'émergence d'idées dans la vie politique canadienne, puisqu'elles demeuraient enfouies sous d'épaisses couches de politique partisane teintée de népotisme, et de leadership politique qui tentait d'en atténuer les différences plutôt que de leur permettre d'établir des démarcations nettes au sein du corps politique. Faisant écho au jugement de nombre de ses collègues du milieu du XXe siècle, l'historien Frank Underhill fit un jour observer que «l'histoire canadienne est ennuyeuse comme la pluie et que notre politique en est remplie» (Underhill, 1960 : 43, notre traduction). Dans un commentaire sur le style de leadership de William Lyon Mackenzie King, champion de la longévité parmi les premiers ministres canadiens, le poète et constitutionnaliste F.R. Scott écrivait :

> Il nous a émoussé
>
> Si nous étions sans forme,
> C'est parce qu'il n'a jamais pris parti
> Et sans parti
> Parce qu'il ne leur a jamais permis de prendre forme
>
> S'il paraissait se trouver au centre,
> C'est parce que nous n'avions ni centre
> Ni vision
>
> Pour percer l'écran de fumée de ses politiques.
> (Scott, dans Scott et Smith, 1957 : 27-28, notre traduction)

En dépit de tout ce que Siegfried trouvait de déconcertant à l'absence apparente de réflexion en politique canadienne, il proposait une explication charitable et empreinte de fonctionnalisme à ce qu'il considérait comme le ton peu inspirant et même la sonorité doucereuse de la vie politique canadienne. Selon lui, il existait d'importants clivages et de grands enjeux à l'état latent dans la politique canadienne, mais la mobilisation des citoyens et des intérêts autour de ces clivages, surtout linguistiques et religieux, risquait d'ébranler les fondations du système politique en débridant des passions et des ressentiments auxquels ce pays jeune risquait fort de ne pouvoir résister. Le fait que la politique canadienne soit dominée par les libéraux et les conservateurs, deux partis aux principes très semblables et à l'attitude quasi identique au pouvoir, et le refus systématique des grands hommes politiques canadiens de s'engager mutuellement sur le terrain des idées représentaient le prix à payer pour permettre la survie d'un pays où les grandes passions et les divisions idéologiques bouillonnaient sous la surface uniformément grise de la vie politique canadienne.

Depuis les années 1950 et 1960 environ, en réaction à l'incapacité du système de partis canadien à évoluer en suivant les démarcations entre classes, comme le prévoyaient de nombreux spécialistes des sciences sociales, la gauche canadienne a offert une interprétation tout aussi empreinte de fonctionnalisme mais moins charitable, de l'absence relative de grandes idées dans la politique canadienne. Constatant cet échec, de nombreux éléments de la gauche ont soutenu que les grands partis, le Parti libéral et le Parti progressiste-conservateur, évitaient délibérément les questions liées aux conflits entre classes, préférant concevoir la politique canadienne en fonction des intérêts régionaux et linguistiques, domaines qui leur étaient plus familiers. Ce faisant, ces grands partis et leurs dirigeants ont entravé ce que la gauche voyait comme une évolution normale de la politique au sein d'une société moderne, une « politique créative » qui reposerait sur l'opposition entre les intérêts des travailleurs et les détenteurs du capital, entre les faibles et les nantis, et qui exigerait forcément que la politique s'intéresse à des questions aussi chargées d'idéologie que le rôle de l'État par rapport à celui du marché, la juste répartition des richesses dans la société et le sens de la justice et de l'égalité. La politique créative allait donner naissance à un système de partis polarisé en fonction des démarcations entre classes et offrir aux citoyens des choix véritables entre des idéologies et des ensembles complets de politiques, éliminant au passage l'ennui qui, selon Underhill, ternissait la vie politique canadienne.

Dans un ouvrage intitulé *Crisis, Challenge, and Change: Party and Class Revisited,* Jane Jenson et Janine Brodie sont revenues sur l'idée selon laquelle la division idéologique avait été éliminée au Canada par des partis bien établis qui voyaient dans la politique fondée sur les classes une menace à leur position de domination (Brodie et Jenson, 1988). Elles soutiennent que les grands partis canadiens avaient proposé à la population une définition de la vie politique ne tenant pas compte des classes ce qui retardait la prise de conscience de l'existence de classes. Les électeurs s'étaient plutôt vu proposer une définition de la politique qui se voulait pragmatique et une réflexion sur les principales valeurs de la société canadienne. Selon elles, le type de politique de courtage pratiquée par le Parti libéral et le Parti progressiste-conservateur avait empêché l'émergence d'une politique des idées (à moins que l'on ne considère du ressort des idées le choix entre un projet créant des emplois au Nouveau-Brunswick et un contrat gouvernemental offert à une société de Mississauga).

Si les partis qui, historiquement, ont dominé la vie politique canadienne ont préféré en découdre sur des terrains familiers et étroits, évitant dans la mesure du possible les sortes de questions et d'enjeux que la gauche considère comme l'essence même de la vie politique, cela ne signifie pas pour autant qu'il n'ait pu y avoir débat dans la vie politique canadienne d'une autre façon. Il arrive que les médias, le monde universitaire, les syndicats, les mouvements sociaux et les tiers partis cernent les problèmes à leur façon et élargissent le discours politique au-delà des paramètres favoris des grands partis et de leurs dirigeants, introduisant par là même des idées nouvelles dans l'univers politique. À n'en point douter, c'est ce qui s'est passé au Canada. De surcroît, l'argument de la gauche canadienne selon lequel le seul conflit d'idées qui soit digne de ce nom repose sur la différence des classes n'est que pure vanité. On associe les clivages habituels de la politique canadienne – francophones contre anglophones, Canada contre États-Unis et Canada central contre l'Est et l'Ouest – à des conceptions particulières au pays, à la nature de la société canadienne, à l'interprétation juste de son histoire et à des jugements normatifs posés sur cette histoire. Aucun de ces éléments ne peut être réduit à un simple sous-produit du conflit entre les classes.

De fait, il serait pour le moins étrange pour une société de produire de grandes réflexions sur des questions qui ne sont pas essentielles à son histoire. L'œuvre des grands penseurs est fonction du ferment des conditions propres à leur société. On s'attendrait à voir les intellectuels, les hommes d'État et les leaders d'opinion se pencher sur les clivages déterminants de l'histoire canadienne et de la situation du pays, et interpréter des questions plus universelles concernant la liberté, l'égalité, la justice et la dignité humaine dans l'optique de cette histoire et de cette situation.

Comme de raison, les préoccupations des principaux intellectuels canadiens correspondent à celles qu'on s'attendrait à voir découler de l'histoire canadienne. Sans doute est-il juste de dire que les Canadiens et les Québécois ont consacré autant d'attention aux questions de division ethnolinguistique et de compréhension des rapports historiques entre le Canada français et le Canada anglais que les intellectuels de n'importe quelle autre société marquée par des tensions linguistiques. Les rapports entre le Canada et les États-Unis ont tellement imprégné la conscience canadienne et ont inspiré une telle production d'analyses et de polémique qu'on ne peut s'empêcher, en relatant l'histoire du pays, de proposer une réflexion sur le sens et les conséquences de ces rapports. En effet, le mode de réflexion et le discours des intellectuels canadiens-anglais sur la liberté, l'égalité et la communauté – fondements thématiques du présent ouvrage – ont très nettement subi l'influence des perceptions de notre voisin du Sud. La nature des relations entre ce qu'on a souvent appelé le centre industriel du Canada, qui s'étend de Windsor à Montréal, et les régions moins peuplées à l'est et à l'ouest de ce corridor, a tout simplement été ignorée par certains des grands penseurs politiques du Canada, qui ont porté leur attention sur les enjeux liés aux relations entre francophones et anglophones et entre Canadiens et Américains. Néanmoins, certains des meilleurs historiens, Harold Innis et Donald Creighton, par exemple, ont saisi toute l'importance de la question régionale pour comprendre la canadianité.

DES TÉMOINS EN MARGE DE L'HISTOIRE ?

À l'encontre de ce que Siegfried, entre autres, a laissé entendre, la vie politique canadienne a donné naissance à des idées grandioses. Même Mackenzie King, qui, singulièrement, a beaucoup contribué à maintenir les idées et les conflits idéologiques à l'extérieur de la vie politique canadienne, a apporté sa contribution à la réflexion politique grâce à la vision corporatiste qu'il a si fermement élaborée dans son ouvrage intitulé *Industry and Humanity* (King, 1918). Dans un pays dont l'histoire a été marquée par des dissensions à la fois profondes et souvent passionnées, entre catholiques et protestants au début de l'histoire canadienne et entre le Canada français et le Canada anglais pendant toute l'histoire du pays, où les ressentiments régionaux ont longtemps fermenté et souvent débordé en mouvements de protestation, et où la relation du pays avec les États-Unis a été source de controverse et d'angoisse existentielle pendant plus de deux siècles, il était impossible d'exclure les idées de la vie politique.

Peut-être Siegfried a-t-il amplifié la chose, quoique l'on puisse dire, à sa décharge, que la vie publique au Canada pendant les quelques décennies qui ont suivi la Confédération ne se distinguait guère par la présence de grands principes et d'hommes d'État particulièrement inspirants. À cette époque, les principaux enjeux publics étaient les chemins de fer, les barrières tarifaires et les querelles autour des idées maîtresses du Parti conservateur dirigé par John A. Macdonald et les forces qui se portaient à la défense des droits provinciaux dans un pays en émergence. Il est arrivé que les relations entre le Canada et la Grande-Bretagne donnent l'élan à une réflexion plus large sur la nature du pays et son avenir, comme pendant la guerre des Boers et pendant la Première Guerre mondiale, et la Crise des années 1930 a déclenché une vague de réflexion critique sur le capitalisme et le rôle que devrait jouer le gouvernement, sous l'impulsion

de la Fédération du commonwealth fédératif ((le CCF), devenue le
Nouveau Parti démocratique, de la Ligue pour la reconstruction sociale (LRS), d'organes intellectuels comme le *Canadian Forum*, et même
de nombreux dirigeants et bureaucrates de la classe politique[1] (Owram,
1986). Mais le cœur de la vie politique canadienne, représenté par les
libéraux et les conservateurs, s'en est tenu à son mode de politique de
médiation évitant l'engagement direct, les intérêts et le favoritisme
prenant le pas sur les idées et les principes. Les grandes réflexions sur
la politique et le rôle du gouvernement étaient souvent le fait du dis-
positif canadien par excellence, la commission royale d'enquête, ou
son cousin, le livre blanc. Bureaucratisées et sous le contrôle gouvernemental, ces méthodes d'examen critique de certains aspects de la
société, de l'économie ou de la politique gouvernementale canadiennes
offraient ce qui, du point de vue des grands commis de l'État, semblait
certainement constituer la voie la plus sûre d'examen des nouvelles
idées dans la vie publique. Dans une certaine mesure, ces éléments
ont rempli une fonction que l'on se serait attendu à voir le système de
partis et les élections s'acquitter[2] (Bradford, 1988).

On a l'habitude d'attribuer le peu de place laissée aux idées
dans la vie publique canadienne à des éléments comme l'incidence
du fédéralisme, qui transformait les enjeux susceptibles de cadrer dans
de grands débats et de grands principes en des questions de zones de
compétence, de culture politique, moins polarisées selon les démarcations entre classes que dans de nombreuses autres démocraties oc-
cidentales, et de système de partis. Pourtant, l'explication pourrait
bien jusqu'à un certain point résider dans le fait que le Canada a
toujours été, ses prétentions nationalistes mises à part, un témoin muet
de l'histoire mondiale. Les Américains, les Français et les Britanniques,
pour n'en nommer que quelques-uns, ont tous eu leur influence propre sur le cours de l'histoire mondiale. Leurs luttes internes et leurs
prises de position à l'échelle internationale ont donné lieu à une réflexion critique sur les principes à la base de leur mode de gouvernement. Tant leurs hommes d'État que leurs grands penseurs étaient
conscients de l'influence exercée par leur nation sur le cours de l'histoire et, de ce fait, sur le poids et la portée des conséquences de leurs
idées et de leurs actes.

---

1. Pour une solide analyse de la remise en question au sein des dirigeants politiques et
    des bureaucrates, voir Owram (1986).
2. Voir la remarquable étude de Neil Bradford sur les commissions royales d'enquête et
    leur rôle dans l'apprentissage politique (Bradford, 1998).

Le Canada, par contre, a évolué en marge du cours de l'histoire, étant perçu par le reste du monde comme une région quelque part au nord des États-Unis. Sans vouloir atténuer l'importance, aux yeux des protagonistes, des luttes internes et des réalisations qui ont marqué l'histoire du pays, il faut convenir que leur ampleur a été insuffisante pour attirer l'attention du monde extérieur. Dès lors, il ne faut pas trop se surprendre du faible impact à l'extérieur des frontières du pays, des réflexions sur la politique et la société canadiennes, de même que sur la condition humaine dans une perspective canadienne. Au contraire, historiquement, les Canadiens ont importé avec beaucoup d'application des idées formulées ailleurs et les ont adaptées à leur situation sans exporter beaucoup de capital intellectuel en échange. Il faut toutefois reconnaître que le Canada a longtemps exporté des intellectuels et des gens créatifs sur un plan général, quoiqu'on ne puisse assimiler cette situation à l'exportation d'idées présentant un caractère distinctif canadien.

D'aucuns pourront soutenir que ce n'est plus le cas aujourd'hui et que, ces dernières décennies, le Canada a trouvé sa place au cœur de l'histoire en montrant aux autres pays comment faire fonctionner une société multiculturelle fondée sur des principes de tolérance, de respect des droits collectifs et d'égalité. On pouvait déjà en voir certains indices il y a deux générations de cela dans les écrits de Pierre Elliott Trudeau. Ce dernier soutenait que le Canada, s'il parvenait à trouver des façons de respecter et de protéger les droits de ses deux grandes communautés linguistiques, pourrait offrir au monde un exemple probant d'une forme de nationalité non ethnique. Depuis l'époque de Trudeau, on entend souvent les intellectuels anglophones du pays soutenir que l'évolution des droits collectifs depuis la promulgation de la Charte des droits et libertés en 1982 et la reconnaissance de formes d'autonomie gouvernementale chez les autochtones démontrent que le Canada est en train de bâtir une société sur les fondements de la tolérance et de l'égalité, et montre en cela la voie à d'autres pays. Le monde anglophone reconnaît à leur juste valeur les travaux de Canadiens comme Michael Ignatieff, Charles Taylor et Will Kymlicka, ce qui montre bien que le Canada, sur le plan des idées, est sorti de sa longue adolescence.

Quant à savoir si le Canada a cessé d'être un témoin muet de l'histoire mondiale, c'est une question à laquelle nous ne pouvons répondre ici. Il est certain que les intellectuels et les leaders d'opinion de toutes les sociétés exagèrent l'importance et même la prise de conscience dans le reste du monde, des enjeux et réalisations qui leur sont si familiers. Si les Canadiens s'en rendent coupables, ils ne sont pas les seuls. Mais il semble également probable que l'exemple canadien mérite plus que jamais auparavant l'attention du reste du monde. Alors que les migrations à l'échelle mondiale transforment les aspects démographique et culturel des sociétés et que les forces de la mondialisation remettent en question et rendent obsolètes les notions traditionnelles de souveraineté et de nationalité, il se pourrait fort bien que les luttes en cours au Canada aient une incidence qui dépasse de loin les frontières de ce pays.

Il arrive souvent aux intellectuels nationalistes et aux politiciens canadiens-anglais de proclamer que le Canada est en train de créer une sorte de société pluraliste post-moderne et post-nationaliste dans laquelle, comme le rappelle Charles Taylor, différentes collectivités peuvent trouver des places distinctes au sein du Canada. Il n'est toutefois pas évident que cela représente l'avenir, pour le Canada ou pour n'importe quel autre pays. À mesure, cependant, que les Canadiens se frottent à la dynamique complexe de leur propre condition, notamment à une intégration économique de plus en plus poussée au sein du marché nord-américain, les changements démographiques profonds survenus au cours des quelques dernières décennies à la suite d'un glissement vers les sources d'immigration autres qu'européennes, du défi posé par les revendications d'autonomie accrue et même de souveraineté de la part des autochtones, et de l'incertitude qui demeure quant aux rapports entre le Québec et le reste du Canada, leurs efforts de réflexion sur les questions que soulèvent ces mouvements trouvent certes leur écho au-delà des frontières.

LIBERTÉ, ÉGALITÉ ET COMMUNAUTÉ À TRAVERS LE PRISME CANADIEN

Dans cet ouvrage, nous explorons les traditions politiques modernes du Canada français et du Canada anglais à travers le prisme de certains de leurs intellectuels de grand renom. Nous avons choisi, dans chacune des communautés linguistiques, des personnalités dont l'influence a été profonde sur la pensée politique des autres intellectuels. Du Canada anglais, nous avons retenu Harold Innis, un historien de l'économie politique, et George Grant, un philosophe dont les écrits sur le Canada ont trouvé de nombreux lecteurs parmi les spécialistes des sciences sociales. Du Canada français, nous avons retenu les noms de Marcel Rioux, un sociologue, et d'André Laurendeau, un journaliste et un intellectuel nationaliste en vue. Nous avons également opté pour Pierre Elliott Trudeau, un ancien premier ministre et fédéraliste de premier plan, ainsi que Charles Taylor, un philosophe de renom; nous les considérons tous deux comme des ponts jetés sur le fossé séparant le Canada français et le Canada anglais.

Le choix de plusieurs penseurs en vue de la préparation de cet ouvrage a été guidé par une règle très simple: nous avons choisi ceux dont les idées nous paraissaient avoir exercé l'influence la plus profonde sur la pensée politique des Canadiens et des Québécois des deux dernières générations et dont les écrits nous avaient de surcroît aidés à saisir le cheminement de la pensée des Canadiens sur certaines des valeurs essentielles de la vie démocratique et leur signification au Canada. Tous les penseurs abordés dans cet ouvrage ont – certains plus que d'autres – consacré énormément d'écrits à la condition canadienne. Grâce au prisme de leur œuvre, nous espérions parvenir à comprendre la conception que chacun avait de l'architecture grandiose de la vie politique – de la liberté, de l'égalité et de la communauté – au sein de l'espace canadien ou québécois.

Cette exploration des idées et de l'influence de plusieurs intellectuels bien en vue issus des deux principales communautés linguistiques du Canada ne revient pas à rédiger leur biographie. Il est cependant impossible de fermer les yeux sur les expériences et les personnes qui ont orienté la pensée et la carrière de ces penseurs politiques influents. Les idées et les traditions intellectuelles qu'ils expriment ont des sources, qu'il faut repérer et expliquer. Il nous fallait donc, dans une certaine mesure, faire œuvre de biographes. Mais, en réponse à une merveilleuse étude comme *The Writing of Canadian History* de Carl Berger (Berger, 1976), nous nous sommes principalement efforcés non pas tant de comprendre les sources d'une tradition intellectuelle que d'expliquer l'incidence d'une tradition – ou de deux traditions, dans le cas qui nous occupe – sur la politique et la société.

Les thèmes de liberté, d'égalité et de communauté n'ont pas le même poids dans l'œuvre des six penseurs analysés dans les chapitres qui suivent. Pas plus qu'il n'est possible – ni même souhaitable –

d'établir une distinction nette entre ces préoccupations dans les écrits de l'un d'entre eux. Ces thèmes sont la plupart du temps enchevêtrés dans un écheveau d'idées au sein duquel un des thèmes constitue la dominante. Ainsi, par exemple, les arguments développés par Charles Taylor à propos de la liberté et de l'égalité passent par le filtre de ce qui apparaît comme une vision morale particulière de la communauté. Le fil communautaire de la pensée de Taylor baigne toute son œuvre et donne une couleur particulière à ses arguments à propos de la liberté et de l'égalité. Par ailleurs, Pierre Trudeau part de prémisses essentiellement différentes. Ses idées sur les droits collectifs et le nationalisme sont fortement teintées d'individualisme libéral. Son aversion notoire à l'égard du nationalisme et ses réflexions sur l'égalité linguistique sont modelées par une philosophie individualiste dont l'influence est évidente dans l'ensemble de ses écrits et dans toute sa carrière politique.

L'œuvre de chacun des six penseurs étudiés dans les chapitres qui suivent a un ton caractéristique et chacun d'eux occupe une place particulière dans la vie intellectuelle et publique du Canada. Ensemble, leurs écrits offrent une sorte de carte des rivages intellectuels canadiens et québécois, à tout le moins en ce qui concerne la vie politique. Cette carte ne couvre pas tous les affluents, ni tous les courants, mais toute personne désireuse de découvrir les rivages de la pensée démocratique canadienne trouvera certainement dans leurs travaux des renseignements essentiels. Il s'agit véritablement de six penseurs dont les écrits ont influencé le cours des choses.

Chapitre 2

L'économie politique radicale de Harold Innis

Harold Innis est le premier chercheur des sciences sociales au Canada à se tailler une réputation internationale. Historien œuvrant dans le champ de l'économie politique à l'Université de Toronto de 1920 jusqu'à sa mort prématurée en 1952, avec W.A. Mackintosh, Innis élabore la « théorie des ressources premières », une approche intégrante et au caractère typiquement canadien de l'étude du développement économique, social et politique dans les sociétés excentrées ou les colonies établies par les « colons blancs ». Vers la fin de sa vie, Innis étend ses travaux novateurs sur le rôle des ressources (comme le poisson, la fourrure, le bois, le blé et les pâtes et papiers) dans l'histoire canadienne à la recherche sur l'histoire des communications et ses rapports avec l'essor et le déclin des cultures et des civilisations. Décrit comme un « génie singulier » (Christian, 1980 : viii) et un être « d'une vigoureuse originalité » (Clement et Williams, 1989 : 7), ses idées et ses trouvailles influencent toute une brochette de penseurs dans une vaste gamme de disciplines : l'économie, l'histoire, la géographie, la sociologie, la science politique, les communications et les études canadiennes. Sa contribution aux débats entre chercheurs et politiciens du XXᵉ siècle sur des thèmes comme l'histoire, l'économie, la société et la culture canadiennes, compte parmi les plus importantes (d'autant plus que son influence se fait sentir un peu partout).

À l'encontre des autres penseurs dans cet ouvrage, Harold Innis n'est ni un philosophe ni un théoricien de la politique. Pas plus qu'il n'est un «intellectuel engagé»; il ne joue en effet aucun rôle public en politique. Les publications érudites qu'il laisse en héritage sont de lecture ardue, denses, bourrées de commentaires et difficiles d'accès pour le lecteur, quoiqu'elles soient, d'après l'historien Donald Creighton, «entrecoupées de brillantes généralisations» (Creighton, 1981 : 20, notre traduction). «Homme timide aux manières gauches et peu porté à la conversation légère» (Clark, 1981 : 29, notre traduction), Innis lui-même n'a rien de charismatique. Quant à ses réflexions politiques, elles paraissent presque purement fortuites; il isole rarement les questions politiques du contexte social, économique et culturel plus large. (Berger, 1976 : 100; Whitaker, 1983 : 820) De fait, Whitaker a recours à l'expression «opacité énigmatique» pour cerner la nature de la pensée politique d'Innis. Autrement dit, comprendre parfaitement et clairement Innis comme penseur politique et écrivain pose un énorme défi au lecteur même le plus aguerri.

Pour toutes ces raisons, l'influence qu'exerce Innis sur la politique canadienne n'est ni directe ni immédiate. De fait, on observe un manque flagrant de continuité entre Innis et la génération suivante de chercheurs canadiens. Ses méthodologies et idées originales ne sont ni systématiquement suivies ni critiquées de façon rationnelle; son œuvre est largement ignorée et sa façon d'interpréter le Canada, soit sensiblement modifiée, soit remplacée par une autre. En bref, comme on l'évite plutôt que de le suivre, son héritage intellectuel immédiat est plutôt maigre. (Westfall, 1981 : 38) Il n'inspire tout simplement pas de groupe de disciples pour se faire les promoteurs d'une «école innisienne»; sa réflexion n'est pas du genre à «créer un système» (Christian, 1980). Et c'est précisément cela qu'il recherche. «Il se méfiait de la théorie. Selon lui, elle débouchait souvent sur la création de nouveaux dogmes, de nouvelles rigidités et de nouveaux monopoles de connaissances.» (Clark, 1981 : 29; Salter, 1981 : 194, notre traduction) Innis n'essaie pas non plus de s'immiscer dans les grands enjeux et mouvements politiques de l'heure. Il s'oppose à l'idée de voir les chercheurs universitaires jouer un rôle actif en politique, ou s'asservir d'une autre façon à des politiciens et bureaucrates, et affiche ouvertement son mépris à l'endroit des intellectuels qui «vendent leur âme » à l'État ou à une cause partisane[1]. (Creighton, 1981 : 22 ; Berger, 1976 : 101 ; Salter et Dahl, 1999 : 114)

Pour toutes ces raisons, il est très difficile de classer Innis comme penseur. Ceux qui l'ont bien connu, ou qui écrivent des textes à son sujet depuis son décès, donnent des descriptions diverses et parfois contradictoires de son orientation politique et idéologique : c'était un conservateur radical, un libéral *whig*, un nationaliste et un anti-nationaliste, un anti-impérialiste chantant les louanges de certains empires, un anti-moderniste, un anti-centralisateur, un partisan du déterminisme technologique et géographique, un matérialiste à tout crin et « un individu en révolte contre la société de masse ». Si personne n'a jamais prétendu qu'Innis lui-même était socialiste et si presque tout le monde s'entend pour dire que son nationalisme était, au mieux, conditionnel (Acland, 1999 : 251), tant les socialistes que les nationalistes se sont servis de son œuvre pour étayer leurs points de vue respectifs (et à l'occasion, partiellement conformes). Enfin, à la fin du XXᵉ siècle, une nouvelle génération de théoriciens des communications souscrit aux idées nouvelles parsemant ses derniers travaux sur les communications et la culture, les décrivant comme profondes et novatrices.

Par dessus tout, Harold Innis est un intellectuel empruntant le point de vue du marginalisé et du colonisé, qui admet l'existence d'un rapport de forces inégal mais réciproque entre les tenants des grandes tendances et les marginaux au sein des empires (qu'ils soient politiques, économiques ou culturels), ainsi qu'entre la dislocation sociale et les effets contradictoires qui accompagnent depuis toujours les changements économiques et technologiques. À presque tous les points de vue, son œuvre porte sur la marque distinctive de la pensée canadienne.

Innis consacre la plus grande partie de sa carrière universitaire à l'élaboration d'une philosophie de l'histoire économique répondant aux besoins des Canadiens. En élaborant la théorie des ressources premières pour combler cette lacune, il contribue à réorganiser la perception du Canada en tant que nation, tout en

---

1.   La seule grande exception à la méfiance d'Innis à l'endroit d'une collaboration directe avec le gouvernement est sa participation, en 1935, à la Commission royale d'enquête économique de la Nouvelle-Écosse. Et encore, à cette occasion, sa position indépendante est-elle évidente. Plutôt que de se contenter d'endosser le rapport de la Commission ou de « donner son accord », il soumet son propre rapport distinct.

proposant une nouvelle raison d'être à l'existence de l'État canadien. (Westfall, 1981 : 37) Se penchant sur les origines de la dépendance du Canada à l'égard des ressources naturelles, il explique son rapport à la dépendance économique et au régionalisme, ainsi que ses répercussions sur les institutions politiques, économiques et sociales du Canada. C'est aussi un critique acerbe et un observateur inquiet de l'emprise croissante du commercialisme américain sur le Canada dans la période d'après-guerre, de la lutte culturelle pour la survie que cela signifie pour le Canada anglais, et de l'écart que cela risque de créer (ou d'accentuer) entre le Canada anglais et le Canada français. (Acland : 250) Son cri d'alarme quant à l'emprise culturelle croissante sur le Canada anglais d'un empire américain à l'expansionnisme insistant – et à ses conséquences éventuelles sur la stabilité sociale et politique de la société canadienne – trouvera de puissants échos dans l'œuvre ultérieure de George Grant et de Marcel Rioux.

Ce sont des thèmes canadiens que l'on retrouve dans toute l'œuvre d'Innis : dépendance et développement, relations entre empire et colonie (ou entre le centre et la périphérie, la métropole et l'arrière-pays), nationalisme et régionalisme, et anti-américanisme. À l'encontre cependant de la position classiquement nationaliste sur ces thèmes, ce n'est pas tant le statut quasi-colonial du Canada au sein d'un empire qui tracasse Innis que la nature de cet empire et les rapports entre les territoires, les peuples et les technologies qu'il renferme. Par exemple, pour Innis, c'est le déséquilibre au sein de l'empire américain, son esprit entièrement tourné vers le présent et son manque de considération envers l'histoire et la tradition culturelle qui sont profondément perturbants et lui font craindre pour l'avenir du Canada en raison de sa dépendance au sein de cet empire. (Christian, 1993 : 28 ; Whitaker, 1983 : 827-828)

Innis a également d'autres préoccupations, à propos de la liberté individuelle et de l'état des institutions et pratiques culturelles qui lui semblent essentielles à la qualité de la démocratie canadienne. Il s'inquiète plus particulièrement de l'université et de son rôle au sein de la société. À titre de principal chercheur canadien des sciences sociales et de directeur de l'influent Département d'économie politique de l'Université de Toronto de 1937 jusqu'à sa mort, Innis joue un rôle de premier plan dans l'orientation des travaux des sciences sociales, établissant des normes d'excellence universitaire, fondant la *Revue canadienne d'économique et de science politique* et défendant l'autonomie et la liberté des chercheurs et de la communauté universitaire.

(Clark, 1981 : 27 ; Spry, 1999 : 108) C'est dans ce contexte particulier que l'historien Carl Berger parle d'Innis comme d'un « nationaliste irritable ». « Innis essayait d'amener les universités à jouer le rôle qu'il considérait être le leur : étendre les champs de recherches, créer des chercheurs canadiens et les placer dans des établissements canadiens. » Ce faisant, Innis crée presque tout seul « l'école de Toronto », qui jouera un rôle essentiel dans l'évolution des sciences sociales au Canada. (Westfall, 1981 : 38, notre traduction)

Si Innis est tellement préoccupé par la liberté scientifique et l'autonomie des universités, c'est qu'il considère ces dernières comme les seules institutions peut-être à autoriser et encourager les intellectuels à résister aux influences sociales, politiques et économiques qui faussent la structure du savoir. (Westfall, 1981 : 44) À ses yeux, l'université est « le glorieux couronnement d'une société pluraliste et démocratique ». (Berger, 1976 : 110, notre traduction) C'est pratiquement le seul endroit où l'on puisse se former une opinion quelconque sur la partialité et, par conséquent, acquérir une plus grande objectivité dans la recherche sans restriction du savoir. (Slater et Dahl, 1999 : 116) Si tous les autres milieux sont préoccupés par le présent et des résultats immédiats, « les universitaires peuvent se pencher sur la partialité, les perspectives à long terme et toutes les dimensions des enjeux publics ». (Salter et Dahl, 1999 : 123, notre traduction) C'est pourquoi Innis porte un jugement aussi sévère sur les chercheurs universitaires qui se permettent d'être cooptés par les gouvernements, des partis politiques ou des mouvements sociaux.

Pour Innis, le but du savoir acquis et cultivé à l'université consiste à se libérer de l'étreinte du présent.

« On pouvait accorder beaucoup de valeur à ce qui ne semblait pas d'une pertinence immédiate pour les besoins présents parce que ce n'était qu'en examinant le passé et ses grands problèmes que quelqu'un pouvait se faire une opinion plus indépendante sur son époque et sur lui-même. Connaître uniquement le présent revenait à s'offrir en victime impuissante aux mythes appauvris de sa propre petite époque. Le travail de recherche, aussi fragile que le savait Innis, permettait de corriger les partis pris du présent, et c'était par la quête de la vérité que l'on parvenait à renforcer sa liberté individuelle. » (Berger, 1976 : 110, notre traduction)

Particulièrement dans le contexte moderne de l'influence envahissante des médias, les intellectuels travaillant dans des universités

libres et autonomes comptent parmi les rares forces susceptibles de
s'opposer à une attitude excessivement tournée vers le présent, et la
meilleure chance de conserver un sens de l'histoire et la tradition
orale nécessaires pour maintenir l'équilibre et la modération absolument critiques en fonction d'une société saine et durable et d'une
culture créatrice. De surcroît, il est crucial de préserver et de transmettre aux étudiants « les valeurs de la vie universitaire – respect de la
vérité, évaluation des partis pris, multiplicité des points de vue, tolérance et scepticisme, notamment ». (Salter et Dahl, 1999 : 121, notre
traduction) C'est un élément essentiel du processus d'éducation d'une
société civique démocratique et jouissant d'une réelle liberté de pensée. Il ne faut jamais permettre à l'éducation d'être ramenée à la simple
transmission de faits ; la véritable éducation est un processus de formation morale et intellectuelle facilitant l'indépendance de la pensée. Innis est convaincu que celle-ci se perdra si l'on néglige de
prémunir l'université contre les influences corruptrices du
commercialisme et de l'État, et il défend cette vision avec une téna-
cité sans bornes (même s'il semble parfois être seul à ramer à contre-
courant de l'histoire).

Au début de la vie et de la carrière universitaire d'Innis, un
certain nombre d'influences contribuent à façonner ses opinions sur
l'humanité, la société et ses institutions. Innis est né en 1894, dans
une ferme du sud-ouest de l'Ontario. C'est l'aîné d'une famille de
« baptistes purs et durs », dont les parents sont profondément religieux. S'il ne se tourne pas vers le clergé comme sa mère le souhaite,
il fréquente deux universités qui entretiennent des liens avec la religion baptiste (McMaster et l'Université de Chicago). Plus tard, il re-
jettera la religion, conservant toutefois sa passion de l'éthique et
s'attachant à certaines valeurs et convictions de la secte baptiste, particulièrement celles d'indépendance, de dignité et d'autonomie de
l'individu. D'origine baptiste, sa méfiance et son mépris à l'égard de
la bureaucratie centralisée et de l'autorité institutionnalisée s'appro-
fondissent au cours de son service militaire, qu'il fait pendant la Première Guerre mondiale. (Creighton, 1981 : 17 ; Stamps, 1999 : 56)
Après une expérience de cours d'été à l'Université de Chicago, il renonce à ses projets de carrière dans le domaine juridique et se laisse
entraîner sur la voie d'un doctorat en économie et une carrière universitaire. Une fois sa thèse sur le Canadien Pacifique terminée, il
accepte un poste au Département d'économie politique de l'Université de Toronto en 1920. (Creighton, 1981 : 18)

Au cours de ses études de doctorat, Innis subit particulièrement l'influence de la pensée de Thorstein Veblen, le fameux théoricien américain de l'économie du XIXe siècle, qui a été une des figures
dominantes de l'Université de Chicago. Acceptant la critique cinglante
que Veblen fait de l'approche statique et a-historique de l'économie
classique et néo-classique, Innis maintiendra son opposition, pendant
toute sa carrière universitaire, au genre de spécialisation disciplinaire
étroite qui, selon lui, impose des entraves à tout examen non directif
et empreint de scepticisme. Il se fait le défenseur incontournable d'une
approche interdisciplinaire et historique des sciences sociales à la fois
holistique et propre à une culture. S'en tenant à cette voie, il « résiste
aux efforts en vue de détacher l'économie et la sociologie de sciences
sociales axées sur l'histoire, qui englobent à la fois l'histoire économique et la théorie politique ». (Clark, 1981 : 31, notre traduction) Il
tient à cultiver une relation d'échange entre les disciplines traditionnelles, « pour consacrer des ressources et des approches multiples à
des problèmes pertinents, tant intellectuels que pratiques ». (Heyer,
1981 : 257, notre traduction)

La principale critique adressée à l'œuvre d'Innis est peut-être
qu'elle semble souvent exclure les êtres humains mêmes que les historiens prennent comme sujets. Pour Berger, Innis est, au bout du
compte, partisan du déterminisme géographique et technologique,
dont la méthode et l'approche « déshumanisent » en fait l'histoire
canadienne. Des forces impersonnelles, anonymes et inévitables ren-
versent tout simplement les choix et les actes des individus et les ré-
duisent à l'insignifiance. (Berger, 1976 : 93-94, 98) D'autres rejettent
cette interprétation et représentation d'Innis. Ils sont d'accord pour
reconnaître que la géographie constitue une puissante structure pour
Innis, mais une structure en interaction constante avec d'autres
grandes forces économiques comme les élites, la technologie, les
grands producteurs et les marchés de la main-d'œuvre. (Drache, 1995 :
xxix) De plus, alors que la technologie pourrait « accélérer », « facili-
ter », ou « contribuer à définir » le caractère d'une époque historique,
pour Innis, il ne s'agit jamais de l'élément déterminant. « Les termes
qui décrivent le mieux son point de vue sur le processus historique
sont [...] influences réciproques, formation et interaction [...] Si Innis
néglige les relations sociales de la production dans ses recherches sur
la communication, et c'est un fait, et fait preuve d'un peu de naïveté
à l'égard du rôle de l'idéologie, il n'en laisse pas moins suffisamment
d'espace pour les inclure, comme commence à le démontrer une

génération de chercheurs inspirés par Innis. » (Heyer, 1981 : 257, notre traduction)

Loin d'être grossièrement déterministe, entre les mains d'Innis, la théorie des ressources premières est un outil d'une merveilleuse complexité et d'un remarquable perfectionnement, « une façon d'examiner le rapport entre les divers éléments à l'œuvre dans le processus historique, particulièrement la structure sociale, la politique et le système économique. Elle place tous ces éléments au sein d'un système impérial dynamique caractérisé par un déséquilibre entre les centres métropolitains et leur arrière-pays [...]. La théorie des ressources premières met en lumière les liens entre le gouvernement, le secteur privé et la société, et relie donc l'économie à la géographie, à la science politique et à la sociologie. Et elle relie tous ces éléments à l'étude de l'histoire canadienne. » (Westfall, 1981 : 39)

LA LIBERTÉ

Dans ses divers écrits, Innis développe une critique acerbe de la société moderne, qui tourne essentiellement autour de sa conception de la liberté, des dangers qui la guettent et de la meilleure façon de la protéger. Il puise sa notion de liberté dans un type de libéralisme ancien dont les racines remontent aux idées de philosophes britanniques du XVIIIe siècle comme David Hume et des penseurs conservateurs (ou libéraux *whig*) comme Edmund Burke. Pour ces derniers, il ne peut y avoir de liberté que si elle est émane d'une loi et est entretenue par une culture civile au sein de laquelle les individus sont protégés contre la volonté arbitraire des autres. Autrement dit, la liberté n'est pas un droit abstrait et inaliénable des individus que les instances juridiques et politiques restreignent ensuite, ou sur lequel elles empiètent, avec ou sans leur consentement, ce qui distingue la démocratie de l'autocratie. La liberté est plutôt perçue comme le produit de conditions historiques et culturelles particulières, le résultat de certaines coutumes, conventions et institutions qui ont évolué sur une longue période. La présence de liberté humaine au sein d'une société est une mesure de l'équilibre et de la stabilité de cette société, qui « offrent les conditions dans lesquelles l'être humain peut s'épanouir ». (Noble, 1999 : 32-34, notre traduction)

C'est cette tradition britannique libérale *whig* ou conservatrice qui a modelé la culture politique canadienne et l'a nettement démarquée de celle des États-Unis. Innis a été élevé dans ce milieu politique et culturel et y a surtout été exposé au cours de son passage dans l'enseignement. On peut aussi attribuer à cette perception de la liberté sa méfiance à l'endroit de l'autorité centralisée et de la bureaucratie (du pouvoir institutionnalisé, en fait) et sa foi en la dignité, l'intégrité et la créativité de l'individu en marge des systèmes de contrôle social centralisé. Cette perception affirme à ses yeux le rôle essentiel que jouent des institutions comme les parlements et les assemblées législatives, les tribunaux et la *common law*, et (bien sûr) les universités. Ces institutions protègent des sphères de non-interférence dans lesquelles l'individu est libre d'agir et de servir de contrepoids à la tendance vers la centralisation et le monopole. C'est l'autonomie, la santé et la vitalité de ces institutions, présume Innis, qui ont rendu possible la liberté individuelle, elles qui maintiennent l'équilibre culturel et la stabilité politique nécessaires au sein de la société. (Noble, 1999 : 39-42)

Le fondement de la pensée d'Innis sur la liberté de l'homme va cependant beaucoup plus loin que la simple appropriation intellectuelle des idées des penseurs libéraux *whig* antérieurs ou que le conditionnement culturel qui aurait accompagné son immersion dans des valeurs, traditions et institutions canadiennes-anglaises (bien que l'apport de ces éléments ne puisse faire le moindre doute). C'est l'analyste matérialiste que fait Innis de l'histoire canadienne et mondiale qui façonne et soutient ses opinions sur la liberté. Ses diverses recherches portent essentiellement sur les empires et les monopoles du pouvoir et du savoir dont ils font invariablement la promotion. Innis a horreur des monopoles de toutes sortes et étend ce concept économique aux domaines de la politique et de la culture.

Dans l'ensemble de son œuvre, on croit percevoir une peur sous-jacente d'assister à une tendance par trop perturbante des organismes sociaux à chercher à exercer le plus grand contrôle possible sur l'existence des individus sous leur coupe. Dans les écrits d'Innis, on note une préférence implicite envers ce que Michael Oakeshott appelle une association civile, un État dans lequel des individus autonomes et intégrés vivent en association libre avec d'autres individus semblables à eux, poursuivant les objectifs qu'ils ont choisis dans le contexte des règles ou des lois soulignant les conditions de leur association. C'est cette tendance [des monopoles] à détruire les conditions d'association libre qu'Innis désapprouve. (Christian, 1993 : 32)

La méthode intellectuelle d'Innis consiste à analyser la structure et les rouages des institutions économiques, sociales et politiques de certains empires (constitués ou non) afin de comprendre les partis pris qu'elles renferment. Innis réagit de manière positive au souci de Thorstein Veblen de repérer ce qu'il appelle des « tendances » et d'échapper à leur influence. (Berger : 88) Dans l'œuvre d'Innis, cela se traduit par une préoccupation presque excessive envers les effets négatifs des « partis pris » et la façon de les neutraliser. Pour Innis, la tâche principale de l'expert des sciences sociales consiste à dévoiler et à révéler l'effet des partis pris sur les institutions sociales. (Creighton, 1981 : 21)

À ses yeux, une des leçons fondamentales de l'histoire réside dans le fait que l'organisation efficace des marchés dépend de l'exercice séculier du pouvoir par les élites et que le contrôle sur la technologie des communications a constitué leur principal moyen d'y parvenir. Exercé par l'entremise d'organisations (religieuses, militaires, commerciales, administratives) de grande envergure, le contrôle des élites sur la technologie a produit des « monopoles de savoir » qui leur ont conféré le contrôle sur l'espace social et l'ordre social. Innis analyse les façons dont les élites cultivent chacune des vagues de nouvelles technologies pour renforcer leur autorité et leur prestige, en se servant de connaissances spécialisées à la fois comme arme économique et comme instrument de pouvoir pour les empires, les nations et les États. (Drache, 1995 : xlvi) Ce faisant, Innis fait toutefois preuve d'une certaine ironie étant donné que plus le contrôle monopolistique des élites est total, plus ces élites et leurs institutions (et, par extension, les civilisations qu'elles représentent) sont susceptibles de finir par être renversées et détruites. (Christian, 1993 : 34)

Les anciennes civilisations étaient de deux types. Celles qui reposaient sur des technologies des communications (ou des médias) mettant l'accent sur le discours oral ou une forte tradition orale étaient à tendance « temporelle » ; elles présentaient un « préjugé favorable au temps » qui donnait la primauté à la préservation de la culture et « une meilleure cohésion sociale par l'intermédiaire de puissants systèmes de convictions, renforcés par des liens familiaux, parentaux et religieux ». Celles qui reposaient sur diverses formes de textes écrits comme principale technologie de communications étaient à tendance « spatiale » ; elles présentaient un « préjugé favorable à l'espace » qui renforçait la capacité de coordination politique et encourageait une structure sociale adaptée au besoin de contrôler les régions éloignées au sein d'un empire. (Drache, 1995 : xlvi) Les civilisations les plus durables, les plus créatives et les plus saines étaient caractérisées par un équilibre culturel résultant de la présence de médias présentant des préjugés à l'effet contraire. Il en résultait une situation où la préoccupation des élites à l'endroit du contrôle politique et économique exercé sur l'espace (le territoire) se heurtait à une obsession culturelle par rapport au temps (l'histoire, l'éthique, les valeurs et la tradition). La modération et l'équilibre sociétal qui en découlaient empêchaient la formation d'un monopole de pouvoir et de savoir autodestructeur (et, au bout du compte, la proscription de la civilisation et de la liberté individuelle). Dans ces conditions, pendant un certain temps, la civilisation humaine – et, au sein de celle-ci, la liberté individuelle et la créativité – pouvait se développer. Pour Innis, le nœud du problème demeurait cependant toujours une question de pouvoir (qu'il soit civil ou économique) : c'est-à-dire savoir qui le détenait et comment il influait sur l'ordre social et plus particulièrement sur la dignité et la liberté de l'individu ? (Christian, 1980 : xvi)

Selon Reg Whitaker, c'est cette question de pouvoir, en particulier de rapport entre le pouvoir et le savoir, qui se trouve au cœur de l'œuvre ultérieure d'Innis, à l'orientation de plus en plus politique. La vision qu'Innis a du pouvoir n'est guère optimiste. « Le pouvoir est un poison […] un ami qui détient du pouvoir est un ami perdu. » (Whitaker, 1983 : 824, notre traduction) Mais sa perception du pouvoir va bien au-delà de ses manifestations et de ses effets personnels. Comme intellectuel, il s'intéresse au pouvoir social résultant du contrôle exercé sur le savoir et ses sous-produits (comme la technologie). Le contrôle monopolistique des médias de communications a un effet odieux, celui de permettre à l'élite du pouvoir de bâtir une sorte d'hégémonie idéologique dévastatrice pour la liberté de penser et de chercher. « Selon lui [Innis], la forme fondamentale du pouvoir social est le pouvoir de définir ce qu'est la réalité. Il établit un lien entre les monopoles du savoir, au sens culturel, et les efforts de certains groupes pour encadrer toute la vision du monde d'un peuple, autrement dit, produire une vision officielle de la réalité capable de contraindre et de contrôler l'action humaine... » (Carey à propos d'Innis, citation dans Whitaker, 1983 : 825, notre traduction)

Dans notre monde moderne, la mécanisation et la monopolisation progressives du savoir incrustent les médias d'un préjugé de plus en plus envahissant à l'endroit du contrôle de l'espace, tout en minant les médias (la tradition orale, en particulier) qui font preuve d'un préjugé favorable au temps visant à conserver et transmettre l'héritage culturel des générations passées et capable de le faire. Cette monopolisation du savoir par l'entremise de médias présentant un préjugé favorable à l'espace engendre une grave inégalité entre classes sur le plan du pouvoir économique et politique, mais Innis situe la base matérielle de ce préjugé systématique dans la pensée « à un niveau beaucoup plus profond que la classe elle-même, bien que cette dernière soit en cause [...] il colore toute pensée communiquée par le même média, quelle qu'en soit la source. » (Whitaker, 1983 : 826, notre traduction)

Le rythme croissant du progrès technologique associé à la modernité qui, de l'avis presque général, annonçait le triomphe inévitable de la rationalité humaine, amène plutôt Innis à prévoir des troubles violents et, en fin de compte, l'effondrement de la civilisation, à la suite d'un grave déséquilibre et d'une instabilité fondamentale de la civilisation occidentale. Ce déséquilibre (dans lequel les médias avec un préjugé favorable envers l'espace dominent complètement ceux faisant preuve d'un préjugé favorable à l'endroit du temps) entraîne à la fois une accélération du changement et une exagération de « l'importance accordée au présent » dans la culture occidentale, qui anéantit littéralement le temps (au sens de l'appréciation du temps), ainsi que la capacité intellectuelle de ramener la perspective sur le moment et le lieu présents. Pour Innis, ce processus est catastrophique parce que la mécanisation permanente du savoir (produit de la domination des technologies présentant un préjugé favorable à l'espace, comme c'est le cas avec les médias) entraîne la perte de la tradition orale (et du dialogue sur lequel elle repose), élément essentiel des médias présentant un préjugé favorable à l'égard du temps. Innis soutient que la tradition orale sert d'antidote aux effets technologiques de la modernité. Elle a l'effet salutaire de renforcer le sentiment de continuité et de collectivité de l'individu (en nourrissant la mémoire culturelle) ; elle stimule l'empathie et, par conséquent, une vénération envers les valeurs et l'éthique ; et elle encourage la tolérance face à l'ambiguïté de sens. Sa perte « emprisonnerait la culture dans un présent éternel ». (Stamps, 1999 : 62-63, notre traduction) Cela donnerait entièrement libre cours à l'individualisme comme dynamique de changement tout en laissant les individus culturellement et intellectuellement dépourvus et à la merci de la manipulation par les élites en position de contrôle. (Salter, 1981 : 198)

Seule la possibilité, minime mais toujours présente, de mettre en place des dispositions visant à rétablir l'équilibre de la civilisation occidentale laisse à Innis «quelques faibles lueurs d'espoir dans une obscurité de plus en plus profonde». C'est cette lueur d'espoir qui l'empêche de dépasser son attitude «conservatrice radicale» pour sombrer dans le pessimisme et le désespoir les plus totaux. (Whitaker, 1983 : 826, notre traduction) La source de cet espoir réside dans sa «foi dans l'esprit humain et dans le pouvoir créateur et libérateur de l'intelligence humaine». (Christian, 1993 : 42, notre traduction) Il puise aussi cet espoir dans son dialecticisme historique, sa conviction qu'il y a des tendances opposées à l'œuvre dans l'histoire. (Salter, 1981 : 194) Aux monopoles du savoir s'opposent donc des éléments antagonistes, ce qui crée des fissures dans la façade du pouvoir monopolistique permettant à «l'esprit humain» de percer, généralement aux limites intellectuelles et territoriales de l'empire, «à de nouveaux niveaux de société et aux extrêmes limites». (Innis, citation dans Whitaker, 1983 : 826, notre traduction)

La perception qu'a Innis du potentiel radical du territoire périphérique ne correspond pas aux opinions bien établies des penseurs sociaux et économiques qui l'ont précédé, selon lesquels le changement social provient du centre et s'étend de là aux territoires périphétiques. «C'est l'inverse qui est vrai, soutient Innis. Ce sont les zones qui ont échappé aux influences restrictives à l'œuvre au centre [ce qui peut se comprendre tant au sens spatial qu'intellectuel] qui continuent d'offrir des possibilités de développement. L'impact le plus fort de la technologie se fait sentir dans les zones frontalières, plus ouvertes aux changements sociaux, puis se déplace vers le centre, où il s'attaque aux éléments plus conservateurs [...] Que le renversement des empires [politiques, commerciaux, militaires ou religieux] s'opère de l'intérieur ou de l'extérieur, les agents du changement ont de bonnes chances d'être des éléments marginaux de l'empire.» (Christian, 1980 : p. xiii, notre traduction) Autrement dit, les nouvelles technologies ont souvent été des lames à double tranchant en quelque sorte, rendant possible l'élargissement du contrôle à partir du centre tout en offrant aux marginaux une arme potentielle de résistance. (Salter, 1981 : 196)

La pensée d'Innis sur la liberté a donc une double origine et une double dimension. Elle a de vieilles racines traditionnelles dans une culture canadienne-anglaise du XIXᵉ siècle aux valeurs *whig* libérales ou *tory*. Cependant, elle émane également d'une critique des technologies des communications fondée sur l'économie politique radicalement nouvelle et de leurs rapports avec les monopoles du savoir et du pouvoir. Si on ne parvient pas à les contrecarrer ou à les contrebalancer, ces derniers représentent une menace pour la civilisation et la liberté individuelle. En dépit de son pessimisme à l'égard de l'évolution des choses au cours de la période d'après-guerre, Innis n'en signale pas moins l'existence d'une certaine lueur d'espoir de s'opposer à l'élan de plus en plus fort d'un système de contrôle social dominé par les élites, de finir par l'éviter grâce à la résilience et à la résistance des personnes et des collectivités aux marges de l'empire, dont l'adoption et l'utilisation créatives des nouvelles technologies finiront par prévenir (sinon carrément miner) la propagation du contrôle central monopolistique.

L'ÉGALITÉ

Innis est libéral et, dans sa vision de la société idéale, on ne trouve pas trace d'égalitarime socialiste ; par contre, au cœur même de cette vision, on retrouve l'égalité des chances et la mobilité sociale. Sa première préoccupation consiste à promouvoir les vertus d'une société dans laquelle le pouvoir monopolistique est contenu par un équilibre entre « des hiérarchies opposées et des médias qui se livrent concurrence ». On suppose que la société idéale d'Innis « serait dirigée par des élites en compétition, chacune cherchant dans la société les individus les plus talentueux afin de les recruter et de les former à la fonction de dirigeant social ». (Christian, 1980 : xii, notre traduction)

Simultanément, Innis est extrêmement sensible au pouvoir arbitraire, à l'inégalité sociale et aux contraintes économiques imposées aux marginaux, les personnes qui ont peuplé les nations ou régions périphériques au sein des empires internationaux ou nationaux (structurés ou non). Son point de vue s'appuie sur sa propre position d'intellectuel colonial aux frontières d'un empire. On retrouve dans son observation célèbre selon laquelle le Canada est passé du statut « de colonie à celui de nation à celui de colonie » (Christian, 1993 : 28, notre traduction) sa conviction que, pour le Canada, le statut de nation indépendante ne représentait pas un aboutissement, mais une période transitoire entre le statut colonial au sein de l'empire français, puis de l'empire britannique et enfin, de l'empire américain.

Sa sensibilité à l'inégalité inhérente aux relations entre métropole et arrière-pays au sein des empires imprègne sa méthode historique. « Il est parti du point de vue du colonisé. Quand il a exploré la
dynamique sous-jacente à l'histoire économique et à celle des communications, il a situé son analyse dans les histoires sociales détaillées
des peuples qui avaient connu d'importantes mutations sur le plan
du pouvoir et des systèmes de contrôle. Sans le moindre conteste, son
analyse porte les marques de l'arrière-pays. » (Salter, 1981 : 195, notre
traduction) Comme nous l'avons avancé plus haut, sa « canadianité »
est au cœur de son adhésion à cette position avantageuse, renforcée
par sa « propre époque » et les fréquents voyages qu'il effectue dans
les régions les plus excentrées du Canada. Au cours de son service
militaire outre-mer pendant la Première Guerre mondiale, il est témoin du traitement que la hiérarchie politique et militaire britannique inflige d'un air hautain et autoritaire aux Canadiens et aux
autres « colonisés ». Dans l'entre-deux-guerres, il voyage énormément,
parcourant trois mille six cents kilomètres en canoë le long du fleuve
Mackenzie jusqu'à l'océan Arctique, visitant le Yukon et le Klondike,
le nord du Manitoba et la rive occidentale de la baie d'Hudson et
parcourant le nord de l'Ontario, le Québec, les provinces Maritimes
et les coins les plus éloignés de Terre-Neuve. « Au cours de ces voyages, Innis s'est non seulement familiarisé de façon peu commune avec
la géographie du Canada, mais il a aussi acquis la maîtrise de la technologie des industries et un point de vue unique sur l'incidence du
machinisme sur le Nord canadien et d'autres régions périphériques. »
(Berger, 1976 : 87, 90, notre traduction)

Innis élabore le concept de « marginalité » pour exprimer l'inégalité des rapports qui se développent, au sein de la société industrielle, entre les centres économiques et administratifs et les régions
périphériques dans lesquelles le centre puise ses ressources utilisables. Dans son œuvre, la périphérie est « un espace situé dans l'axe
d'une économie, d'une administration et d'une information impé-
riales, qui demeure "en arrière" (sur le plan temporel) ou "à l'extérieur" (sur le plan de la puissance industrielle ou politique) [...] la
forme de ses topographies utilisables épouse, en interaction dialec-
tique avec ses propres ressources, les besoins de l'empire. » (Berland
1999 : 288) Pour la métropole impériale ou le « centre », l'arrière-
pays qui constitue la colonie ou la « périphérie » est avant tout une
possession, un bien à exploiter de manière intéressée. D'autre part,
la périphérie devient dépendante du centre à la fois comme marché

pour ses principales ressources et comme source intarissable de capitaux nécessaires pour payer l'infrastructure industrielle et le réseau
de transport de son développement fondé sur ces ressources.

Comme par le passé, on observe certains effets perturbateurs
et certaines conséquences négatives pour la périphérie, qui résultent
des relations d'échange fondamentalement inégales ou des liens « de
dépendance » créés entre le centre et la périphérie. À mesure que
des forces hétérogènes établissent le programme, les économies périphériques connaissent souvent l'instabilité et la volatilité (un mode
de développement selon des cycles de prospérité-récession). Reposant essentiellement sur des « équarrisseurs de bois et des porteurs
d'eau », l'économie canadienne a perdu de nombreux avantages économiques potentiels relevant de l'exploitation de ses ressources puisque ces dernières sont exportées à l'étranger. Certaines régions du
Canada, devenues trop spécialisées dans certains types de production
de ressources, sont criblées de dettes en raison des frais de transport
pour expédier les richesses naturelles sur les marchés étrangers. Il en
a résulté le risque inhérent à la disparité croissante entre les coûts
fixes de l'endettement public et la capacité de l'économie à payer les
coûts de plus en plus élevés de l'exploitation des ressources. Cette
situation n'a cessé de menacer de devenir un « piège virtuel aux ressources premières » représentant un obstacle majeur au développement du pays. Le développement fondé sur les ressources premières
a également exacerbé les inégalités régionales au Canada, à mesure
que le gouvernement fédéral cherchait à contrer les effets néfastes
de la dépendance face à l'exportation des ressources en ayant recours
à des barrières tarifaires pour amener le développement industriel
des succursales du Canada central à se mettre au service du marché
canadien. Selon Innis, ce genre de barrières tarifaires est une escro-
querie permettant au Canada central de conserver son avantage vis-à-
vis des régions éloignées. (Drache, 1995 : xiii-xiv)

Il convient toutefois de signaler qu'Innis n'est pas un anti-
impérialiste tout court. Au contraire, à ses yeux, les empires équili-
brés correspondent en fait au *nec plus ultra* des aspirations humaines.
Sa crainte est que certains types d'empires soient plus ou moins nuisibles et destructeurs tant vis-à-vis d'eux-mêmes que vis-à-vis de leurs
possessions coloniales. Cette compréhension de la perception qu'Innis
a des empires, et, de façon plus générale, des relations entre le centre
et la périphérie, contribue à expliquer son rejet et son excoriation
indubitables tant de l'impérialisme américain que du nationalisme

canadien. Quand le Canada a amorcé sa glissade inexorable dans l'orbite de l'empire américain après la Deuxième Guerre mondiale, son économie s'est orientée vers le sud du continent, et l'on a mis de côté l'édification économique de la nation. Mais l'empire américain ne ressemble pas à l'empire britannique ; en fait, il ne ressemble à aucun autre empire, précédant ou contemporain. « Il renfermait les pires tendances de l'époque moderne, un rassemblement radicalement instable et déséquilibré tout à fait déconnecté de la dimension temporelle de la culture et reposant de plus en plus sur la violence et une connaissance mécanisée en vue de contrôler l'espace. » (Whitaker, 1983 : 828, notre traduction) Dans la mesure où le nationalisme canadien peut constituer le fondement de la résistance au contrôle américain, Innis le perçoit comme une bonne chose mais seulement « tant qu'il offre une solution de rechange créative à ce formidable géant ». Si, par ailleurs, le nationalisme canadien ne fait que reproduire à l'interne les pires éléments du centre impérial, il ne sert alors que des intérêts mesquins teintés d'esprit de clocher « aussi consternants que le parent impérial qui leur a donné naissance ». (Whitaker, 1983 : 828, notre traduction)

Innis lance un avertissement à la fois net et de plus en plus pressant : le Canada suit un processus de re-colonisation, cette fois-ci aux mains des États-Unis, qui sont devenus, dans les années qui ont suivi la Deuxième Guerre mondiale, le centre de nouveaux monopoles internationaux du savoir et de la technologie. Ceux-ci favorisent la mise en place d'une nouvelle situation de colonisation ainsi que de nouvelles formes d'empire, non pas essentiellement militaires ou administratives, mais bien économiques et idéologiques. Innis s'inquiète particulièrement du Canada anglais, et ses préoccupations découlent de ses craintes quant aux effets du « constant éreintement » de la vie culturelle canadienne par le commercialisme américain. (Acland, 1999 : 250) Non seulement ce dernier risque-t-il d'anéantir le potentiel d'une culture nationale unique et indépendante au Canada, mais il risque aussi de creuser le fossé qui sépare les Canadiens anglophones et francophones. Cela amène Innis, en dépit de la méfiance qu'il affiche à l'endroit du nationalisme, à accorder son appui à la proposition contenue dans le rapport Massey, publié en 1951, d'une « culture publique » solide et subventionnée par l'État au Canada. (Acland, 1999 : 251)

Comme nous l'avons indiqué, les préoccupations profondes d'Innis quant aux effets culturels et économiques pénétrants de la réintégration du Canada dans un empire économique étranger (américain, dans le cas qui nous occupe) sont explicitement liées au caractère et au modèle impérial de ce nouvel empire, particulièrement à l'absence d'équilibre culturel en son sein, équilibre qu'Innis perçoit comme essentiel à la qualité, la stabilité et la durabilité d'une civilisation. Appliquée aux rapports du centre urbanisé du Canada avec ses régions périphériques situées à l'est, à l'ouest et au nord, cette même évaluation critique sert de fondement au scepticisme grandissant d'Innis et à sa circonspection à l'égard des tendances centralisatrices et de plus en plus technocratiques du nationalisme canadien. Il met ses concitoyens en garde contre « les spécialistes des sciences sociales qui amènent à Ottawa le combustible qui attisera le feu du nationalisme ». (Innis, 1946 : xii, notre traduction) Cet argument concorde avec la position adoptée par Laurendeau, qui considère comme un « abus de mots » le fait de qualifier les centralisateurs de fédéralistes, alors qu'ils détruisent l'équilibre entre les pouvoirs dominants, qui est au cœur de la Confédération. Au début de sa carrière, Trudeau lancera les mêmes avertissements pour des raisons similaires, ainsi que, plus tard, George Grant, pour des motifs très différents.

La conviction d'Innis selon laquelle la tendance à la centralisation augure mal pour les régions périphériques de l'est et de l'ouest du Canada le force à presser les politiciens provinciaux à faire preuve de vigilance dans la protection et le renforcement de l'autonomie provinciale face aux forces centralisatrices à l'œuvre dans les années 1930 et 1940. Chez Innis, ces perceptions sont bien intégrées et inébranlables, même lorsque d'autres intellectuels anglo-canadiens se rallient à la cause d'un gouvernement fédéral plus fort pour faire face à la Crise et aux séquelles de la guerre. Cela s'explique comme suit : pour son analyse des relations fédérales-provinciales, Innis s'en remet aux études approfondies qu'il a réalisées sur le Canadien Pacifique, la traite des fourrures, la pêche à la morue, les secteurs des mines et des pâtes et papiers et d'autres formes d'exploitation des ressources premières qui constituent la trame principale de l'histoire économique du Canada. À ses yeux, cette histoire est la preuve du coût élevé, sur le plan de la volatilité économique, de l'altération du développement et des bouleversements sociaux, imposé aux régions périphériques par le développement économique conçu par le centre du pays et contrôlé par lui.

De l'avis d'Innis, les politiques économiques de l'État canadien ont renforcé un mode de développement qui profite au centre du pays au détriment de ses régions périphériques. Par conséquent, lorsque les ravages économiques de la Crise amènent d'autres personnes à demander que les provinces transfèrent de nombreux pouvoirs à Ottawa pour permettre au gouvernement canadien de faire face à la crise, Innis est l'un des rares intellectuels anglophones à exprimer son désaccord ; quand les politiques keynésiennes de gestion économique centralisée commencent à faire fureur, Innis résiste et proteste ; et quand la pression politique exercée sur les provinces qui résistent à la centralisation fiscale et politique d'après-guerre se fait intense, Innis les exhorte à ne pas se laisser faire. (Creighton, 1981 : 89 ; Berger, 1976 : 101 ; Bickerton, 1999 : 233-235) On trouve dans ce soutien à une autonomie provinciale accrue, à une fédération décentralisée ou, à tout le moins, mieux équilibrée et à des changements aux politiques fédérales pour tenir davantage compte des régions, le reflet de l'analyse matérialiste que fait Innis de l'inégalité dans la répartition régionale des avantages et des coûts liés au développement fondé sur les ressources premières du Canada. On y trouve aussi le reflet de sa méfiance et de son aversion fondamentales à l'égard de la bureaucratie centralisatrice et des concentrations monopolistiques du savoir et du pouvoir.

Peut-être est-ce à l'égard des personnes, qu'elles soient autochtones, petits producteurs, agriculteurs, pêcheurs, travailleurs forestiers, mineurs et autres salariés de l'industrie, qui se trouvent marginalisées par les changements économiques et technologiques qu'Innis témoigne le plus d'empathie et d'inquiétude. Son histoire économique approfondit leur rôle dans l'économie fondée sur les ressources premières, leurs conditions de travail, leurs connaissances et aptitudes, ainsi que les bouleversements sociaux auxquels elles sont soumises en raison de l'évolution des modèles commerciaux, de la technologie, des cycles économiques, de l'organisation industrielle, de l'appauvrissement des ressources ou des politiques gouvernementales. Il est profondément touché par la misère et la relative impuissance des pêcheurs du Canada atlantique pendant la Crise, qui les maintient « littéralement dans un état d'asservissement […] dépourvus de moyens pour améliorer leur condition […] voués à la servitude perpétuelle ». (citation dans Bickerton, 1999 : 233, notre traduction) Il a une admiration sans bornes pour le courage, l'ingéniosité et la patience opiniâtre des pêcheurs, et se sert de l'immense injustice de leur condition matérielle pour fonder son argumentation en faveur d'une révolution dans l'organisation et le maintien de l'industrie de la pêche afin de remédier aux déséquilibres manifestes du pouvoir qui la caractérisent, notamment liés à d'importants changements dans les techniques, les marchés d'exportation, les zones de compétence et l'aide gouvernementale à l'instauration d'une organisation plus efficace des producteurs. (Bickerton, 1999 : 233)

Dans la même veine, dans son étude de la traite des fourrures, Innis souligne que « l'Indien et sa culture ont joué un rôle fondamental dans la croissance des institutions canadiennes » (citation dans Drache, 1995 : xlii, notre traduction) et qu'en abandonnant les autochtones à leur sort une fois que la traite des fourrures a perdu de son importance économique, la Couronne a négligé de remplir ses responsabilités fiduciaires, ce qui reflète l'incapacité du Canada à transcender son origine coloniale pour miser sur ses propres traditions et accorder à l'un de ses peuples fondateurs des droits politiques intégraux. (Drache, 1995 : xliii) Ce n'est que vers la fin du XXe siècle que les gouvernements et les tribunaux canadiens, tant par leurs paroles que par leurs actes, commenceront à poser les fondements d'une nouvelle tradition post-coloniale de réconciliation avec les peuples autochtones, fondée sur l'enchâssement dans la Constitution et la protection juridique de leur statut unique au sein du Canada, et sur la reconnaissance officielle de l'incapacité des gouvernements antérieurs à reconnaître et protéger les droits des autochtones et à traiter honorablement les Premières nations sur un pied d'égalité.

LA COMMUNAUTÉ

Dans son étude de la traite des fourrures, Innis élucide les bases matérialistes de la Confédération et de la communauté canadienne. Il propose une raison d'être économique à un Canada indépendant et couvrant l'ensemble du continent, passant outre à la perception continentaliste selon laquelle cette Confédération est une création artificielle qui nie une économie et une géographie Nord-Sud pourtant « naturelles ». Au contraire, Innis est convaincu que « le développement du Canada ne s'est pas effectué en dépit des réalités géographiques mais bien à cause de celles-ci ». (Berger, 1976 : 97, notre traduction) Sa cohérence géographique, son unité politique, ses diverses cultures régionales et ses institutions économiques et sociales sont toutes reliées historiquement et continuent de subir l'influence de l'économie fondée sur les ressources premières du pays et sur sa place au sein d'un système de production et d'échange international concurrentiel. (Berger, 1976 : 95-99)

Si Innis n'intègre pas systématiquement le concept de « communauté » dans sa pensée, son attitude à son égard témoigne d'un certain genre de libéralisme non pas utilitaire, mais « en harmonie avec la tradition du libéralisme civique ». (Carey, 1999 : 82, notre traduction) Dans ses recherches historiques, Innis évite manifestement les approches individualistes de la compréhension des perceptions et des comportements. Il considère la perception et la connaissance humaines comme des activités sociales plutôt que solitaires. À titre d'économiste « institutionnel », il s'intéresse particulièrement à l'effet des institutions sociales sur la perception individuelle. (Stamps, 1999 : 57) Comme nous l'avons noté précédemment, Innis est convaincu que ce sont les institutions de la société qui créent les conditions favorables aux libertés individuelles, ou au contraire à la répression suffocante due au monopole et à la tyrannie. Pour être plus précis, Innis pense que c'est l'évolution historique de l'ensemble des institutions sociales de la société qui est responsable de la création du type de communauté capable d'assurer une qualité élevée de libertés individuelles, (nécessairement) conjointement avec la stabilité politique et économique. Toutes ces conditions sont essentielles au développement intégral des potentiels et talents individuels au sein de la société.

L'orientation collectiviste d'Innis est centrée sur son souci de la santé et de la vitalité de la société perçue comme un tout organique, et la reconnaissance du fait qu'au bout du compte, le destin de l'individu repose sur celui de la société. Il ne s'agit cependant pas d'un collectivisme explicitement ou principalement étatique. L'État est une institution envers laquelle Innis entretient essentiellement de la méfiance, ce qui contribue à expliquer pourquoi il ne cesse de défendre l'idée d'un système politique décentralisé au Canada.

S'il s'oppose à la centralisation du pouvoir au Canada, c'est tout d'abord parce qu'il est convaincu que toutes les grandes concentrations de pouvoir (y compris les États) « présentent des qualités autodestructrices semblables à celles des empires ». (Stamps, 1999 : 58, notre traduction) Il trouve important de défendre aussi bien l'intégrité que la diversité des communautés provinciales contre les forces centralisatrices et homogénéisantes (économiques, technologiques et politiques) au cœur de la société moderne. Une «vie communautaire progressiste» est essentielle à l'instauration d'une société saine, stable et bien équilibrée, et elle serait perdue s'il fallait abandonner aux décideurs canadiens (ou mondiaux) le contrôle local sur les ressources, l'économie et l'orientation des affaires communautaires. Pour éviter ou atténuer ce risque, pour éviter de devenir «des centres de dépression de l'économie internationale moderne», les communautés provinciales (ainsi que nationales) ont besoin de protections institutionnelles appropriées. (Kroker, 1984: 82-83; Bickerton, 1999: 233-235; Drache, 19995: xvii)

Deuxièmement, il faut absolument défendre l'autonomie provinciale si l'on veut maintenir les traditions de gouvernement responsable dans les provinces, un rôle significatif pour les assemblées législatives provinciales et, par conséquent, la qualité de la démocratie locale. Cela correspond également au souci d'Innis de protéger et de consolider les rares institutions canadiennes montrant un «préjugé favorable envers le temps» qui restent ancrées dans la tradition orale, parmi lesquelles on retrouve les assemblées législatives provinciales. Les principes de fonctionnement de ces dernières trouvent leurs racines dans la tradition orale, qui en a fait une des rares institutions sociétales de la société moderne à pouvoir contrebalancer les institutions dotées d'un préjugé favorable envers l'espace comme les médias de masse, la bureaucratie centralisée et l'entreprise moderne, qui, tous, ont tendance à englober l'espace et à exercer leur contrôle dessus.

Étant un «matérialiste implacable», Innis a une conscience profonde du fait que les changements apportés aux fondements économiques et technologiques d'une communauté auront une incidence sur sa politique, sa culture et sa société. Il n'est pas non plus fasciné ni envoûté par la «marche du progrès». Il s'aperçoit que développement et croissance économiques ne sont pas nécessairement synonymes d'amélioration. En réalité, il souligne que l'évolution rapide de la société moderne, si elle n'est pas réprimée, présente un immense potentiel destructeur. (Westfall, 1981: 39) Au cours de l'histoire, de nombreuses communautés, grandes et petites, ont été victimes des changements économiques et technologiques. L'interaction historique qu'Innis voit entre les technologies de la communication et l'ordre socio-politique laisse croire que la mise en œuvre de technologies radicalement novatrices aura des effets extrêmement perturbateurs et souvent contradictoires sur le tissu social et culturel des civilisations : « sur l'autorité, le pouvoir, les valeurs, l'opinion publique et l'intelligence [...] les visions du monde entrent en conflit, les institutions sont menacées et les cultures font face à la crise [...] les traditions, les mœurs sociales, les mythes et la politique doivent lutter pour leur survie ». (Drache, 1995 : xlviii, notre traduction)

Le destin du Canada en tant que communauté nationale préoccupe énormément Innis, qui est carrément pessimiste quant à la trajectoire suivie par le développement du pays. Pendant les dernières années de sa vie, il perçoit la propagation, au sein de la société canadienne, d'un individualisme endémique, d'un matérialisme grossier et d'une fixation sur le présent envahissante qui n'augure rien de bon. À ses yeux, la source de ce changement culturel réside dans la domination croissante exercée par les médias de masse modernes, dans l'expansion insatiable des forces aveugles commerciales américaines et dans la puissance et l'envergure croissantes de la bureaucratie étatique centralisée, tous des éléments monopolistiques et dirigés vers le contrôle social de l'espace. Innis est également préoccupé par la séduction exercée par des droits abstraits de type américain, garantis aux individus par la loi dans une Constitution écrite. La préférence d'Innis va à des libertés plus concrètes « qui ont évolué au fil de l'expérience historique pratique d'une communauté » d'une manière « conforme à la vie de la société ». (Noble, 1999 : 40, notre traduction)

Innis soutient que ces tendances de société, qu'il attribue à l'absorption spontanément acceptée, voire ardemment désirée du Canada dans l'empire américain, entraîneront une dévaluation et une détérioration progressives de la mémoire historique au Canada, la négligence de l'intérêt commun et, au bout du compte, la destruction d'une culture et d'une communauté distinctes (en réalité, de toute notion de culture et de communauté). Pourtant, les appels qu'il lance aux Canadiens pour qu'ils résistent à l'impérialisme américain « sous toutes ses formes attrayantes » ne témoignent que de peu de conviction qu'on peut y faire quelque chose et n'offrent que peu de suggestions pratiques pour inverser la tendance (à l'absorption dans l'empire américain). (Whitaker, 1983, : 829, notre traduction)

CONCLUSION

Harold Innis est un penseur radicalement novateur. Ayant fait une carrière universitaire dans les années 1920, 1930 et 1940, il précède d'une génération au moins les autres penseurs présentés dans cet ouvrage. De par l'objet de ses études, les méthodes et théories qu'il a adaptées et conçues pour les réaliser, ou les valeurs culturelles, la notion d'identité et la vision du monde avec lesquelles il aborde sa matière, Innis est l'un des premiers spécialistes des sciences sociales typiquement canadien.

Ses grandes préoccupations, issues de ses recherches approfondies sur l'économie politique de l'exploitation des premières ressources, sont tout à la fois typiquement canadiennes et sinistrement prescientes des événements et des enjeux liés au développement économique et politique survenus pendant le demi-siècle qui a suivi son décès. Au nombre de ces préoccupations, on compte la perte d'identité et d'indépendance canadiennes sous les « coups de marteau » du commercialisme américain, la menace à l'autonomie régionale et à l'autogestion émanant des bureaucrates centralisateurs de l'État, le rôle clé de l'université dans une société démocratique et le besoin de conserver son autonomie institutionnelle par rapport à l'influence démesurée des politiciens et de la grande entreprise, les préjugés sociaux, économiques et politiques systématiques inhérents à la mise en œuvre de nouvelles technologies et à l'instauration de nouveaux modes d'organisation et, le dernier mais certes pas le moindre, les effets nuisibles pour la liberté individuelle, l'intégrité culturelle et la stabilité sociétale, de la tendance vers le contrôle centralisé et monopolistique sur ces nouvelles technologies (et la concentration du pouvoir social qui s'y rattache).

Ces thèmes présents dans les recherches et les écrits d'Innis trouveront leur écho dans l'œuvre ultérieure de nombreux penseurs représentant une grande variété de disciplines. Ils trouveront également leur écho, parfois de façon très proche (chez Grant, par exemple) dans les perspectives ouvertes par les autres penseurs canadiens étudiés dans cet ouvrage. Manifestement, Innis était un précurseur et un pionnier. Si son influence s'est rarement fait sentir de façon directe, il a offert un vaste cadre d'analyse, une orientation et un programme de recherche et de politiques qui ont contribué à donner à la fois forme et substance aux débats politiques et intellectuels dans ce pays.

Chapitre 3

La lamentation
de George Grant
et son conservatisme angoissé

George Grant (1918-1988) est l'un des penseurs les plus connus et les plus originaux du Canada anglais au XXe siècle. Professeur de philosophie et d'études religieuses à l'Université Dalhousie et à l'Université McMaster de 1947 à 1984, George Grant s'exprime avec force et éloquence, tant dans ses paroles que dans ses écrits, sur une vaste gamme de sujets, notamment l'histoire, la religion, la moralité, l'éthique, la technologie et, bien sûr, la politique. Par rapport aux autres penseurs abordés dans cet ouvrage, c'est peut-être des réflexions de Grant sur les thèmes de la liberté, de l'égalité et de la communauté, que celles de Harold Innis sont les plus proches (bien que la critique du libéralisme de Grant ait manifestement des points communs avec celles de Charles Taylor). En réalité, dans ses écrits, Grant approuve les contributions intellectuelles et les idées novatrices d'Innis sans toutefois s'empêcher de penser que l'économiste politique aurait pu pousser plus loin sa critique du libéralisme.

À l'instar d'Innis, Grant est à la fois critique et sceptique face au rôle joué par les universités dans la société technologique moderne. À l'encontre de celui-ci, Grant n'exerce pas une influence dominante sur le milieu intellectuel et universitaire dans lequel il œuvre. Pendant la plus grande partie de sa carrière, c'est un non-conformiste dans son milieu, dont la vision du rôle de l'enseignement universitaire est submergée et marginalisée par la pression inexorable vers l'assimilation de la recherche ultra-spécialisée en tant qu'activité intellectuelle centrale des professeurs d'université. Grant perçoit très bien la matérialisation des craintes exprimées antérieurement par Innis : l'université en est rapidement réduite au rôle d'une institution d'enseignement chargée de combler les besoins en main-d'œuvre d'une société technologique. Pourtant, Grant ne peut faire grand-chose pour empêcher cette évolution, sinon se lamenter sur sa concrétisation.

La « lamentation » tient le haut du pavé dans la réflexion de Grant, et le pessimisme qui teinte l'œuvre d'Innis est beaucoup plus prononcé et profond chez lui. Par conséquent, ses idées trouvent un profond écho chez les Canadiens mal à l'aise avec l'orientation des changements survenus au sein de la culture et de la société canadiennes dans la période de l'après-guerre. Cela impose aussi des limites manifestes à l'influence politique et intellectuelle que Grant peut espérer exercer au sein de la société canadienne, limites qu'il comprend lui-même très bien. Sa réaction consiste à essayer de transformer son propre Département de religion à l'Université McMaster en une « cinquième colonne » subversive au sein de l'université. (Christian, 1993 : 223, notre traduction) Grant reconnaît toutefois que les élites économiques, sociales et politiques, ainsi que la grande majorité de la population canadienne, font preuve d'un engagement total envers le genre de société contre laquelle il se répand en injures dans ses écrits. Cette position le relègue au rôle d'intellectuel respecté mais quelque peu marginal, émettant des avertissements un peu semblables à des sirènes à propos de développements économiques et culturels dont il est impossible d'inverser la trajectoire.

Grant est à la fois conservateur et nationaliste, mais assez peu orthodoxe sur les deux plans. Son conservatisme est de type classique et philosophique, non la version contemporaine de libéralisme de libre marché de cette tendance que l'on confond aujourd'hui souvent avec le conservatisme. Son conservatisme classique plonge ses racines dans cinq propositions fondamentales : 1) une foi envers le dessein divin de l'histoire et les lois divines de la moralité, 2) le maintien de l'ordre social par le maintien et le respect de la tradition, 3) une préférence pour la diversité plutôt que l'uniformité, 4) la croyance en une existence qualitativement vertueuse, y compris sur les plans de l'honneur et du devoir, et 5) la conviction qu'il n'y a pas de limites précises à la raison humaine. (Reimer, 1978 : 54)

Si Grant ne critique pas tous les aspects du libéralisme moderne, il est résolument opposé à ce qu'il perçoit comme sa prémisse centrale ou son hypothèse fondamentale, soit que «l'homme est libre de modeler son existence et son univers comme il le désire». (Reimer, 1978 : 51, notre traduction) Cette perception libérale de la liberté, et la place qu'elle lui concède comme essence de l'humanité, a engendré et alimenté, au sein du monde occidental, la recherche impitoyable de la domination sur toute forme de nature, y compris la nature humaine. De fait, la société technologique est le résultat naturel et inévitable de cette perception libérale du cosmos et de la place que l'humanité occupe en son sein.

Le conservatisme de Grant est allié à son nationalisme canadien. Il se lamente devant l'intégration croissante des sociétés canadienne et américaine et, donc, devant la perte de l'identité canadienne enracinée dans des valeurs conservatrices. Paradoxalement, cela l'amène à adopter une attitude positive face aux partis et aux mouvements socialistes, notamment à la gauche démocratique au Canada, en particulier pendant l'âge d'or des années 1960 et 1970. À l'égard des socialistes canadiens, il adopte cependant la position suivante : à l'instar de leurs pendants libéraux, ils finiront inévitablement par mener les Canadiens sur la voie d'une société homogène axée sur la technologie et soumise à une gestion universelle. Se faisant le disciple de Leo Strauss, Grant est convaincu que cette société future ne pourra être caractérisée que par une immense tyrannie, qui va déséquilibrer les peuples du monde entier dans toutes leurs coutumes et traditions nationales, leur nature et leur existence devenant plutôt déterminées par les besoins imposés par des changements et des progrès technologiques effrénés. Et cette transformation va se faire sans tenir compte des coûts sociaux sur le plan de l'éthique, de la moralité et de toute notion de «la société idéale».

Quoi qu'il en soit, Grant demeure toujours convaincu que la cause nationaliste est une cause perdue dans le monde moderne et cela, bien qu'il applaudisse et soutienne ceux qui veulent résister et s'opposer à des forces inexorables qu'ils ne peuvent espérer vaincre. Parallèlement, l'immense pessimisme affiché par Grant à l'égard de l'avenir, qui finit par paraître quasi total à l'occasion, est éclairé de l'intérieur par un sentiment irréductible d'espoir pour l'humanité, qui puise ses racines dans des croyances chrétiennes profondes et inébranlables. Grant est convaincu que l'Éternité nous attend au bout de la route et qu'elle ne subit en rien les effets historiques transitoires des processus politiques et sociaux sur terre. De surcroît, la nature elle-même ne peut demeurer éternellement soumise ; elle va finir par se rebeller et prévaloir sur l'arrogance de l'humanité. Dans l'intervalle, Grant s'en tient au fameux dicton de Sir Thomas More, selon lequel quand il a perdu tout espoir d'atteindre « le bien », l'homme demeure obligé de se comporter de manière à éviter le pire. C'est dans ce contexte qu'il faut aborder les interventions et les protestations philosophiques et politiques de Grant.

INFLUENCES PREMIÈRES ET ULTÉRIEURES

La perspective philosophique et les réflexions politiques de Grant ont été influencées par sa vie familiale et l'éducation qu'il a reçue dès son enfance ; par le milieu politique, culturel et social des années où s'est formé son intellect ; et par les écrits de plusieurs philosophes clés. Grant est né dans ce qu'un critique de gauche a qualifié avec mépris de « bonne famille du vieil Ontario ». En fait, les ancêtres et les parents de Grant étaient très proches et parfois au cœur même de la classe dirigeante canadienne : « les loyalistes torontois les plus purs et durs ». (Muggeridge, 1978 : 47, notre traduction) Un de ses grands-pères était Sir George Parkin, administrateur du *Rhodes Scholarship Trust*, principal porte-parole de la *Imperial Federation League* (« un Évangéliste errant de l'Empire », pour reprendre ses propres termes) et, plus tard, directeur du très chic *Upper Canada College*. (Christian, 1993 : 8) Un autre de ses grands-pères, G.M. Grant, était principalement connu sous le nom de Directeur Grant en raison de son long épisode à la tête de l'Université Queen's (de 1877 jusqu'à sa mort en 1902). Il n'en exerçait pas moins d'influence à titre de compagnon impérialiste, et n'en était « pas moins prêt à assimiler les progrès du genre humain à la propagation de la civilisation anglo-saxonne ». (Taylor, 1982 : 135, notre traduction) William, le père de Grant (qui est décédé alors que son fils avait 16 ans), devint lui aussi principal du *Upper Canada College*. L'oncle de Grant était Vincent Massey, héritier de la fortune amassée par Massey-Harris dans le secteur de la machinerie agricole, diplomate canadien et finalement Gouverneur général. (Ce qui rappelle une chansonnette populaire au Canada anglais : « *In Toronto there are no classes... Just the Masseys and the masses.* »[1].

Le fait d'avoir été éduqué dans ce milieu familial confère à Grant un sens profond de l'héritage britannique et des liens avec l'Angleterre, ainsi que des valeurs et de la vision du monde particulières qui servaient d'assise au Canada comparativement à son voisin républicain du sud. Publié en 1945, le premier ouvrage de Grant fait l'éloge des liens avec l'empire britannique comme « troisième voie » entre les empires américain et soviétique. De fait, Grant soutient que la survie d'une nationalité canadienne indépendante est tributaire du maintien et du renforcement du lien impérial. Par ailleurs, Grant – un homme profondément religieux depuis sa tendre enfance – finit par réagir à certains aspects de son éducation, particulièrement le « protestantisme laïque » matérialiste et dépourvu de passion de ses parents. Au cœur de cette vision confessionnelle du monde se trouve un attachement inébranlable envers le « progrès » comme principal objectif d'une existence civilisée. Au cours de sa carrière universitaire, Grant consacre l'essentiel de sa réflexion aux racines religieuses, sociales et économiques de sa perspective philosophique, et à leurs implications à long terme pour l'humanité en général et pour les Canadiens en particulier.

Grant entreprend évidemment ses études au *Upper Canada College*, d'où il passe ensuite, comme on pouvait s'y attendre, à l'Université Queen's pour poursuivre sa formation post-secondaire. Passionné d'histoire, il remporte la médaille décernée dans ce domaine par l'Université Queen's au terme de sa dernière année d'études. Mais il décroche surtout une bourse du *Rhodes Scholarship Trust*, qui l'amène au collège Balliol d'Oxford à l'automne 1939, au moment où la guerre éclate. En Angleterre, les années de guerre représentent une période de bouleversements émotionnels et intellectuels pour Grant, débouchant autant sur une crise personnelle que sur une révélation. Pendant la guerre-éclair, occupant un poste d'ambulancier et de chef d'îlot à Londres, il vit une expérience spirituelle de révélation qui a pour effet d'approfondir sa foi chrétienne. Pendant le reste de sa vie, Grant s'efforcera de réfléchir au sens de cette expérience

---

1.   Leo Panitch, « Elites, Classes and Power in Canada », dans Michael S. Whittington et Glen Williams (dir.), *Canadian Politics in the 1990s*, Scarborough, Ontario, Nelson Canada, 1995, p. 152.

de « renaissance » en période de guerre et aux « vérités qu'elle semblait indiquer ». (Christian, 1993 : 86, notre traduction)

En proie à du stress psychologique et à une santé chancelante, Grant doit rentrer au Canada de façon précipitée en 1941. À la fin de la guerre, en 1945, il reprend ses études à Oxford et renonce à obtenir un diplôme en droit, optant plutôt pour un doctorat en philosophie axé sur la théologie et la philosophie. Il explique lui-même cette réorientation en ces termes : « la guerre m'a posé des problèmes auxquels nous devions trouver une réponse. Cela m'apparaît comme le début et la fin de la philosophie ». (citation dans Christian, 1993 : 129, notre traduction) C'est au cours de ces années et en lisant de grands penseurs, Platon en particulier, que Grant façonne ses opinions morales et philosophiques. C'est Platon qui lui inspire la croyance en des vérités universelles et éternelles, ainsi que dans la possibilité, la nécessité même, de définir et de rechercher la « vie intègre ». En 1947, même s'il n'a suivi qu'un seul véritable cours universitaire en philosophie, Grant accepte un poste au sein du Département de philosophie de l'Université Dalhousie à Halifax et, avant de quitter l'Angleterre, il épouse Sheila.

Il consacre les premières années de sa carrière universitaire à se familiariser avec le monde universitaire et sa politique, ce qui ne va pas sans peine. Il prête particulièrement le flanc à la critique et au mépris de ses collègues en raison de son attitude envers la philosophie, qui, pour platonicien chrétien comme lui, « est intimement liée à sa foi envers Dieu ». (Christian, 1993 : 161, notre traduction) C'est également pendant ces années qu'il se familiarise davantage avec Platon, dont l'ouvrage *La République* lui apparaît comme l'ouvrage le plus important après la Bible pour le monde occidental et dont le principal enseignement est que c'est la justice qui nous permet de nous mesurer et de nous définir comme êtres humains[2]. (Christian, 1993 : 211)

En 1950, Grant devient « officiellement qualifié » en vue d'une carrière de professeur d'université en présentant une thèse consacrée au théologien libéral écossais John Oman à son jury d'examen

---

2.   Sa vision de plus en plus claire de la relation entre « les deux sources à l'origine de toute notre sagesse, la philosophie grecque et le religion biblique », Grant considère qu'elle lui vient principalement de ses conversations avec son collègue de Département et compagnon à Oxford, le philosophe hégélien James Doull. (Christian, 1993 : 192, notre traduction)

d'Oxford. Bien qu'il n'y fasse guère référence par la suite, cette thèse renferme quatre grands thèmes qui vont constituer les fils conducteurs de sa pensée philosophique. «Premièrement, que la science moderne a coupé le genre humain de la nature et, donc, de la possibilité de s'approcher du divin par l'entremise de la nature. Deuxièmement, que la réussite en science moderne est essentiellement liée au calvinisme et à l'importance qu'il accorde à la volonté. Troisièmement, le souci du plein gré comme caractéristique fondamentale des êtres humains a affaibli les fondements de l'égalité morale humaine, qui repose sur la relation entre l'homme et Dieu. Enfin, pour n'importe quelle philosophie, l'épreuve ultime consiste à mesurer sa capacité à servir de guide moral en période de crise.» (Christian, 1993; 149, notre traduction) Comme l'a un jour observé Grant, «les pires tragédies surviennent là où une grande responsabilité donne lieu à de la confusion métaphysique». (1993: 169, notre traduction)

La carrière universitaire de Grant change d'orientation à la fin des années 1950. En 1958, une série de conférences radiophoniques pour la chaîne anglaise de Radio-Canada, intitulée «Philosophy in the Mass Age», publiée l'année suivante, «vient établir la réputation de Grant parmi les universitaires du pays comme un penseur dynamique, original et puissant». (Christian, 1993: 192, notre traduction) Grant quitte l'Université Dalhousie[3] et, après un faux départ à la nouvelle Université York de Toronto en 1959 qui le laisse brièvement sans emploi, il entre au Département de religion de l'Université McMaster à Hamilton, en Ontario[4].

Au cours des années 1960, il intensifie son engagement intellectuel et pratique en politique canadienne. Sa famille a des liens étroits avec le Parti progressiste-conservateur, tant sur le plan historique que personnel, et la propre conviction de Grant envers l'existence d'une loi morale immuable l'entraîne tout naturellement à

---

3.   L'expérience que Grant acquiert de la société technologique moderne l'attire et le repousse tout à la fois, «mais il pense que s'il parvient un jour à voir dans quelle direction elle évolue, il lui faudra faire l'expérience totale de la modernité. Il se sent donc isolé en Nouvelle-Écosse et il commence à penser sérieusement qu'il lui faudra quitter l'Université Dalhousie.» (Christian, 1993 : 196, notre traduction).

4.   Grant envisage sérieusement un poste à l'Université Claremont de Californie. Il accueille avec soulagement l'offre de McMaster, car elle lui donne la possibilité de renoncer à s'exiler aux États-Unis. « C'est extrêmement important pour mon épouse, mes enfants et moi-même de ne pas être forcés à devenir américains. » (Citation dans Christian, 1993 : 210, notre traduction)

prendre des positions politiques conservatrices, « étant donné que le conservatisme comprend la vérité de l'ordre et des limites, aussi bien dans la vie sociale que dans l'existence individuelle ». (1993 : 191, notre traduction) Pourtant, à ses yeux, le conservatisme moderne n'est plus guère que « la justification de la règle immuable des gens d'affaires et du droit des rapaces à tout transformer en sources de gains individuels. » (1993 : 191, notre traduction) Grant accepte plutôt une invitation de Michael Oliver à se joindre à un groupe d'intellectuels de gauche (où l'on retrouve Pierre Trudeau), pour publier, en 1961, un recueil d'essais intitulé *Social Purpose of Canada*, qui vise à créer un nouveau parti destiné à devenir l'allié du mouvement ouvrier. Cette invitation n'est peut-être pas si étrange que cela si l'on pense que, dans *Philosophy in the Mass Age*, Grant a de bons mots pour Marx et qu'il se lance dans une critique radicale du capitalisme moderne. Sa collaboration à ce projet consiste à rédiger un essai dans lequel il « propose une éthique collective comme solution de rechange à l'éthique qui a amené le capitalisme d'État dans la société de masse[5]. »

Ce sont les événements politiques tumultueux de 1963 qui amènent Grant à prendre part de façon entière et irrévocable au débat politique canadien et font de lui une personnalité d'envergure nationale. La déroute du gouvernement minoritaire de Diefenbaker sous une pluie d'accusations et d'intrigues pousse Grant à produire ce qui deviendra son ouvrage d'analyse d'observations politiques le plus répandu et le plus influent. La crise politique provoquée par le refus du gouvernement canadien d'adopter l'arsenal nucléaire américain, tant à l'intérieur qu'à l'extérieur des frontières du pays, entraîne la défaite parlementaire des progressistes-conservateurs de Diefenbaker en raison de la coalition de l'opposition formée des libéraux, du NPD et du Crédit social[6]. Le souhait de Grant de rédiger un article sur ce qui lui apparaît comme le sens profond de ces événe-

---

5.   Au cours des élections tenues en 1962, Grant poursuit cette contribution intellectuelle en travaillant d'arrache-pied pour un nouveau parti (le NPD) à titre d'organisateur de campagne électorale dans sa propre circonscription. Ce rapport officiel avec le parti ne tiendra cependant guère plus d'un an, après lequel il établit le contact avec d'autres critiques, plus radicaux, de la civilisation nord-américaine : la Nouvelle gauche et, particulièrement, le mouvement de plus en plus fort et politisé que l'on retrouve sur les campus. (Christian, 1993 : 212, 214)

6.   Avec le chef du NPD, Tommy Douglas, Grant avait demandé de ne pas voter contre le gouvernement sur cette question et, devant le fait accompli, il en conclut qu'ils ne sont guère plus qu'un « prolongement dénué de teneur des libéraux », auxquels il regrette d'avoir eu affaire. (Christian, 1993 : 241, notre traduction)

ments politiques se concrétisera par la rédaction de son fameux ouvrage, *Lament for a Nation*.

Même si l'on a souvent vu dans ce dernier un ouvrage favorable à Diefenbaker et un « appel aux armes » des nationalistes canadiens, Grant lui-même s'en défend. Il reconnaît que Diefenbaker est un populiste des Prairies qui confond souvent rhétorique et politique, et dont « l'idéologie de libre entreprise de petite municipalité est " totalement inadéquate " pour se mesurer à la société qui a vu le jour dans le Canada central depuis la guerre. » De plus, Diefenbaker se refuse à reconnaître les droits des Canadiens français en tant que communauté. (Christian, 1993 : 247, notre traduction) Cependant, les nombreuses lacunes que Grant relève chez Diefenbaker – son immense égoïsme, son messianisme dépourvu de contenu et son choix navrant de collègues canadiens-français – est contrebalancé par certaines qualités salvatrices : une croyance fondamentale envers la liberté dans la légalité, son égalitarisme social et, plus particulièrement, sa loyauté et son patriotisme. (Christian et S. Grant, 1998 : 135)

« Le nationalisme [de Diefenbaker] est dépassé, tout à fait obsolète à l'ère de la technologie ; mais son courage est admirable et, " en dépit de tout ce qu'il a été, ce n'était pas un être faux ". » (Christian, 1993 ; 265, notre traduction) Le nationalisme dont il fait preuve sans se laisser intimider touche une corde sensible chez Grant parce que Diefenbaker reconnaît que pour être indépendant, le Canada doit maintenir des liens étroits avec la Grande-Bretagne ; la seule autre option envisageable est un resserrement des liens avec les États-Unis, ce qui signifie la perte du caractère distinctif canadien. Aux yeux de Grant, l'élément qui fait pencher la balance dans ce sens, à l'encontre d'une atténuation du nationalisme canadien, « est que les grandes entreprises qui ont réellement du pouvoir ne ressentent aucun sentiment de loyauté, juste de l'intérêt, ce qui les mène directement vers le sud. » (Christian, 1993 : 248, notre traduction) Selon l'analyse de Grant, le gouvernement de Diefenbaker devait être sacrifié sur l'autel du continentalisme.

Pour Grant, le point à retenir de cet épisode politique est que rien ne peut arrêter l'expansion du capitalisme technologique de type américain et l'idéologie du progrès concomitante. Les Canadiens eux-mêmes sont nettement compromis dans cette prise de pouvoir. Loin d'y résister, au fond d'eux-mêmes, ils la souhaitent (parfois inconsciemment, faut-il le reconnaître).

« Au fil des ans, l'indépendance canadienne n'a cessé de s'éroder, non pas tant en raison des interventions extérieures des Américains qu'en raison d'une acceptation de plus en plus grande de l'attrait de la vision américaine de la modernité. [...] Les conservateurs peuvent retarder, mais non empêcher son triomphe ; ils n'y réussiront pas parce que, au fond de leur cœur, ils pensent que c'est la bonne vision [...] Ce que le Parti libéral est parvenu à faire, c'est de gérer [ce processus] sans faire trop d'histoires [...] Il est parvenu à amener la population à accepter l'inévitable. » (Christian, 1993 : 249-250, notre traduction)

À ceux qui croient qu'il s'efforce de provoquer une réaction nationaliste en publiant son ouvrage, Grant objecte qu'il parle de la fin du nationalisme canadien et non de sa renaissance. Il se lamente sur la fin du Canada en tant que nation souveraine et distincte, ce qui, dans son esprit, s'est déjà produit. «Je disais que c'était terminé et les lecteurs ont cru y voir un appel au nationalisme canadien. Pour moi, ça n'a aucun sens. Je pense qu'ils ont mal lu. » (citation dans Christian, 1993 : 251, notre traduction) Il pourrait être préférable pour les Canadiens de ralentir le processus d'intégration continentale, parce que, de l'avis de Grant, même un sentiment national résiduel vaut mieux que pas de sentiment national du tout. Mais, « l'annexion officielle par les États-Unis finira par se produire, et, à ce moment-là, elle n'aura qu'une incidence marginale. » (Christian, 1993 : 250, notre traduction)

Donc, selon Grant, le Canada est voué à disparaître dans les mâchoires voraces du libéralisme américain entièrement voué à la technologie. Pourtant, en dépit de son profond pessimisme à cet égard, *Lament for a Nation* devient l'un des ouvrages les plus répandus et les plus influents sur la politique canadienne, apportant une contribution essentielle à la renaissance du nationalisme canadien. *Lament for a Nation* est à la fois stimulant et vivifiant pour toute une série de personnes et des groupes de tous les horizons politiques : mouvement social et activistes communautaires, nationalistes et écologistes, socialistes et conservateurs. Il contribue à modeler la politique du pays par la suite pendant plus de deux décennies, culminant dans le grand débat sur le libre-échange de 1988 et ses retombées politiques et économiques. Qu'est-ce qui explique ce paradoxe apparent ? Peut-être le fait qu'au cœur de l'analyse de Grant se trouve une prescription d'action humaine : afin que tous affrontent avec courage les forces technologiques inexorables ; qu'ils fassent tout ce qui est en leur pouvoir pour limiter la tyrannie et protéger la liberté et la dignité humaines, dont on ne peut réaliser le potentiel qu'au sein de collectivités cohérentes et régies par l'ordre. (Christian et S. Grant, 1998 : 99-101, notre traduction)

Si Grant publie ultérieurement d'autres ouvrages influents et à l'argumentation puissante, qui lui permettent d'élargir et de développer ses idées politiques, notamment *Technology and Empire* (1969), *English-Speaking Justice* (1974) et *Technology and Justice* (1986), c'est *Lament for a Nation* qui laissera sa marque sur le psyché canadien et stimulera un vaste débat sur l'enjeu de l'identité et de l'autonomie canadiennes au cours de la seconde moitié du XXe siècle.

LA LIBERTÉ

Selon une évaluation de l'œuvre de Grant que l'on doit à son biographe William Christian, un des pôles de sa pensée était son christianisme et sa foi inébranlable envers le transcendant et l'éternel ; l'autre réside dans son intérêt envers le phénomène de liberté, devenu un des piliers du monde occidental. Jamais auparavant n'avait-on défini et compris les êtres humains comme des êtres essentiellement libres. Tâcher de concilier la liberté humaine, vue comme le pouvoir d'organiser le monde en fonction des préférences des hommes, et un ordre moral transcendant et déterminant à l'aune duquel juger les actes des hommes deviendra l'œuvre philosophique de l'existence de Grant. Cela signifie éclairer le sens de la liberté dans le monde occidental et comprendre pourquoi elle commande un tel respect. (Christian, 1993 : 177, notre traduction)

Au cœur de l'analyse politique et sociale de Grant, on retrouve sa vive inquiétude de voir la société canadienne (ainsi que l'ensemble de la civilisation occidentale) se diriger vers un État universel et homogène qui aura pour effet de circonscrire fortement la liberté humaine. C'est l'influence intellectuelle du philosophe Leo Strauss – qui, « plus que tout autre écrivain contemporain » (Christian, 1993 : 226, notre traduction) a inspiré Grant – qui a convaincu ce dernier que cette société future serait « radicalement destructive pour l'humanité ». (Christian, 1993 : 224, notre traduction) Deux autres penseurs, le philosophe Alexandre Kojève et le sociologue Jacques Ellul, ont permis à Grant de mieux saisir la dynamique du monde moderne : vers où se dirige la société technologique et « l'unité sous-jacente aux nombreuses manifestations individuelles de la technologie moderne et la façon dont son esprit s'immisce dans le moindre aspect de le vie contemporaine ». (Christian, 1993 : 227, notre traduction)

La question n'est pas que Grant ne comprend ou n'apprécie pas les libertés politiques modernes dont jouissent les membres de la société démocratique libérale occidentale ; il reconnaît que ces libertés représentent un « bien humain essentiel ». Il est cependant convaincu que ces libertés traditionnelles sont mises en péril par le fait que la technologie s'attache à la maîtrise exercée par l'homme sur la nature et les êtres humains. Comme il le souligne, depuis des siècles, la société occidentale concentre son énergie sur cette maîtrise, soutenant qu'elle devrait permettre la libération de l'homme. « La liberté est un cri de ralliement. » Le progrès de la technologie est devenu le moyen d'atteindre la liberté, tandis que la liberté elle-même – perçue comme la liberté de changer tout ordre qui fait entrave au « progrès » (lui-même perçu comme le progrès technologique) – devient essentielle à la mise au point et au lancement de nouvelles technologies. Le terreau le plus fertile pour ce nouvel ensemble de convictions est l'Amérique du Nord, seule société dépourvue de son histoire propre avant l'ère du progrès et, dès lors, de traditions contraignantes[7].

Dans ce sens, l'apparition de la civilisation technologique et la liberté issue du libéralisme contractuel moderne sont intimement liées. Toutes deux trouvent leurs racines dans des éléments de réflexion propres au christianisme occidental, particulièrement à la branche du christianisme que l'on peut qualifier de « protestantisme laïcisé ». Grant estime que cela provient du fait que la foi dans la providence, le mouvement progressif du monde vers le Royaume de Dieu – constitue un des éléments essentiels du protestantisme de la première heure. Toutefois, à mesure que la foi en Dieu a régressé dans le monde occidental sous les assauts des penseurs du Siècle des lumières et de la révolution scientifique, la foi en la providence a laissé place à une croyance populaire dans le progrès. Par corollaire, « la science et la technologie » ont remplacé Dieu comme moyen de rédemption. Ce qui gêne le plus Grant dans cette évolution est la « liberté totale » que le libéralisme technologique offre à l'homme

---

7.   Étant donné que la pensée de Grant, tout comme celle d'Innis, est centrée sur les empires, l'accueil chaleureux réservé par les Canadiens au progrès technologique et à la notion connexe de la liberté « rend inéluctable l'absorption du Canada dans l'empire américain. » (Taylor, 1982 : 141, notre traduction)

moderne. Son conservatisme le pousse naturellement à résister à cette notion de liberté sans bornes.

Sa réaction à cette liberté sans bornes consiste à « affirmer l'existence d'une loi morale qui limite la liberté de l'homme », ancrée dans le concept de Dieu. Sans cette croyance en Dieu, il n'y a aucune limite théorique, et donc aucune limite pratique, à la liberté, « ce qui légitime n'importe quel acte ». (Taylor, 1982 : 143, notre traduction) Cela a mené à l'érosion de la moralité individuelle et sociale. Pour y parvenir, il a fallu donné la primauté à la volonté individuelle sur la vérité, la beauté, la bonté et toute autre valeur indépendante dont on peut retrouver les origines irrationnelles dans la tradition, la religion, la croyance en un être suprême ou dans une perception d'un ordre éternel qui échappe au contrôle ou à la compréhension de l'homme. Au bout du compte, ce « triomphe de la volonté » remplace toute autre considération sociale ou morale et mène directement à l'affirmation du choix et des droits individuels comme « principe directeur » de la société libérale. Il est impossible de séparer cette « volonté d'imposer la technologie » du discours de la société libérale sur la liberté. La civilisation technologique occidentale offre aux hommes la liberté de créer des valeurs qui leur permettent d'atteindre le plus grand bonheur possible pour le plus grand nombre possible par l'entremise de la technologie capitaliste. Grant en trouve l'illustration dans la légalisation de l'avortement et d'autres enjeux liés aux progrès des technologies de la reproduction[8].

Il ne fait aucun doute que la perception qu'a Grant de la liberté s'écarte de celle du libéralisme moderne. Grant est convaincu que les hommes, en tant que citoyens, ont pour obligation première d'être libres, mais il définit cette liberté comme la capacité de « faire le bien » et non de « faire ce que l'on veut ». (Cooper, 1978 : 28, notre traduction) Plutôt que de la maîtrise acquise sur l'homme et la nature, la liberté découle de la « connaissance de la vérité des choses ». « Au bout du compte, la liberté sans la perception de la réalité est vide de sens et de contenu. » (Taylor, 1982 : 89, notre traduction) On

---

8. Au cours des années 1980, Grant explore le rapport entre l'avortement et la conception libérale de la liberté dans un certain nombre d'essais, notamment dans « The Case Against Abortion », publié dans *Today Magazine* le 3 octobre 1981, p. 12 et 13 ; et « The Triumph of the Will », publié dans *The Issue is Life : A Christian Response to Abortion in Canada*, sous la direction de Denise O'Leary, Burlington, Welch Publishing, 1988, p. 156-166.

comprend immédiatement que la connaissance de la réalité découlant de la science et de la technologie n'a rien à voir avec la «vérité des choses» que Grant a en tête. Dans ce sens, la notion que Grant a de la liberté, comme celle de Charles Taylor, a une dimension morale. Tous les deux croient que l'on peut juger la «valeur» des choix que font les personnes, et que les choix n'ont pas tous la même valeur, que ce soit sur le plan de leur manifestation de la liberté humaine ou de leur contribution à cette dernière.

Grant est également semblable à Taylor, Innis et d'autres penseurs étudiés dans cet ouvrage en ce qu'il perçoit la liberté d'abord et avant tout comme un bien social, quelque chose qui n'est possible que dans un certain type de société, dans laquelle certains types d'institutions protègent les conditions de la liberté. La liberté devient possible dans un contexte d'ordre social qui intègre et respecte la stabilité sociale et la primauté du droit. Et cela, soutient Grant, se trouve au cœur même de la tradition conservatrice canadienne : «jamais la liberté individuelle ne doit mettre en péril celle des autres ni perturber l'ordre social [...] [les Canadiens] le démontrent dans leur respect de la loi et de l'autorité, dans un système d'éducation ancré dans de stricts champs disciplinaires et dans leur adhésion aux religions sensées et orthodoxes qui plongent leurs racines dans le passé.» (citation de Grant dans Christian, 1993 : 108, notre traduction)

Grant et Taylor ne sont toutefois pas d'accord sur tout. Si ce sont tous deux des penseurs manifestement canadiens et si tous deux se penchent sur la modernité du point de vue des notions vivifiantes du bien, sur un point essentiel au moins, la conception que Grant a de la technologie l'amène à une interprétation de la condition moderne qui diffère de celle de Taylor. Comme nous l'avons vu, Grant est convaincu que l'hégémonie d'une position épistémologique dans le monde moderne qui objectivise l'univers, permettant dès lors à l'homme de le contrôler grâce à sa maîtrise technique, a donné lieu à l'instauration d'un appareil organisationnel et industriel, la société technologique, qui finit par ronger les valeurs libérales mêmes qui rendent son ascendant possible. Et cela débouche sur le remplacement graduel de la liberté publique par un «despotisme léger» de la technologie bureaucratisée. (Millard et Forsey, 2001 : 10)

Non pas que Grant, tout comme Taylor, ne soit pas profondément conscient des avantages de la technologie, particulièrement de son rôle bienveillant et égalitaire pour «soulager la condition

humaine». Il avance que la technologie sert l'idéal de «bâtir une société constituée d'hommes égaux et libres en triomphant du hasard».
(Grant, 1969: 138, notre traduction) Mais il comprend aussi que la
technologie, «intrinsèquement, s'alimente à un idéal de maîtrise de
son propre chef [...] La "dynamo technologique" s'est de plus en
plus écartée de son souci envers le bien-être de l'homme, évoluant
vers une "maîtrise de la planète" qui se perpétue sans qu'elle soit
motivée par des biens antérieurs.» (Millard et Forsey, 2001: 15, notre
traduction) «Changer le monde devient [...] de plus en plus une fin
en soi, soutient Grant. Nous le ferons, non pas tant dans un but quelconque transcendant la volonté, mais au nom de la volonté elle-même
[...] Notre liberté peut même se mettre à remodeler notre propre
espèce.» (Grant, 1969: 19, notre traduction) Dès lors, aux yeux de
Grant, la maîtrise fait partie intégrante de l'entreprise technologique.
«Tout comme les modernes sont entièrement dévoués à la technologie, la volonté d'acquérir la maîtrise l'est elle aussi.» (Millard et Forsey,
2001: 20, notre traduction)

Il en découle qu'à l'encontre de Taylor, Grant voit non seulement une modernité amorale comme une possibilité mais bien comme
une probabilité de plus en plus forte. «L'ordre amoral» est un option «qui devient de plus en plus irrésistible à mesure que la dynamo
technologique progresse, produisant des sujets humains qui ont complètement intégré la déconstruction de la moralité inhérente au projet.» (Millard et Forsey, 2001: 21, notre traduction) Grant s'en soucie
beaucoup plus que Taylor, et cette idée se trouve au cœur de son
immense pessimisme et de ses grandes appréhensions quant à l'avenir.

L'ÉGALITÉ

Vu l'histoire familiale de Grant et son éducation élitiste, depuis le *Upper Canada College* jusqu'à Oxford en passant par l'Université Queen's, il y a peu de chances qu'il ait été en contact avec des
défavorisés. Le conservatisme, la tradition politique et idéologique à
laquelle il s'identifie, n'est pas non plus généralement perçu comme
particulièrement soucieux de la promotion de l'égalité – en fait, ce
serait plutôt le contraire. Mais c'est là que se révèle le conservatisme
assez peu orthodoxe de Grant. S'il reconnaît «le principe conservateur de hiérarchie, qui se fonde sur les talents les plus divers», il soutient que «ce principe doit avoir pour pendant le principe d'égalité,

qui découle de la valeur absolue de tout être humain ». (Taylor, 1982 : 145, notre traduction)

De son vivant, Grant a été essentiellement considéré comme un ami et un compagnon de route de la gauche politique canadienne. Cela provient à la fois de sa critique acerbe de la société capitaliste occidentale (et des passions qui la dominent : le matérialisme et la cupidité) et de son « appel aux armes » nationaliste contre l'absorption du Canada dans l'empire américain. Pour Grant, il faut une certaine planification socialiste si l'on veut endiguer la poussée libérale vers le continentalisme et, de là, vers l'absorption dans l'empire américain. « Qu'est-ce que le socialisme, demande-t-il, sinon l'usage du gouvernement en vue de restreindre la cupidité, au nom du bien social ? » (Grant, 1987 : 58) Dès lors, les conservateurs canadiens sont des « *tories* rouges » ou rien du tout. Beaucoup considèrent Grant comme l'exemple type du tory rouge : un conservateur qui voit dans le socialisme canadien une variante du conservatisme (plutôt que les « libéraux empressés » auxquels le premier ministre libéral Mackenzie King, champion de la longévité, les assimile).

Les idées de Grant sur l'égalité ne sont enracinées ni dans la doctrine libérale ni dans le socialisme. Si les libéraux ont tendance à mettre l'accent sur le droit des particuliers à l'égalité des chances, et les socialistes sur la nécessité pour le gouvernement de s'occuper des effets pervers et arbitraires de l'inégalité économique dans une société capitaliste, Grant soutient que l'égalité de tous les êtres humains est fondamentalement une question de valeur morale égale. Ce sont ses convictions religieuses qui constituent le fondement philosophique de sa perception de l'égalité. Indépendamment de ses capacités, tout individu est un être humain possédant une âme, ce qui le rend égal à tous les autres devant Dieu. De sorte qu'il incombe à l'État de considérer n'importe qui comme quelqu'un d'important, de conférer à chaque individu un statut juridique et social égalitaire, et de bâtir et de s'efforcer de protéger une société juste qui reflète cette vérité fondamentale. Sur le fond de cette égalité fondamentale, les écarts entre les talents individuels ne pèsent pas lourd, selon Grant (Christian et S. Grant, 1998 : 69-70).

Dans *An Ethic of Community*, Grant aborde deux autres aspects de l'égalité économique et sociale dans la société moderne. Pour la première fois, la majorité a accès à des biens en grandes quantités et à de nombreux loisirs. L'égalité d'accès à ces loisirs se transformera en un besoin de plus en plus pressant de santé économique et sociale de la société. Deuxième point, la forme d'existence humaine créée par la société de technologie de masse rend impératif un combat pour « l'égalité de participation au savoir ». Une accessibilité élargie à l'enseignement supérieur représente donc une caractéristique fondamentale d'une société juste et égalitaire[9]. Toutefois, Grant en vient à croire que la concrétisation de ces occasions d'égalité plus complète, qui, si on les saisit, vont constituer une attaque majeure contre l'injustice sociale, s'est heurtée à l'éthique capitaliste. (Taylor, 1982 : 145, notre traduction) Ce n'est qu'en adoptant « une éthique bien définie de la communauté qui perçoit la dignité de toute personne et est déterminée quant aux façons d'atteindre complètement cette dignité » que la société pourra véritablement concrétiser son nouveau potentiel d'égalité et de justice plus profondes. (Christian et S. Grant, 1998 : 75, notre traduction)

En dépit de tout cela, on pourrait soutenir que ce n'est pas un souci envers l'égalité qui se trouve au cœur de l'analyse politique de Grant. En effet, on peut considérer le renforcement de l'égalité individuelle comme l'un des principes fondamentaux à la base de la tendance générale vers l'état technologique universel et homogène auquel Grant s'oppose résolument. Cette opposition peut s'expliquer par sa conviction que la nouvelle société technologique va réduire radicalement (voire éliminer) tant l'individualité de l'homme que la diversité des nations. « Lorsque la science moderne a atteint sa maîtrise, il n'y a plus place pour les cultures locales. » (citation dans Taylor, 1982 : 146, notre traduction) Il avait recours à toutes ses compétences intellectuelles et polémiques pour mettre les gens en garde contre ces reculs imminents, tant sur le plan de la liberté individuelle que sur celui de la diversité culturelle et du caractère distinctif national, et les dénoncer.

C'est en ce qui a trait à l'importance cruciale de préserver la diversité des cultures nationales que les opinions de Grant concordent avec celles de penseurs canadiens-français comme Laurendeau et Rioux. Grant est un conservateur convaincu de la valeur inhérente et des qualités porteuses de culture des sociétés entières et systéma-

---

9. Grant devient convaincu de l'importance de l'enseignement supérieur pour la démocratie grâce à sa participation à l'enseignement aux adultes, qui débute en 1943 lorsqu'il est embauché par l'Association canadienne d'éducation des adultes, et se poursuivra sous diverses formes jusqu'à la fin de sa vie. (Christian, 1993 : 94)

tiques. Ce qui ne peut faire de lui qu'un nationaliste canadien bien décidé à résister à la domination culturelle de l'hégémonie américaine. Grant est alors extrêmement sensible à la menace d'assimilation à laquelle tant le Canada anglais que le Canada français sont confrontés. Comme Laurendeau, il a commencé par percevoir l'alliance des deux Canadas (l'anglais et le français) comme une condition essentielle à leur survie, mais particulièrement à celle de la société anglophone de souche du Canada. Toutefois, à mesure que croît son pessimisme à l'égard de la capacité du Canada anglais à se définir lui-même, ou à s'affirmer comme nation face à la menace d'assimilation culturelle, il s'inquiète de ce que la culture anglophone du Canada n'est guère plus qu'un cheval de Troie pour le monolithe culturel américain. Les nationalistes québécois, pense-t-il, feraient mieux de résister à l'étreinte du Canada anglophone et de se concentrer sur leur propre survie. (Christian et S. Grant, 1998 : 107) Quoi qu'il en soit, il estime que, pour tous les Canadiens, il est absolument impératif de résister à l'assimilation, « afin d'œuvrer pour un pays qui n'est pas simplement le satellite d'un empire quelconque ». (Christian et S. Grant, 1998 : 90, notre traduction)

Ces manifestations de soutien et de réconfort envers le projet nationaliste du Québec ne modifient en rien l'opinion de Grant à l'effet que les Canadiens français finiront par échouer dans leur résistance aux pressions continentalistes. La raison en est fort simple. Le nationalisme québécois ne peut réussir à s'affirmer que par le biais d'une identification au progrès technologique, qui suppose la disparition des différences fondatrices donnant au nationalisme sa substance. Autrement dit, si les nationalistes québécois finissent par mener à bien leur projet de souveraineté politique, la société québécoise sera inévitablement dénuée de son contenu distinct : ses différences culturelles. (Taylor, 1982 : 147, notre traduction) Les Canadiens, tant anglophones que francophones, sont voués à perdre les traditions et les valeurs distinctes qui s'érigent en obstacles à la rationalité homogénéisante de la modernité technologique ; tous deux vont se confondre dans un creuset d'uniformité culturelle centré sur les Américains. L'un des aboutissants de ce processus pourrait fort bien être une plus grande égalité des personnes, mais au prix de pertes énormes sur le plan culturel.

LA COMMUNAUTÉ

La communauté se trouve au cœur de la pensée politique de Grant. Ses réflexions et la plupart de ses écrits sont à la fois motivés et éclairés par un sens profond de la différence historique entre sa propre communauté canadienne-anglaise et la communauté de leurs voisins du sud. Son désir de préserver les valeurs et caractéristiques qui lui paraissent propres à sa communauté, même au vu de la transformation graduelle mais inexorable de cette communauté dans la période d'après-guerre, soutient sa pensée politique et lui donne l'élan nécessaire. C'est aussi de là que provient essentiellement son immense pessimisme. Le conservatisme, affirme-t-il, est l'ensemble de principes qui constituent la manière canadienne et lui donnent son orientation. Il enrichit la démocratie canadienne, « parce qu'elle comprend mieux [que la démocratie américaine] l'emprise de la loi sur la liberté ». (Christian et S. Grant, 1998 : 136, notre traduction) Pourtant, poursuit-il, le conservatisme pur et simple est impensable à une époque entièrement consacrée aux avantages tant spirituels que matériels du progrès technologique. Par conséquent, le Canada, à tout le moins celui que Grant vénère, est aussi sûrement voué à disparaître que la neige de fondre au printemps. Le nationalisme de Grant, comme celui de Diefenbaker, est impensable en une ère technologique. « L'impossibilité du conservatisme, à notre époque, signifie l'impossibilité du Canada. » (Grant, 1987 : 69)

La communauté canadienne dont Grant pleure la fin est manifestement britannique tant par son héritage que par ses traditions. Si Diefenbaker a été le dernier homme politique de premier plan à exprimer sans équivoque son affection et son attachement envers une identité canadienne intimement liée aux institutions et aux valeurs britanniques, Grant a été le dernier penseur politique de premier plan à le faire. Son attachement envers une identité et une culture canadiennes dont il reconnaît la disparition, et sa préférence pour ces dernières, est aussi fonction de sa perception du Canada comme un pays au sein duquel la citoyenneté revêt une signification plus profonde qu'aux États-Unis. « Les moyens démocratiques traditionnels, le vote et le soutien aux partis politiques, revêtent une plus grande signification dans notre univers plus restreint. Le choix politique est à la fois une réalité plus présente et une possibilité plus grande au Canada. ». (Christian et S. Grant, 1998 : 85, notre traduction)

Grant ne fait toutefois pas uniquement montre de nostalgie lorsqu'il pleure la disparition des traditions propres au Canada. Il déplore la perte de toutes les traditions locales, notamment les siennes, parce que « ce n'est que grâce à des racines particulières, toutes partielles qu'elles soient, que les êtres humains commencent par saisir ce qui est bien et c'est la sève provenant de ces racines qui, pour la plupart des hommes et des femmes, soutient leur participation à un bien plus universel. » (citation dans Taylor, 1982 : 152, notre traduction) Aux yeux de Grant, l'érosion de la citoyenneté canadienne, « bien qu'inévitable, est une simple question de perte, qu'il faut déplorer [...] [parce que] les gens commencent par faire connaissance avec le bien non de manière absolue, mais dans des choses qui leur sont propres, leurs amis, leur municipalité, leurs traditions, leur pays ou leur civilisation. Pour atteindre Dieu, il faut aller au-delà de cet amour, mais aussi passer par cet amour. » (Christian, 1993 : 263-264, notre traduction)

L'importance de conserver des traditions communautaires et nationales est cruciale pour Grant, « la meilleure assise pour la vie de tous les jours ». En réalité, au moment où il écrit *Lament for a Nation*, ses arguments reposent davantage sur la tradition (ou la perte des traditions) que sur la philosophie. « On peut permettre à ceux qui vénèrent la tradition ancienne du Canada de déplorer ce qu'on en a perdu, même s'ils ignorent si cette perte mènera à un bien politique plus important ou non. » (Christian et S. Grant, 1998 : 83, notre traduction) Cette vénération de la tradition lui inspire du mépris à l'endroit des idéologues qui se tournent vers le libéralisme comme des convertis qui ont rejeté leurs propres traditions particulières. Selon lui, leur libéralisme n'est ni contrebalancé ni contenu par le pragmatisme découlant de l'expérience vécue des rouages imparfaits des institutions libérales. Pierre Trudeau en est un exemple à ses yeux : le technocrate moderne par excellence ; un formidable politicien qui répond à l'appel universaliste du libéralisme en raison de son propre dédain viscéral à l'égard de la tradition canadienne-française et de son rejet de cette dernière. Grant voit dans les appels à l'universalisme de Trudeau un encouragement à l'intégration économique et sociale des Canadiens, en tant qu'individus et en tant que pays, dans le système occidental pris dans son ensemble. Cela suppose l'intégration dans un système continental au fonctionnement harmonieux et,

au bout du compte, la submersion de toute identité ou valeurs canadiennes particulières. (Christian, 1993 : 340-341 ; Christian et S.
Grant, 1998 : 104)

Comme les autres auteurs faisant l'objet de cet ouvrage, à l'exception peut-être de Trudeau, Grant perçoit la communauté comme
un ingrédient essentiel à la formation de l'identité, de la personnalité et des valeurs d'un individu. Apprendre à vivre en communauté,
à contribuer au maintien et au bon fonctionnement de cette communauté – en fait, à contribuer à la cohésion sociale de cette communauté – est l'un des buts fondamentaux de l'existence humaine[10].
L'homme ne peut être libre que dans le contexte d'un ordre social et
d'une communauté reposant sur la tradition, qui propose à la fois
des limites et des appuis à cette liberté. « Quand la tradition ne donne
aux hommes aucune "règle d'existence" facile à saisir, le danger est
que leur liberté ne soit régie que par une loi arbitraire et extérieure
de médiocrité et de violence, qui avilira l'humanité plutôt que de la
combler. » (Christian et S. Grant, 1998 : 61)

La société technologique universelle et homogène au déploie-
ment de laquelle Grant assiste deviendra une tyrannie parce que ce
sera une société dans laquelle la « communauté » est desséchée, où
l'État laïque et l'entreprise capitaliste réorganisent et restructurent
sans cesse la société en fonction de l'éthique capitaliste et des besoins
de la technologie. Les principes d'ordonnancement en sont la rationalité, l'efficacité et la facilité ; on a vidé de leur valeur et éliminé la
tradition, les coutumes, la fraternité et les liens sociaux de la communauté. On ferme les yeux sur le besoin de concilier liberté individuelle et bien de la communauté, de sorte que la liberté et la dignité
de l'homme ont perdu de leur ampleur et qu'elles ne sont presque
plus possibles.

Que faire pour transformer nos villes en des communautés dans lesquelles l'esprit humain peut s'épanouir ? [...] Comment cultiver la
liberté des personnes sans qu'elle se confonde (comme maintenant)
avec un intéressement impitoyable et l'appropriation d'une part plus

---

10. Grant cite deux buts de l'existence humaine : bien vivre ensemble en communauté et
     réfléchir. La « tyrannie » engendrée par l'appareil politique monolithique construit
     en vue d'obtenir le contrôle technologique (la maîtrise de la nature) « est le plus
     grand ennemi politique de l'excellence humaine. Elle nie les deux buts principaux de
     l'homme : "vivre ensemble et réfléchir"». (Christian et S. Grant, 1998 : 99, notre tra-
     duction)

grande que celle à laquelle on a droit ? [...] Une société ne deviendra pas le lieu de saines loyautés et d'une cohésion ordonnée si ses membres apprennent à rechercher d'abord et avant tout leur propre intérêt économique et si l'on choisit ses dirigeants parmi les personnes qui sont les plus impitoyables dans leur quête intéressée. (Christian et S. Grant, 1998 : 63-64)

Comme Innis et Laurendeau, Grant devient de plus en plus critique et méfiant à l'endroit de la tendance d'après-guerre à la centralisation politique. S'il commence par donner son appui à cette évolution, y voyant le moyen de conserver l'indépendance canadienne, une fois qu'il devient convaincu que le pays doit se plier à la domination américaine, « il se range du côté de la décentralisation, qu'il perçoit comme moyen de retarder le processus d'homogénéisation ». (Christian, 1993 : 340, notre traduction) Selon lui, les régions situées en dehors de l'Ontario qui n'ont pas encore entièrement accepté l'américanisation pourraient trouver des façons de défendre leur intégrité en tant que communautés. Par ailleurs, au plan national, il ne reste pas de véritable option politique. Dans les années 1970, les trois principaux partis fédéraux (les libéraux, les conservateurs et les néodémocrates) ont abandonné la cause nationaliste en se débarrassant des factions ou des personnes qui remettaient sérieusement en cause la logique continentaliste. « Les trois partis canadiens ont détruit leur aile nationaliste : Walter Gordon a été rabroué par Lester B. Pearson lorsqu'il a commencé à jouer le trouble-fête dans la communauté d'affaires ; le Waffle a été éjecté du NPD lorsqu'il s'est mis les syndicats à dos ; et Diefenbaker et consorts ont été anéantis par Dalton Camp et les *tories* du monde des affaires. » (Christian et S. Grant, 1998 : 152, notre traduction)

Pourtant, même si Grant sent que la pente est impossible à remonter, il est convaincu qu'il vaut la peine de résister aux forces de l'universalisation et de l'homogénéisation. « Il est certes plus noble de sombrer en faisant feu de tous ses canons que de se laisser mener, sourire aux lèvres ou le regard triste, dans une homogénéisation encore plus poussée de notre pays dans le magma américain. » (Christian et S. Grant, 1998 : 153, notre traduction) Il y a une valeur intrinsèque à se battre pour conserver une part d'autonomie comme individu ou comme société et réduire au minimum l'influence culturelle, économique et politique américaine sur le Canada. Cela demeure vrai même si, au bout du compte, la modernité technologique et dynamique qui constitue le fer de lance de cette influence américaine finira bien par assaillir le monde entier. De surcroît, il ne considère pas comme véritablement envisageable l'option de se contenter d'accepter son sort et de cesser de résister en se retirant du monde – «rêver le rêve anti-social», comme le formule Grant. «De par sa nature, l'homme est un être social, de sorte qu'essayer de rejeter la société dans laquelle on vit revient à une sorte d'auto-castration.[...] Nous ne pouvons opter pour le genre de mysticisme qui vise à atteindre la joie ultime en court-circuitant nos rapports et nos responsabilités immédiats dans le monde.» (Christian et S. Grant, 1998: 100, notre traduction)

CONCLUSION

À l'instar de celle des cinq autres intellectuels présentés dans cet ouvrage, la pensée de George Grant est fortement influencée par sa propre histoire et celle de sa famille, ainsi que par le milieu social et politique dans lequel il vit. Ses réflexions et ses arguments sont modelés par ses traditions familiales, ainsi que par son attachement solide au concept et à la substance d'un canadianisme caractéristique, ancré dans une expérience historique particulière et un ensemble de valeurs nettement différentes de l'expérience américaine et des valeurs qui ont cours aux États-Unis. Sa propre énonciation de l'identité et de l'éthique canadiennes fait de lui le type même du «tory rouge»: un amalgame de conservatisme canadien traditionnel, de nationalisme obstiné et une méfiance à l'égard du capitalisme qui rend une certaine planification socialiste acceptable, voire désirable.

L'attrait politique de Grant est en partie attribuable à cet attrait idéologique dépourvu de fanatisme. On peut toutefois l'expliquer en plus grande partie par son appel éloquent à la résistance et à la lutte face à des forces qui semblent inexorables. En dépit de son immense pessimisme quant à l'avenir du Canada, et celui de l'ensemble de la civilisation humaine d'ailleurs, il parvient à stimuler l'imagination et à galvaniser la détermination des nationalistes, des socialistes, des communautariens, des écologistes, des activistes étudiants et de tous les regroupements de Canadiens qui partagent ses prémonitions quant aux incidences à long terme de l'idéologie dominante du libéralisme technologique et du type de société qu'il alimente. À cet égard, Grant semble être l'héritier naturel et le prolongement d'une partie essentielle de l'héritage innisien, bien qu'il soit un dépositaire beaucoup plus public et spectaculaire de cet héritage qu'Innis lui-même l'a jamais été.

Sur un plan très différent, Grant est plus proche de son collègue philosophe Charles Taylor (et à l'aise avec cela) tant en ce qui a trait aux sources de sa réflexion qu'à sa façon de la présenter et de l'expliquer. L'influence des anciens sur la pensée de Grant, particulièrement celle de Platon, est évidente, tout comme les arguments et les analyses pénétrantes de philosophes ultérieurs comme Kant, Marx, Nietsche et, de façon plus directe, Strauss, ainsi que du sociologue français Jacques Ellul. Les convictions chrétiennes de Grant, qui le démarquent à la fois d'Innis et de Taylor, constituent une autre influence, très différente mais profonde. Tous ces éléments et toutes ces influences sont à l'œuvre dans la pensée de Grant, et ils se combinent pour donner un penseur canadien éloquent et profond, parfois choquant, et surtout unique en son genre.

CHAPITRE 4

André Laurendeau : à la recherche de l'égalité politique et de la justice sociale

André Laurendeau est sans conteste l'intellectuel qui été la plus grande inspiration des Canadiens français, et plus tard des Québécois, dans leur quête d'égalité. Plus que celles des autres penseurs abordés dans cet ouvrage, ses réflexions étaient en harmonie avec la réalité politique de son époque. La pensée de Laurendeau après la Deuxième Guerre mondiale a percé les diverses couches de la population et on la considère encore fréquemment comme un ingrédient essentiel d'une solution politique à l'impasse Québec-Canada[1].

Tout au cours de sa vie, Laurendeau a joué un rôle actif au sein de plusieurs groupes. En 1932, à vingt ans, il est co-fondateur du mouvement Jeune-Canada avec, entre autres, Pierre Dansereau, qui en est le président, Lucien L'Allier et Gérard Filion. Ses membres fondateurs sont des membres actifs du cercle Crémazie, un groupe littéraire formé au Collège Sainte-Marie. (Dansereau, 1990 : 180-181)

---

1. Selon Guy Laforest, si les idées de Trudeau ont été dominantes sur la scène politique canadienne, c'est la conceptualisation des communautés de Laurendeau qui laisse sa marque au plan international (cf. l'allocution de Laforest devant l'Assemblée annuelle de l'Association canadienne de philosophie à l'Université Brock le 1er juin 1996).

Au départ, le mouvement Jeune-Canada se caractérise par sa xénophobie. Sans être anti-immigration, il considère devoir soutenir la culture française « de souche ». À l'époque, le rôle de l'Église est considéré comme essentiel pour la survie et le renforcement de la culture canadienne-française en Amérique du Nord. (Anctil, 1990 : 231)

On peut trouver des indices d'antisémitisme chez Laurendeau vers le début de sa carrière publique. Il prononce, par exemple, un discours antisémite au cours d'une réunion de Jeune-Canada en avril 1933. (Anctil, 1988 : 112-113) À cette époque Laurendeau subit l'influence manifeste de l'abbé Lionel Groulx. Incidemment, comme le montre leur participation à l'*Action française* et, ultérieurement, à la fondation de l'*Action nationale* en 1933, cinq ans après la chute du premier mouvement, l'abbé Groulx et Arthur Laurendeau, le père d'André, ont des objectifs similaires.

En 1934, Laurendeau se porte à la défense du rapport existant entre nationalisme et catholicisme alors qu'il est rédacteur en chef du *Semeur*, la revue de l'Action catholique de la jeunesse canadienne-française. L'année suivante, il quitte *Le Semeur* et le mouvement Jeune-Canada pour aller étudier en France.

C'est pendant ce séjour en France que sa position sur le nationalisme évolue. Il est témoin des atrocités commises à l'égard des Juifs en Europe et de l'intolérance qui accompagne parfois le nationalisme. Le séjour qu'il fait à Paris de 1935 à 1937, durant lequel il assiste aux cours de certains des plus grands intellectuels français à la Sorbonne, au Collège de France et à l'Institut catholique, constitue un point tournant dans l'évolution de sa pensée politique. Le « ravissement parisien[2] » a de nombreuses répercussions sur la pensée politique de Laurendeau, la plus importante étant l'établissement d'un lien entre le nationalisme et les idées libérales et les préoccupations sociales qui caractérisent de plus en plus sa vision du monde. À son retour au Québec, sa principale mission consiste à souligner le rapport qui existe entre les dimensions nationales et sociales de la situation des Canadiens français, que l'on appellera plus tard le « néo-nationalisme ».

Dans une lettre adressée à l'abbé Groulx en 1936, on peut sentir que Laurendeau ne tolère plus les dirigeants en place au Québec.

---

2.   Ce terme est emprunté à Pierre Anctil.

Il y écrit ceci : « J'ai rencontré des hommes nouveaux et certains nouveaux groupes, aussi bien des enseignants catholiques que des écrivains marxistes. Cela m'aide à tout le moins à élargir mon point de vue. Je m'efforce de m'ouvrir à toutes les influences qui me paraissent bonnes, même si cela peut comporter certains risques [...], plus je regarde autour de moi, plus je me rends compte de notre manque d'audace intellectuelle. » (Citation dans Horton, 1992 : 47)

Laurendeau n'est pas à l'aise avec l'idée d'accepter les dogmes établis ; il préfère les remises en question. Les rencontres qu'il a avec les intellectuels français, toujours prêts à remettre en question le *statu quo* et à réclamer un système économique plus équitable, ont une profonde influence sur lui. Selon Denis Monière, « il constate que l'approfondissement des valeurs spirituelles peut aller de pair avec la recherche du changement économique et du progrès social. Non seulement est-il plus conscient des questions sociales mais en outre il rapporte des idées plus radicalement anticapitalistes. » (Monière, 1983 : 100) Cette vision critique du capitalisme et de ses excès est présente pendant toute sa vie. Elle explique sans doute la sympathie qu'il entretiendra plus tard envers les jeunes intellectuels qui soutiennent la revue radicale de gauche *Parti pris*, dont il interprète les actes comme des manifestations de leur vision afin de changer le monde et de créer une société égalitaire. (Dion, 1993 : 190)

Pendant les années où il développe sa pensée a Paris, Laurendeau explore les écrits politiques progressistes d'auteurs influents comme Jacques Maritain, Thierry Maulnier, Emmanuel Mounier, Nicolas Berdiaeff, Daniel Rops et Étienne Gilson. Subissant l'influence de la revue catholique française *L'Esprit*, Laurendeau condamne les insurrectionnistes de Franco pendant la guerre civile en Espagne et considère leur action comme inspirée par des intérêts capitalistes, fascistes et féodo-cléricaux. (Behiels, 1985 : 27) En mars 1936, il écrit à ses parents que

« Depuis que je suis en Europe, mon admiration pour l'œuvre de Mussolini, de Hitler et même de Salazar a baissé [...] Ai-je droit d'oublier que le nationalisme italien menace étrangement la paix dans le monde [...] Dois-je oublier que chez lui la liberté de la personne en principe n'existe plus ? Qu'enfin le mouvement ouvrier est détourné et qu'ainsi certains avantages de l'histoire chèrement payés pourtant sont perdus pour une longue période de temps ? Ai-je le droit d'oublier que les amitiés catholiques fascistes sont pour l'Église un formidable danger pour l'avenir ? » (Reproduit dans Monière, 1983 : 88)

Laurendeau est d'avis que « on peut aimer son pays sans adhérer à des idéologies totalitaires ». Cette critique de l'extrémisme ne
l'amène cependant pas à souscrire sans esprit critique au libéralisme
comme antidote au fascisme. Laurendeau sait que le libéralisme protège la liberté de la haute finance et des cartels, qu'il trouve également condamnables. Il n'adhère ni au communisme, ni au fascisme,
ni au capitalisme. (Monière, 1983 : 112) Monière ajoute que « [s]'il
estime que le nationalisme doit se dégager des influences conservatrices, il ne sait pas encore quel contenu social lui donner. Le projet
de société reste une question ouverte dans la pensée de Laurendeau
qui cherche à donner une assise personnaliste au nationalisme. »
(Monière, 1983 : 112)

Quand Laurendeau rentre à Montréal en 1937 pour rempla-
cer son père à la tête de *L'Action nationale*, il prend ses distances par
rapport à ses amis demeurés actifs au sein de Jeune-Canada, surtout
ceux qui soutiennent Maurice Duplessis. (Guillaume, 1990 : 124) De
surcroît, il cherche à dissocier le nationalisme de la pensée politique
de droite. Monière écrit : « Il est convaincu que nationalisme et conservatisme ne vont pas nécessairement de pair. Le nationalisme moderne doit, à son avis, accepter les changements sociaux et surtout
être ouvert sur le monde. » (1990 : 193) Laurendeau entreprend de
rajeunir les principes nationalistes quand il se met à écrire pour *L'Action nationale* et, dix ans plus tard, pour le quotidien *Le Devoir*.

La crise de la Conscription, qui survient en 1942, constitue un
moment important dans la vie de Laurendeau puisque c'est alors qu'il
se lance en politique[3]. Il faut se rappeler que le plébiscite de 1942
visait à dégager le gouvernement fédéral de son engagement électoral de ne pas imposer de conscription pour le service militaire outre-
mer ; il s'agissait d'une promesse faite au cours des élections fédérales
de 1940, au terme desquelles les libéraux de Mackenzie King avaient
réussi un balayage au Québec. En réaction à ce plébiscite, les autonomistes de la province se rallient autour de la Ligue pour la défense du
Canada, qui donne naissance à un nouveau mouvement politique en
octobre 1942, le Bloc populaire canadien, dont Laurendeau devient
secrétaire.

Laurendeau reprend beaucoup d'arguments qui avaient contribué à faire d'Henri Bourassa le chef de file des défenseurs des inté-

---

3.   À propos de la crise de la Conscription, voir André Laurendeau (1962).

rêts canadiens-français au cours de la première crise de la Conscription en 1917. Comme l'indique sa participation active dans le Bloc populaire canadien, il se montre cependant plus disposé que Bourassa à soutenir les aspirations nationalistes et autonomistes du Québec. L'enthousiasme qu'il met à réclamer une autonomie provinciale accrue et son opposition à la conscription facilitent son entrée au Bloc populaire et son accession ultérieure à la tête de l'aile québécoise de ce parti.

L'émergence du Bloc populaire contribue à populariser les idées progressistes au Québec. Selon Michael Oliver, « le Bloc penchait vers la gauche dans ses propositions sociales, car Duplessis et son Union nationale étaient bien ancrés dans leur opposition de droite au régime libéral provincial. [...] le Bloc devait adopter une attitude plus extrémiste à l'égard de la guerre et une position sociale plus radicale. » (Oliver, 1991a : 197, notre traduction) Le Bloc populaire dénonce la pauvreté, l'exploitation des cartels et les maigres salaires versés au Québec tout en réclamant le renforcement de la vie de famille et la recherche d'une plus grande autonomie provinciale[4].

En juillet 1947, Laurendeau quitte le Bloc populaire en guise de protestation contre la décision prise par de nombreux membres du parti d'appuyer l'Union nationale. Il devient alors rédacteur en chef du *Devoir* et, à ce titre, l'une des personnes les plus influentes au Québec. Si Laurendeau n'est pas en désaccord avec Duplessis à propos de la question de l'autonomie provinciale, il s'oppose vigoureusement au manque d'intérêt du Premier ministre envers la politique sociale. (Filion, 1947 ; Oliver, 191a : 202)

Pendant toute sa vie, il se fait le promoteur de la justice sociale pour tous. Il compte parmi les premiers intellectuels du Québec à soutenir l'instauration d'un système de sécurité sociale. (Monière, 1983 : 206, 212) Sa conscience du rôle central du mouvement ouvrier dans la recherche de la justice sociale le convainc de la nécessité pour les nationalistes de se rallier à la cause des travailleurs. (Monière, 1983 : 193) Ryerson dit de lui que « Laurendeau, nationaliste, est également démocrate et humaniste. Sa vision du monde, "plus vaste", tient sa force justement de ce dépassement. Il est des nationalismes qui tournent chauvins, voire racistes. Le sien est ouvert au social, à la

---

4.   Voir, par exemple, *Le Devoir* du 18 octobre 1943, qui fait écho à la couverture radiophonique effectuée les 16 et 17 octobre.

mondialité. D'où sa capacité d'aborder la synthèse du social et du national. » (1990 : 221)

Sa participation à la vie politique s'intensifie lorsqu'il entre au *Devoir*, qui offre un forum à la pensée néo-nationaliste de l'époque. Plusieurs de ses collègues au *Devoir*, dont Gérard Filion, Pierre Laporte et Jean-Marc Léger, unissent leurs efforts aux siens pour imprégner le nationalisme d'une signification plus profonde par l'entremise de la modernisation. Pendant les années 1950, ils seront la source d'inspiration de nombreuses propositions de politiques de la Fédération libérale du Canada et du Parti libéral du Québec. (Linteau et coll., 1986 : 332) L'expérience acquise par Laurendeau avec le Bloc populaire canadien, où il a élaboré une conceptualisation du pays qui pourrait faire place aux nationalistes et aux libéraux du Québec, lui permet de réconcilier les Québécois avec la vision d'un Québec moderne et pluraliste au sein du Canada.

Après son retour d'Europe, Laurendeau popularise au Québec les idées personnalistes françaises des Jacques Maritain et Emmanuel Mounier. Pierre Trudeau et Marcel Rioux suivent son exemple, ce qui illustre bien que Laurendeau, Rioux et Trudeau ne diffèrent pas tellement les uns des autres à cette époque. À un point tel, dans le cas de Trudeau, que Michael Oliver écrit en 1956 dans *The Passionate Debate* :

« Mais Trudeau et ses collègues ont beaucoup d'affinités avec une partie au moins de la tradition nationaliste du Québec, la plus évidente étant peut-être la dette que, comme *La Relève*, ils ont à l'égard de *L'Esprit*. [...] On associe le souci de *Cité libre* envers les conditions socio-économiques à des convictions socialistes. À titre de socialistes, les membres de son équipe trouvent plus d'alliés parmi les nationalistes convaincus que dans n'importe quel autre segment de l'intelligentsia canadienne-française[5]. » (1991a : 206-207, notre traduction)

C'est dans le domaine de la politique sociale que les forces progressistes du Québec convergent, même si, souvent, la question du nationalisme donne lieu à des frictions. En 1953, dans l'un des articles les plus importants qu'il ait publié dans *Le Devoir*, Laurendeau soutient que « Il faudrait que les nationalistes, tout en demeurant

---

5.   La distinction établie par Michael Behiels (1985) entre le néo-nationalisme et le libéralisme de *Cité libre* semble exagérée si l'on se fonde sur l'analyse qu'Oliver donne de la situation à l'époque (cf. *The Passionate Debate* d'Oliver, terminé en 1956 mais publié en 1991 dans le sillage de l'échec de Meech).

fermes sur leurs positions essentielles, fondent leur groupe sur des idées plus universelles. La première, dans le contexte contemporain, dans la situation qui est nôtre, c'est l'idée sociale. [...] Elle pourrait servir de lien avec des groupes d'autre origine ethnique.» (Laurendeau, *Le Devoir*, le 14 août 1953)

Selon Pierre Anctil, la quête des valeurs universelles de Laurendeau l'amène à rechercher un rapprochement ethnoculturel avec des éléments non canadiens-français du Québec et du Canada en général. Pour reprendre les termes employés par Anctil, Laurendeau est «le premier intellectuel francophone à défendre dans les pages d'un journal de grande envergure l'idée d'une convergence culturelle entre le peuple québécois de souche et les immigrants de l'après-guerre.» (1990: 233) Cet objectif est un élément essentiel de la perception qu'a Laurendeau de la nation émergente qu'il considère comme ouverte aux valeurs mondiales.

Dans le domaine de l'édification d'une communauté, sa contribution est durable. Dans un éditorial remarquable publié le 20 janvier 1962 dans *Le Devoir*, il recommande la création d'une Commission royale d'enquête afin de régler les problèmes constitutionnels du Canada. Maurice Lamontagne[6], qui est parvenu à convaincre Marcel Rioux de prendre la direction de l'Institut canadien d'affaires publiques, estime que c'est Laurendeau lui-même qui est le candidat idéal pour présider ce genre de commission.

Peu de temps après, le premier ministre Lester B. Pearson trouve une bonne occasion d'inviter Laurendeau à co-présider, avec Davidson Dunton, la Commission royale d'enquête sur le bilinguisme et le biculturalisme, dont la création officielle survient le 23 juillet 1963. Comme cette commission concentre ses efforts sur les deux langues principales et les deux cultures fondatrices du Canada, Laurendeau peut difficilement refuser l'invitation.

Ce bref aperçu historique révèle certains faits saillants de la carrière de Laurendeau tout en fournissant l'information nécessaire pour comprendre l'influence qu'il a eue et continue d'exercer sur un certain nombre de ses contemporains. Le rôle qu'il a joué au sein de Jeune-Canada, son séjour en France, son travail à *L'Action nationale* et plus tard au *Devoir*, sa participation à la Ligue pour la défense du

---

6.   Voir le portrait que trace Léon Dion de Maurice Lamontagne dans *Québec 1945-2000 : Les intellectuels et le temps de Duplessis* (1993 : 179-183).

Canada, au Bloc populaire canadien et à la Commission royale d'enquête sur le bilinguisme et le biculturalisme, tous ces éléments contribuent à développer les grands fondements de sa pensée politique. De fait, il est possible de dégager avec précision deux grands principes : premièrement, un mélange de libéralisme individuel (procédurier) et communautaire et, deuxièmement, la recherche de l'égalité politique et la quête d'une société égalitaire fondée sur la justice sociale. Nous consacrerons la fin de ce chapitre à l'examen de ces deux principes.

UN MÉLANGE DE LIBÉRALISME INDIVIDUEL ET COMMUNAUTAIRE

Laurendeau ne souscrit pas à la vision atomiste de la société selon laquelle chaque individu représente un tout autosuffisant en marge de toute communauté plus vaste dont il fait partie. Il insiste plutôt sur l'importance des liens entre chaque individu et sa communauté. Selon lui, la communauté et la nation donnent du sens à l'existence d'un individu tout en offrant le contexte nécessaire à la liberté individuelle et à l'accomplissement personnel.

Rejetant le principe selon lequel le Québec est « une province comme une autre », Laurendeau définit toujours le Québec comme une nation. Il est cependant convaincu que le fédéralisme peut tenir compte des deux cultures dominantes du Canada et croit pendant la plus grande partie de sa vie publique que l'avenir des francophones est mieux protégé dans le cadre d'une constitution fédérale faisant place à un État québécois fort. Le 30 septembre 1949, dans un article publié dans *Le Devoir*, il parle de l'essence du fédéralisme et de la menace posée par les tendances centralisatrices d'Ottawa. Pour lui, le fait que les centralisateurs s'appellent des fédéralistes constitue un « abus de mots ». Si on les laisse faire, leurs projets politiques finiront par détruire la Confédération en minant l'équilibre entre les pouvoirs. Le Québec doit demeurer vigilant pour éviter de se laisser prendre aux « jeux de dupes » proposés par Ottawa.

Ce qui ne veut pas dire qu'il conserve une loyauté aveugle envers le fédéralisme et tout ce qui est fédéral. Comme le montre sa participation au Bloc populaire canadien et à la Commission royale d'enquête sur le bilinguisme et le biculturalisme, ses convictions sont beaucoup plus complexes que cela. Paul-André Comeau signale d'ailleurs que, pendant les audiences et les délibérations de la

Commission sur le bilinguisme et le biculturalisme dans les années 1960, Laurendeau exprime sa frustration à l'endroit de l'apparente indifférence des anglophones et l'admiration qu'il voue à René Lévesque pour la position forte qu'il adopte dans son dialogue avec « l'autre Canada ». (Comeau, 1990 : 21)

Dans son journal, Laurendeau note aussi que « devant certains anglophones, j'éprouve intérieurement des poussées de séparatisme : "ils sont trop bêtes, ils ne céderont que devant la force ". Revenu ici, les séparatistes me rendent au Canada : ils sont trop naïfs, trop loin des réalités politiques – ou bien curieusement mobiles et superficiels. » (Laurendeau [22 février 1964], 1990 : 75) Il écrit aussi : « Mais pour l'instant, il est vrai que, laissé seul à moi-même, j'éprouve quelques fois par semaine et même quelques fois par jour, de véritables poussées intérieures vers le séparatisme. Il s'agit là de réactions élémentaires à caractère émotif, auxquelles je n'accorde pas plus d'importance qu'il ne faut. » (Laurendeau [2 mai 1964], 1990 : 174) Même s'il flirte à l'occasion avec le séparatisme, Laurendeau met un terme à ses élans manifestes de soutien. Il demeure à la fois un Québécois et un Canadien engagé. Ses écrits témoignent sans cesse de cette double identité. Il ne renonce jamais à la réconciliation nationale, cherchant toujours une voie pour sortir du bourbier politique canadien.

Dans le Livre I du Rapport de la Commission royale d'enquête sur le bilinguisme et le biculturalisme, qui renferme une Introduction générale connue sous le nom de Pages bleues, dont la la rédaction est attribuée à Laurendeau, il se sert de l'exemple de la relation que l'artiste entretient avec sa société pour souligner que chaque individu est le produit de la société à laquelle il appartient sans toutefois en être réduit à ce rôle. L'art est un exercice futile si l'artiste ne peut se faire le porte-parole de sa communauté au sens large. Il doit, pour cela, être intégré à cette communauté (Canada, Rapport de la Commission royale d'enquête sur le bilinguisme et le biculturalisme, Livre I, 1967 : XVI).

Laurendeau écrit aussi dans les Pages bleues : « Les relations sociales dans le monde contemporain sont très complexes et embrassent beaucoup plus que la somme des comportements personnels. Pour les comprendre, il est nécessaire de les "dépersonnaliser" en quelque sorte, et de faire ressortir les mécanismes selon lesquels des groupes sociaux (ethniques, culturels ou autres) vivent côte à côte, s'intègrent ou se séparent suivant les différentes catégories d'activités. »

(Canada, *Rapport de la Commission royale d'enquête sur le bilin-guisme et le biculturalisme*, Livre I, 1967 : XXXI) Le caractère com-plémentaire de l'individu et de la communauté apparaît clairement dans tout le récit que fait Laurendeau d'une des pires crises constitu-tionnelles que le Canada ait vécue.

Sa perception du rapport entre l'individu et la communauté l'amène à élaborer une version libérale du nationalisme. D'après Monière, la théorie du nationalisme de Laurendeau se fonde sur une hiérarchie de concepts qui rassemble Dieu, la famille, la nation et l'État. Résumant la philosophie de Laurendeau, Monière écrit :

> « Dieu est le principe premier qui crée l'homme et le place dans un milieu naturel. C'est ensuite la famille qui prend le relais et fait de chacun de nous une personne en lui donnant son identité. Mais la famille n'est pas suffisante pour assurer le développement de la per-sonnalité. Elle doit vivre dans un milieu plus vaste : la nation qui est définie comme l'ensemble des hommes capables de communiquer entre eux parce qu'ils partagent une culture commune, des façons semblables de penser et d'agir. Enfin, l'État c'est la nation organisée [...] Il pose en principe que l'individu ne peut exister sans la nation car c'est elle qui lui donne la culture [...] Pour Laurendeau c'est la culture qui est le fondement de la nation [...]. » (Monière, 1983 : 70)

Cette notion particulière de la nation soutient les valeurs libé-rales et contribue à la transformation de la conception nationaliste dominante d'une vision repliée sur elle-même en une vision sensible aux changements universels et prête à remettre en question les sys-tèmes de valeurs établies. Cette transformation débouche sur ce que l'on a appelé une tendance « néo-nationaliste », et qui est devenue la principale source d'inspiration de la Révolution tranquille[7]. Recon-naissant que deux idéologies concomitantes, le néo-nationalisme et le libéralisme de *Cité libre*, cherchent à s'attirer les faveurs des Québé-cois au lendemain de la Deuxième Guerre mondiale, Behiels écrit : « Lente à se faire accepter, l'idéologie du néo-nationalisme a été la première, à bien des égards, à s'implanter au Québec. Cette méta-morphose importante du nationalisme canadien-français trouve ses origines dans le mouvement du Bloc populaire canadien [...]. » (1985 : 5-6, notre traduction) Nous avons déjà signalé le rôle de premier plan joué par Laurendeau dans la création du Bloc populaire canadien.

---

7.   Pour une analyse des tendances nationalistes et néo-nationalistes, le lecteur peut con-sulter, entre autres, Michael Behiels (1985).

Il importe de souligner à grands traits que Laurendeau est convaincu que c'est le Québec et rien d'autre qui constitue la communauté de référence des Canadiens français. Il écrit ceci : « Le Québec est la capitale du Canada français ; en un certain sens et, pourrait-on dire, en un sens certain, l'État du Québec est l'État national des Canadiens français [...]. » (Laurendeau [novembre 1961], 1970 : 40) Laurendeau est cependant conscient des répercussions potentielles du nationalisme sur l'existence des Canadiens français. Lorsqu'il se demande si le Québec a besoin de ses propres délégations outre-mer, il souligne que : « Plus [l'État québécois] serait devenu "national", au moins en intention (et les fonctions d'un État national dépassent singulièrement l'ordre culturel) et plus sa faiblesse, ses limites apparaîtraient, plus il réclamerait de pouvoir et d'argent pour des fins perçues et désirées de plus en plus clairement. Ainsi, une politique amorcée, notamment pour venir en aide aux minorités des autres provinces, pourrait nous entraîner, à la longue, du côté de la sécession. » (Laurendeau [novembre 1961], 1970 : 42)

Si Laurendeau croit qu'une solution idéale pour les Canadiens français serait fondée sur la convergence de valeurs individuelles et collectives au sein de la structure fédérale canadienne, il perdure un risque de sécession. Sa conviction voulant qu'il serait possible de bâtir le Canada sur des valeurs de coopération plutôt que de concurrence constitue une innovation d'importance.

LA RECHERCHE DE L'ÉGALITÉ POLITIQUE ET DE LA JUSTICE SOCIALE

Le deuxième principe de la pensée politique d'André Laurendeau est la recherche de l'égalité et, par là même, l'atteinte de la justice sociale. Son nationalisme est motivé par un profond engagement envers le redressement des inégalités sociales et politiques. Monière estime que « le nationalisme d'André Laurendeau renferme un rejet viscéral de la discrimination et un désir passionné d'égalité ». (1983 : 192)

Sa notion de l'égalité tient tout d'abord compte de la dimension individuelle et collective que nous avons abordée plus haut. Dans l'Introduction générale au Livre I de la Commission royale d'enquête sur le bilinguisme et le biculturalisme, on peut lire ce qui suit : « L'égalité individuelle ne saurait exister tout à fait que si chaque communauté a partout les moyens de progresser dans sa culture et d'exprimer celle-ci. Pour ce, elle disposera, dans certains domaines, d'institutions qui lui seront propres alors que, dans d'autres, il lui sera loisible de participer, dans des conditions satisfaisantes, à des institutions et à des organismes communs.» (Canada, Rapport de la Commission royale d'enquête sur le bilinguisme et le biculturalisme, Livre I, 1967 : XXXIV) Autrement dit, on ne peut atteindre l'égalité individuelle que par l'égalité des communautés. Selon Stanley Bréhaut Ryerson lorsque Laurendeau parle d'égalité, « [i]l ne s'agit plus du développement culturel et de l'épanouissement des individus, mais du degré d'autodétermination dont dispose une société par rapport à l'autre. » (1990 : 220)

Bien que, pour Laurendeau, il existe de nombreux types d'égalité à atteindre si l'on souhaite protéger la dignité et la liberté des membres d'une communauté, celui qui revient la plupart du temps dans ses écrits traite de l'égalité entre les « deux peuples fondateurs » du Canada. Si l'on remonte à 1932, à l'époque où Laurendeau récite le Manifeste de la «jeune génération» devant un important rassemblement de 2 000 personnes qui se révélera l'assemblée de fondation du mouvement Jeune-Canada, le principe de l'égalité des peuples est déjà bien établi dans son esprit. Il est également conscient de la nécessité d'encourager le respect mutuel entre francophones et anglophones et de proposer des demandes raisonnables de changement dans ce sens. Il dit ceci : « Nous n'entendons pas rallumer de vieilles animosités. Nous croyons au contraire que le seul moyen de ne pas exacerber un nationalisme légitime chez les Canadiens français, c'est de s'appliquer de part et d'autre au respect scrupuleux des droits de chacune des deux races [...] » Pour Laurendeau, c'est là l'éclairage politique et l'héritage laissé par les Pères de la Confédération, qui doivent constituer le guide d'une renégociation de la place des Canadiens français au sein de la société canadienne et de l'État canadien. « Une représentation équitable dans tous les ministères fédéraux » représente un point de départ essentiel. (Le Manifeste de la jeune génération, le 17 décembre 1932, cité dans Monière, 1983 : 51-52)

Laurendeau et la «jeune génération» s'élèvent déjà contre les méthodes inéquitables de l'État fédéral et réclament des changements. Ils dénoncent le gouvernement du premier ministre R.B. Bennett comme totalement insensible aux désirs des Canadiens français d'avoir accès à des emplois au sein de la fonction publique fédérale. (Horton,

1992 : 34) Les Canadiens français devront attendre longtemps les correctifs puisque ce n'est que vers la fin des années 1960 que l'on apportera des changements à la fonction publique fédérale. Dans un mémoire déposé devant le Comité spécial mixte du Sénat et de la Chambre des communes sur la Constitution du Canada le 30 mars 1971, Léon Dion souligne l'urgence pour le gouvernement fédéral de mettre en place des correctifs au niveau des cadres intermédiaires de sa propre main-d'œuvre. En fait, « moins de 15 pour cent d'entre eux [100 000 emplois] sont actuellement détenus par des francophones. Cela signifie qu'il faudra embaucher chaque année 1 500 recrues supplémentaires pour atteindre le niveau de 30 % d'ici dix ans ; c'est pourtant le minimum requis pour créer un milieu de travail en français et un bassin approprié de talents où aller puiser des hauts fonctionnaires francophones ». (Dion, 1973 : 257)

Laurendeau est tout à fait d'accord avec les conclusions de Dion. Il est bon de signaler que Laurendeau est un des premiers intellectuels du Québec à proposer des changements dans ce sens afin de concilier la dualité canadienne. Michael Behiels souligne avec raison que « il fallait que les Canadiens français se sentent les bienvenus dans toutes les institutions et tous les ministères fédéraux, et que ces organismes devaient servir les francophones dans leur langue maternelle. Trop préoccupés par l'évolution de la situation au Québec, les Cité libristes n'ont pas de temps à consacrer à la poursuite d'objectifs libéraux au niveau fédéral. Comble de l'ironie, il faudra un néo-nationaliste, André Laurendeau, pour amener les Cité libristes dans cette direction au début des années 1960. » (1985 : 273-274, notre traduction)

Déjà préoccupé par la position minoritaire des Canadiens français dans leur propre pays, Laurendeau, à l'instar de Marcel Rioux et George Grant[8], trouve que le monolithe culturel américain au sud de la frontière constitue une menace encore plus grande. Il affirme que : « Le danger, immense, vient de la présence à côté de nous des États-Unis, une culture qui nous entoure, qui pèse sur nous, qui s'infiltre en nous et est incarnée par une population nombreuse et riche. Avec un tel voisin, nous ne sommes plus un contre deux, mais bien un contre trente. Et ce déséquilibre persisterait même si le Québec deve-

---

8.   On en trouvera l'exemple par excellence dans l'œuvre de Grant, *Lament for a Nation*, Toronto, McClelland and Stewart, 1965.

nait indépendant.» (Laurendeau, 1973 [le 8 mars 1961], p. 185). Laurendeau écrit ces lignes à une époque où les sentiments nationalistes et sécessionnistes s'intensifient et où le premier ministre canadien John Diefenbaker gouverne le Canada sans trop se préoccuper du Québec. (Laurendeau, 1973 [mai 1962], p. 197-201)

Laurendeau est tout aussi soucieux de la menace économique et culturelle que représentent les États-Unis. Remontant aux années 1930, sa préoccupation à l'égard de l'américanisation et, de manière plus générale, de l'impérialisme, demeurera constante pendant toute sa vie publique. Il s'oppose aussi à l'imitation, observable au Canada, de la politique étrangère américaine. Selon lui, le Canada a eu tort de se joindre à l'Organisation du traité de l'Atlantique Nord en 1949. (Horton, 1992 : 151)

Il est convaincu que la menace culturelle émanant des États-Unis est plus immédiate que celle qui est inhérente à la démographie canadienne. Il estime que la menace de l'américanisation pèse autant sur le Québec que sur le Canada anglais et que l'alliance des deux Canadas est aussi critique pour la survie du Québec que pour celle du Canada anglais. Cela pousse de nombreux séparatistes québécois, dont Pierre Bourgault, à s'opposer à lui et à l'accuser d'avoir « perdu la foi » et de ne pas saisir la « logique » de l'indépendance. (Laurendeau, 1973 [le 8 mars 1961], p. 184) Laurendeau est convaincu que le biculturalisme pourrait renforcer la position culturelle canadienne en Amérique du Nord. Mais il pense aussi que les problèmes que connaît le Canada se résorberont le jour où les Québécois pourront compter sur un pendant canadien, un autre peuple avec lequel ils pourront dialoguer. Dans un article intitulé « À la base du CANADIANisme », il écrit avec perspicacité : « On peut imaginer que, pour se défendre contre le remous québécois, le Canada anglais parvienne à former une nouvelle unité et réapprenne à se définir. Alors, nous trouverions *à qui parler* dans les deux sens, et le conflit serait rude. Cela vaudrait mieux, il me semble, que le marécage dans lequel nous pataugeons tous. » (Laurendeau, 1970 [juillet 1963], p. 147)

En 1967, dans l'Introduction générale au Rapport de la Commission royale d'enquête sur le bilinguisme et le biculturalisme, Laurendeau résume comme suit les travaux des commissaires :

> « Les deux cultures dominantes, nous l'avons déjà noté, s'incarnent au Canada dans des sociétés distinctes. Le mot " société ", disions-nous, désigne ici " les formes d'organisation et les institutions qu'une population assez nombreuse, *animée par la même culture*, s'est données

et a reçues, dont elle dispose librement sur un territoire assez vaste et où elle vit de façon homogène, selon des normes et des règles de conduite qui lui sont communes. " Et nous avons reconnu dans le Québec les principaux éléments d'une société francophone distincte. Ainsi en est-il pour l'autre culture dans les provinces anglophones, et, dans une certaine mesure dans le Québec, où le groupe de langue anglaise compense les inconvénients de son statut de minorité par son appartenance à l'ensemble de la société anglophone et par une situation socio-économique très favorable. » (Canada, Rapport de la Commission royale d'enquête sur le bilinguisme et le biculturalisme. Livre I, 1967 : XXIV)

Autrement dit, Laurendeau et ses collègues commissaires perçoivent les sociétés francophone et anglophone du Canada comme distinctes. De plus, le statut minoritaire de la communauté anglophone du Québec est nettement amélioré par sa participation à la communauté anglophone plus vaste en dehors des frontières du Québec et par « une situation socio-économique très favorable ». (Canada, Rapport de la Commission royale d'enquête sur le bilinguisme et le biculturalisme. Livre I, 1967 : XXIV)

La position économique dominante occupée par les anglophones du Québec à laquelle Laurendeau fait référence dans le passage ci-dessus, sert de catalyseur pour les Québécois francophones qui réclament un meilleur traitement au sein du régime fédéral canadien. Cette quête d'égalité socio-économique devient un objectif clé de la Révolution tranquille et encourage de nombreux nationalistes en faveur d'un statut indépendant pour le Québec.

Laurendeau soutient que « La vie des deux cultures implique en principe la vie des deux langues. Quand nous approfondirons plus loin la notion d'égalité, nous verrons que, concrètement, tenter de réaliser toutes les mesures possibles d'égalité culturelle, c'est tenter d'abord de réaliser toutes les mesures possibles d'égalité linguistique. » (Canada, Rapport de la Commission royale d'enquête sur le bilinguisme et le biculturalisme. Livre I, 1967 : XXIX) Cette quête d'égalité indique un penchant favorable vers les groupes minoritaires du Canada en général, ainsi qu'à l'intérieur de ses régions (Livre I, 1967 : XXXVI) et ouvre la voie vers la justice sociale.

Cette quête de justice sociale représente le deuxième principe de la pensée politique de Laurendeau. Avant même son retour de France en 1937, on peut voir qu'il a déjà établi les fondements de sa pensée. Alors que la Guerre civile fait rage en Espagne, il publie un important article dans l'édition de janvier de *L'Action nationale*, dans lequel il écrit : « On ne confond pas en vain, pendant des décades, la vie éternelle avec un régime social périmé. Dieu n'est pas la police bourgeoise chargée de défendre les grandes propriétés des nobles et de certaines communautés religieuses et l'exploitation éhontée du pauvre par le grand capitalisme [...]. » (Laurendeau, citation dans Monière, 1983 : 96)

On peut définir la philosophie politique de Laurendeau comme celle d'un « réformiste libéral », pour reprendre l'expression utilisée par Linteau et ses collaborateurs. (1986 : 332) Dans sa vision d'une société québécoise moderne, Laurendeau rejette la lignée du sang et parle de la nécessité de bâtir sur les assises de principes démocratiques élevés.

Il ne cesse de dénoncer l'exploitation et se range du côté des plus démunis dans ses revendications de justice sociale. (Oliver, 1991a : 210) Néanmoins, il ne lui vient jamais à l'idée de comparer les conditions socio-économiques des Québécois à celles des communautés africaines, comme le font fréquemment, par exemple, des collaborateurs à des revues plus radicales comme *Parti Pris*. Alors que le débat sur la décolonisation fait rage au Québec, prenant ses distances, Laurendeau écrit : « Ces hommes se sont sentis méprisés comme nous ne l'avons jamais été. Ils sont pauvres comme nous ne l'avons jamais été. » (Laurendeau, citation dans Bourgault, 1982 : 23)

Dénonçant les préjudices, Laurendeau écrit : « Je déteste qu'il faille mobiliser dix mille hommes de troupe pour obtenir qu'un étudiant noir suive les cours de l'Université d'Oxford, dans le vieil État du Mississippi. Je trouve affreux que des hommes en train de s'attaquer à la dignité de l'homme, puissent garder avec rancœur la conviction d'avoir été lésés de leurs droits, lorsqu'un gouvernement leur a arraché leur proie. » (Laurendeau, [décembre 1962], 1970 : 105) Michael Oliver déclare non sans raison que « les sympathies de Laurendeau allaient à ceux qui cherchaient la liberté par rapport à l'exploitation en Espagne et en Éthiopie tout autant qu'au Québec. [...] Il était égalitaire dans ses critiques d'un ordre économique qui érigeait les privilèges de la richesse ; il était libertaire dans son refus de sacrifier l'accomplissement personnel pour le bien de l'ordre collectif ». (1991a : 210, notre traduction)

CONCLUSION

L'étude de la pensée politique d'André Laurendeau permet de relever le rapport étroit qui existe entre les notions de communauté, d'égalité et de justice. Si la notion de communauté est essentielle à la compréhension de sa pensée, l'importance de l'égalité et de la liberté n'est pas moindre. Le respect de l'égalité individuelle et culturelle, comme la perçoit Laurendeau, rend possible l'expression intégrale de la justice sociale, elle-même nécessaire à l'épanouissement de l'individu dans sa communauté, et sert de tremplin aux réalisations personnelles. Sans justice sociale, l'égalité se révèle illusoire et inutile, et sans communauté, l'individu serait incapable de développer son plein potentiel. Pour résumer l'attachement égal d'André Laurendeau à ces dimensions centrales de sa philosophie politique, nous pouvons conclure que c'était un communautarien, un nationaliste et un libéral. C'est précisément dans la combinaison originale de ces notions que réside son génie.

Pendant toute sa vie, Laurendeau est demeuré un nationaliste canadien-français qui ne renonçait cependant jamais à chercher le compromis ente les deux groupes culturels dominants. Il a connu un certain regain de popularité dans les milieux nationalistes au lendemain de la défaite référendaire du 20 mai 1980. Ses écrits ont inspiré de nombreux spécialistes de la science politique et politologues pendant la période du Beau risque, ainsi que pendant les discussions entourant les propositions du lac Meech. Manifestement, le désir de trouver un terrain d'entente refaisait surface, tant au Canada qu'au Québec. De nombreux intellectuels et acteurs politiques considéraient comme une option sérieuse l'approche médiane des enjeux constitutionnels préconisée par Laurendeau. (Laforest, 1995 : 56-86 ; Dion, 1993 : 186)

Aux yeux de Laurendeau, il était essentiel de poursuivre l'expérience canadienne. Pour y parvenir, il importait de conserver les deux cultures dominantes comme sa caractéristique déterminante. Mais l'incapacité du reste du Canada à voir dans le Québec un peuple distinct lui avait pratiquement enlevé tout espoir de solution à la crise constitutionnelle canadienne. Comme Claude Ryan, un autre directeur du *Devoir*, Laurendeau ne savait que trop bien que l'obstacle à cette solution était « la conviction que le Québec constitue une nation et non seulement une province ou une communauté culturelle »

(Ryan, 1990 : 277), une croyance aussi tenace au sein du Québec fran-cophone qu'elle était rejetée au Canada anglais. Nationaliste et libé-ral, défenseur de la justice sociale, mais simultanément un pragmatiste en politique refusant de se laisser attirer dans le discours de la déco-lonisation des intellectuels nationalistes des années 1960 et 1970, Laurendeau est un penseur qui a nettement laissé sa marque sur les idées politiques de ses contemporains.

CHAPITRE 5

Émancipation personnelle, pluralisme et communauté : La vision égalitaire de Marcel Rioux

« On peut, en effet, envisager la démocratie comme un système de gouvernement mais on peut l'examiner d'un point de vue plus général, comme un ensemble d'idées sur l'homme et sa destinée. Or, l'idée centrale de la démocratie, c'est que rien n'est définitivement réglé, que l'homme peut changer le cours des événements, qu'il a les moyens d'agir sur l'histoire. Comme le dit Jeanne Hersch dans son *Idéologie et réalité,* " la valeur fondamentale – de la démocratie – c'est celle, irréductible et insubordonnable, de la personne humaine – étant bien entendu que celle-ci n'est pas conçue comme un fait, une donnée positive, mais *comme un centre de possibles,* une liberté – autrement dit : sur le plan philosophique, une nécessité intérieure imprévisible, et sur le plan politique, une indétermination à préserver. » (Rioux, 1960 : 3-4, 13)

LE LIBÉRALISME COMMUNAUTAIRE DE MARCEL RIOUX

Si le nom de Marcel Rioux ne sonne pas aussi familier aux oreilles des Canadiens que ceux de Pierre Trudeau ou Charles Taylor, il est nettement associé à la recherche d'autonomie et d'affirmation de soi du Québec au sein de l'espace nord-américain. On ne peut considérer l'influence exercée par Marcel Rioux sur la société québécoise sans tenir compte des contextes politique et intellectuel avec lesquels il a souvent été en désaccord.

Au cours de sa vie, Rioux a épousé de nombreuses causes, mais il s'est toujours placé lui-même du côté des exploités, des dominés et des marginaux. Si ses contributions à la réflexion intellectuelle au Québec sont nombreuses, nous avons l'intention de nous concentrer sur ses conceptualisations de la liberté, de l'égalité et de la communauté, étant donné qu'elles forment la base de sa compréhension de la Vie réussie et de la Société idéale.

Né à Amqui, petite ville de la vallée de la Matapédia, en 1919, Rioux demeurera toujours un fidèle partisan du mode de vie qui caractérise les petites communautés. Se souvenant du temps qu'il y a passé, il note l'absence d'une conscience de classes (Duchastel, 1981 : 13) et la présence d'une vie communautaire riche. En tant qu'anthropologue, il pense que les petites communautés constituent le fondement de la vie sociale et politique dans un pays donné, et que le pouvoir doit venir d'en bas plutôt que d'être imposé d'en haut.

Au début des années 1930, Rioux termine ses études dans un collège classique ; c'est alors qu'il se détache de la religion. S'inscrivant totalement en faux contre les valeurs conservatrices qui ont cours à cette époque, il choisit d'épancher sa soif de connaissances critiques en lisant des documents du Crédit social, de même que de l'Action libérale nationale. (Duchastel, 1981 : 16) C'est à cette époque qu'il découvre la revue française *Esprit,* un mensuel fondé en 1932 par le personnaliste Emmanuel Mounier, qui plaide en faveur d'un catholicisme progressiste sur le pan social. On se souviendra de la forte influence exercée à cette époque par Mounier et Jacques Maritain sur les intellectuels québécois, notamment Pierre Trudeau et André Laurendeau. Par opposition à Trudeau, cependant, qui accepte la critique de l'État-nation et du nationalisme formulée par les personnalistes, Rioux est beaucoup plus enclin à tenir compte de l'importance de la vie communautaire et des conditions préalables à la solidarité sociale. Convaincu de l'existence d'une cause juste à la base de tels mouvements politiques, il se refuse à condamner systématiquement les projets nationalistes.

Rioux ne tarde pas à se reconnaître dans la gauche. C'est pendant la Guerre civile en Espagne, lorsqu'il se range du côté des Républicains et s'oppose au fascisme qu'il démontre pour la première fois ses tendances gauchistes. (Rioux, 1990a : 27-28) Son désir de découvrir *la* vérité l'amène, une fois son diplôme du collège classique en poche, à devenir journaliste. C'est très vraisemblablement à la très haute estime qu'il porte à Olivar Asselin qu'il doit son premier choix de carrière professionnelle. Il ne veut devenir ni avocat, ni médecin, ni prêtre considérant les membres de ces professions comme des exploiteurs. (Duchastel, 1981 : 17-18)

En 1939, son cheminement intellectuel l'amène à passer un an à Ottawa, chez les Dominicains, séjour dont il profite pour renouer des liens d'amitié avec Maurice Lamontagne et Maurice Tremblay. Ses amis le présentent à Marius Barbeau, un ethnologue et anthropologue de renom à l'emploi des Musées nationaux du Canada, qui ne tardera pas à devenir son beau-père. Un peu plus tard, Rioux déménage à Montréal, où il s'inscrit à l'École des Hautes Études Commerciales (HEC) et suit des cours du soir en philosophie. Il renonce bientôt à ses études commerciales pour poursuivre ses cours de philosophie ; il obtient son diplôme en 1941. Après ce séjour d'un an à Montréal, il retourne à Ottawa où il devient fonctionnaire. C'est à cette époque que son identification avec le Québec commence à prendre forme. Opposé aux nationalistes de droite, Rioux en est déjà arrivé à la conclusion que le nationalisme pourrait être bénéfique et contribuer à l'avancement d'idées progressistes. Davantage partisan du libre arbitre que nationaliste de gauche, il pense que rien n'est réglé d'avance et que l'univers des possibles est illimité. Il conservera cette opinion optimiste jusqu'à très tard dans la vie.

Au lendemain de la Deuxième Guerre mondiale, Rioux fait partie du premier groupe d'étudiants québécois à résider en France. À l'époque, il côtoie régulièrement Pierre Trudeau. Tous deux ont un mépris viscéral à l'endroit du Québec clérical et sont farouchement opposés à l'idéologie de conservation qui y prévaut. Ils ont l'intention de rentrer au Québec afin de combattre Duplessis et son régime. (Duchastel, 1981 : 43-46) Bien des années plus tard, Rioux prendra publiquement ses distances par rapport à Trudeau, au point de condamner ses actes politiques[1]. Ils ont cheminé ensemble tant que leurs ennemis communs étaient Duplessis et l'ancien régime.

---

1.   On peut, par exemple, se référer à la condamnation des actions politiques de Trudeau par Rioux en ce qui a trait au référendum de 1980 : *Pour prendre publiquement congé de quelques salauds*, Montréal, L'Hexagone, 1981a.

Rioux quitte Paris pour rentrer à Ottawa en 1948 et travailler comme anthropologue au musée d'Ottawa. L'Église catholique, qui contrôle l'accès aux postes d'enseignants dans les universités québécoises, n'est guère favorable à Rioux, dont les idées de gauche et les opinions athées font un bien mauvais candidat. (Duchastel, 1981 : 86) De fait, Rioux se voit refuser un poste à l'Université Laval et à l'Université de Montréal en raison de son agnosticisme. (Dion, 1993 : 131, note 17, p. 176-177)

C'est alors qu'il se met à accorder une plus grande attention à la place qu'occupent les petites communautés dans les processus politiques et sociaux. Entre 1948 et 1958, il se penche sur onze terrains de recherche anthropologiques. Déjà, ces premiers travaux donnent des indices de son intérêt pour l'étude des petites communautés, qu'il maintiendra pendant toute sa carrière. Son champ d'étude l'amène à percevoir la culture du Québec comme la somme de petites unités et de processus culturels distincts. Méfiant à l'égard des interprétations globales, il adopte de préférence une approche microscopique de l'explication des phénomènes sociaux et politiques. Au nombre des petites communautés qu'il étudie, on notera ses travaux sur les autochtones dans les années 1950 (Rioux, 1951b; 1955b), révélateurs de son intérêt précoce envers la diversité culturelle. Comme la plupart de ses contemporains, cependant, Rioux ne concentre pas ses recherches sur les Premières nations.

Jusqu'en 1956, il se tient en général à l'écart de la vie publique, limitant ses interventions à des entrevues à la radio et à la télévision. L'année 1956 sera une année charnière pour lui. C'est alors qu'il s'engage sur le plan intellectuel. Il devient membre actif de la Fédération du commonwealth coopératif (la CCF) et assume la direction de l'Institut canadien d'affaires publiques (ICAP). Ce sont Maurice Lamontagne et Pierre Trudeau, alors activiste social, qui le présentent aux membres du groupe. (Rioux, 1990a : 68) Très vite, ses tendances agnostiques et gauchistes se cristallisent en une philosophie politique. (Duchastel, 1981 : 79) Il commence à remettre en question la valeur du savoir scientifique et de la spécialisation. Il s'intéresse à la notion de colonisation, qui deviendra la variable explicative clé du retard de développement du Québec dans sa pensée.

Par l'entremise des contacts qu'il maintient avec Pierre Trudeau, alors au service du Conseil privé à Ottawa, Rioux est encouragé à rédiger à l'occasion des articles pour *Cité Libre*. (1951a, 1953, 1955a, 1960, 1961) Sans adhérer au penchant fédéraliste de cette revue, il en partage les objectifs de critique sociale. Ses deux premiers articles portent sur l'enseignement secondaire, et le troisième, qui lui vaudra la médaille Parizeau de l'Association canadienne-française pour l'avancement des sciences, traite du développement des idéologies et de la crise de conscience au Canada français. Les deux derniers articles qu'il signe dans *Cité Libre* sont une réponse à la description faite par Trudeau des Canadiens français comme des gens imprégnés d'une tradition anti-démocratique (Rioux, 1960) et une déclaration politique dans laquelle il jongle avec de nouvelles options pour le Québec, notamment la nécessité de créer un tiers parti provincial de gauche, voué à l'indépendance, afin de transformer le Québec en une société plus équitable. (Rioux, 1961)

C'est son obsession à l'endroit de la vision anti-libérale et régressive de Duplessis qui le pousse à maintenir des contacts avec Trudeau. Il prend toutefois ses distances par rapport à ce dernier au début des années 1960 lorsqu'il devient évident que Trudeau est prêt à sacrifier ses engagements socialistes pour assumer des fonctions publiques. En politique, Rioux n'a jamais été un opportuniste. Il préfère défendre ses opinions sociales et politiques à l'extérieur de la structure du pouvoir. Ce n'est pas non plus un politicien dans l'âme. À titre de dédicace de l'exemplaire de *La Grève de l'amiante* qu'il remet à Rioux, Pierre Trudeau écrit : « À mon ami Marcel Rioux, anthropophage distingué, et camarade sans pareil, dans l'espoir que cette lecture le métamorphose enfin en ZOONPOLITIA [N. D. R., en homme politique]. Pierre E.T., juin 1956 ». (Duchastel, 1981 : 82-83)

Au lendemain de la défaite de l'Union nationale en juin 1960, Rioux ne perçoit plus *Cité Libre* comme un moyen de faire de la critique sociale, mais comme une revue servant les intérêts d'une nouvelle élite. (Rioux, 1960 ; 1961) Sa quête fiévreuse de liberté, d'égalité et de fraternité l'amène à rompre avec cette revue et à démissionner de son poste de directeur à l'Institut canadien des affaires publiques peu après l'élection des libéraux de Jean Lesage. Il est convaincu qu'un Québec indépendant, reposant sur un programme socialiste, représente l'option la plus prometteuse pour l'avenir. Son désir de continuer à combattre le cléricalisme, à dénoncer l'exploitation des masses laborieuses et le traitement réservé aux francophones à titre de « classe ethnique » ne trouve pas beaucoup d'échos parmi les membres du groupe, ce qui l'amène à se retirer de l'ICAP, dont plusieurs membres se rallient soit au parti libéral fédéral, soit à son pendant provincial. (Rioux, 1990a : 69)

Réformiste, laïciste autant que socialiste, Rioux pense que l'idéologie de rattrapage qui a pris racine au Québec dans les années 1960 n'est qu'une quête d'individualisme, et que la lutte pour l'égalitarisme a perdu son sens politique. Pour lui, c'est là une preuve que tant le Québec que le Canada souffrent d'américanisation progressive. Plutôt que d'espérer voir le Québec rattraper le modèle de développement économique du reste du Canada et des États-Unis, il espère voir le Québec créer son propre modèle de société juste au sein de laquelle l'égalité politique et sociale constitue un principe fondamental. C'est le dépassement qui devient son leitmotiv[2].

En 1961, Rioux coupe les ponts avec les tenants du rattrapage. Il conçoit un modèle idéologique de société à trois volets : un volet traditionnel, un volet transitoire (le rattrapage) et la participation (qu'il dénommera plus tard *dépassement*). C'est à cette époque qu'il étudie dans quelle mesure les écrits de Karl Marx sont applicables à la situation que connaît le Québec. N'étant jamais tout à fait à l'aise avec les interprétations marxistes, Rioux perçoit néanmoins les concepts marxistes de contradiction et de superstructure comme pertinents pour comprendre la situation du Québec. C'est un homme à la recherche de l'émancipation nationale de son peuple, qui veut réconcilier Marx et le nationalisme, tout en prenant ses distances par rapport aux disciples d'Althusser qui prennent rapidement le haut du pavé en sciences sociales au Québec. Rioux élabore plutôt sa propre sociologie culturelle critique fondée sur la notion d'aliénation, si centrale à la pensée marxiste.

Ses contributions à la redéfinition des rapport entre le Québec et le Canada, ainsi que de la place du Québec dans l'économie continentale se gagnent les faveurs d'un nombre croissant d'intellectuels, particulièrement au sein des forces les plus progressistes. Dans les années 1960, la quête de l'émancipation nationale représente un objectif à la fois hautement moral et légitime, particulièrement à la lumière de l'affranchissement de nombreuses colonies africaines. Cette quête trouve des émules chez de nombreux intellectuels québécois. En 1964, Rioux déclare, lui aussi, ouvertement son appui à l'indépendance du Québec. Il rejette toutefois l'idée d'un conflit armé,

---

2. Rioux attribue l'origine de ce concept à la notion allemande de *Aufhebung*, chère à Hegel et Marx, lorsqu'ils ont parlé de la nécessité de saisir les contradictions et dysfonctionnements à la base du capitalisme (Rioux, 1990a : 104-105)

soutenue par le Front de libération du Québec (FLQ). Il estime plutôt que le respect du processus démocratique représente le meilleur moyen pour le mouvement indépendantiste d'atteindre ses objectifs.

Comme nous l'avons déjà mentionné, Rioux est déjà un membre actif de la gauche. Ayant accordé son appui à la CCF, c'est un sympathisant naturel de la création du Nouveau Parti démocratique en 1961. C'est dans ce contexte qu'il entre en contact avec des anglophones progressistes québécois comme Michael Oliver, Charles Taylor et Jack Weldon, tous trois professeurs à l'Université McGill. Rioux est convaincu que le NPD devrait concentrer ses efforts à l'échelon fédéral, ce qui l'amène à créer en 1962, avec d'autres personnalités, le Parti socialiste du Québec (PSQ), qui découle de la fusion des programmes national et social. Profitant de deux courants de tendance de gauche (intellectuel et syndicaliste), Rioux joint ses efforts à ceux de Jacques Dofny (de l'Université de Montréal), d'Émile Boudreau (de la Fédération des travailleurs du Québec) et de Rolland Martel (de la Confédération des syndicats nationaux) pour fonder *Socialisme 64* (Rioux, 1990a : 110-111). Se méfiant de son aile droite (où l'on retrouve André d'Allemagne et Marcel Chaput), Rioux refuse de se joindre au Rassemblement pour l'indépendance nationale (RIN), autre mouvement politique en ascension, bien qu'il accepte de faire partie du cabinet fantôme de Pierre Bourgault, le chef du RIN, où l'on retrouve Fernand Dumont et Michel Van Schendel. (Duchastel, 1981 : 107)

Comme nous l'avons déjà signalé, Rioux s'intéresse beaucoup au domaine de l'enseignement, et il est nommé président de la Commission sur l'enseignement des arts au Québec, poste qu'il conservera de 1966 jusqu'au dépôt du rapport final en 1968. Les travaux de cette commission lui seront d'un grand secours pour élaborer sa propre conception du potentiel émancipateur de la création artistique. Son intérêt pour les arts constitue un thème central qui imprégnera son œuvre au cours des années 1970 et 1980[3].

En 1968, dans la foulée des changements politiques, Rioux accorde son appui au Parti québécois, qui vient juste de voir le jour. Il perçoit l'avènement d'une contre-culture, ainsi que l'émergence de ce qui pourrait devenir le parti de l'indépendance nationale.

---

3.   À propos de cette période, voir Duchastel, 1981 : 115-119.

Conscient qu'on pourrait l'accuser de trahir ses convictions socialistes, il répond en déclarant qu'il accorde la priorité au combat du
«front commun» en vue de fonder un nouveau pays, avec tout ses
possibles. Il croit également que le programme social-démocrate du
PQ est acceptable aux yeux de nombreux Québécois.

Lorsqu'il appuie publiquement le Parti québécois en 1968,
Rioux a déjà acquis et développé les trois grands principes philosophiques qui guideront ses réflexions par la suite : liberté, égalité et
communauté. Équivalents aux trois grands idéaux de la Révolution
française (liberté, égalité, fraternité), ces concepts se retrouvent systématiquement dans son œuvre et constituent la pierre angulaire de
sa compréhension des nombreuses crises que s'apprêtent à connaître
les démocraties libérales avancées, notamment le Canada et le Québec. (Rioux, 1990a : 62-63)

LA CULTURE

L'interprétation que donne Rioux de la dépendance du Québec est liée à la domination de la province, tant sur les plans économique que social, par les Canadiens anglais et les Américains. (Rioux,
[1969 ; 1977] 1987 ; 1974 : 150-156) Il s'inquiète particulièrement de
l'hégémonie continentale du capitalisme, qui constitue, selon lui, un
obstacle majeur à l'expression de soi du Québec. (Rioux, 1974 : 170)
Il demeure toutefois confiant du fait que la jeunesse québécoise se
trouve du côté de la révolution culturelle[4] et que, plus que tout autre
groupe, elle est en mesure de «se surpasser» et d'élaborer de nouveaux codes de conduite et de nouvelles structures de valeurs. On
peut y voir l'indice que, pour lui, le véritable changement ne se limite
pas au monde politique, mais qu'il s'inscrit aussi dans le quotidien du
citoyen ordinaire. (1974a : 175-177)

Rioux s'inquiète particulièrement du problème des inégalités
sociales au Canada. En collaboration avec Jacques Dofny, il élabore la
thèse des « classes ethniques », qui détermine la mesure dans laquelle
les classes sociales au Canada répondent à une structure ethnique,
les Canadiens anglais occupant les postes supérieurs et les Canadiens
français exécutant les tâches subalternes. (Rioux et Dofny, 1962 ;
Rioux, 1965)

---

4.   On peut voir ici certaines affinités entre l'œuvre de Herbert Marcuse et celle de Rioux.

Cela nous amène à examiner sa perception complexe de la culture, étant donné que c'est autour de celle-ci qu'il articule les concepts de liberté, d'égalité et de communauté. La culture revêt une importance particulière pour lui dès la fin des années 1960, car il se tourne alors nettement vers un type de sociologie critique privilégiant la culture comme objet d'analyse. La culture est un fil conducteur dans toute son œuvre ; pendant toute sa carrière, il ne cesse de peaufiner son interprétation de cet élément, au point de donner cinq sens complémentaires à ce terme, dont trois sont centraux pour notre propos : la culture-héritage, la culture-structure et la culture-transcendance ou culture-dépassement[5].

Rioux soutient que toutes les communautés font l'expérience de ces trois expressions culturelles à des rythmes différents et de manières distinctes. La culture-héritage renvoie à une histoire nationale et se transmet de génération en génération. La culture-structure renvoie aux codes assimilés et illustre la mesure dans laquelle la culture constitue un élément tampon face au chaos. Pour Rioux, c'est la culture-transcendance qui est le niveau le plus important des trois, car il tient compte du rôle clé des individus à titre d'agents de changement dans la vie de tous les jours, ainsi que dans les actions politiques.

En accord avec Piaget, Rioux soutient également dans le Rapport du Tribunal de la culture, que : « L'homme n'est pas déterminé, ni de l'extérieur ni de l'intérieur, à agir de telle ou telle façon parce qu'il possède la faculté de transformer et de créer ses propres structures de comportement [...] il faut s'interroger davantage sur les possibles culturels que sur la conservation de l'héritage ou sur la culture-code [...] Si, à d'autres périodes historiques, le développement culturel a voulu dire dépassement des conditions historiques, innovations, création et conscientisation, combien plus vrai et plus nécessaire est-il devenu aujourd'hui ! » (Rioux, Loiselle, Loranger, Jutra, Bouchard et Godin, 1975 : 46-47)

Rioux parle de culture-transcendance pour soutenir l'argument selon lequel les régions et communautés québécoises, en fait, les

---

5. Rioux rend son interprétation de la culture encore plus complexe en y ajoutant deux autres niveaux : un quatrième niveau qu'il désigne sous le nom de « formation culturelle » et un cinquième qu'il appelle « le lieu de l'homme » (Voir, respectivement, Rioux, 1984 ; 38-40 et Rioux et Crean, 1980 : 47-48). La contribution de Dimitrios Karmis en tant qu'assistant de recherche (Université McGill) à l'élaboration de cette typologie doit être soulignée.

Québécois, en général, doivent rechercher la souveraineté pour se
libérer de leur dépendance s'ils veulent imaginer leur propre espace
culturel et politique. Cette nouvelle forme culturelle devrait mener à
une société véritablement autonome. À l'encontre d'autres auteurs
suivant la tradition de la critique, pour lesquels tout enracinement
dans le temps et l'espace est contraire à la liberté et doit être éliminé,
Rioux critique la partialité des modernisateurs qui célèbrent le présent et celle des conservateurs qui font de même avec le passé. (Rioux,
1990a : 101) S'il accorde une attention spéciale à la particularité socio-
historique, cela tient à son préjugé épistémologique en faveur de la
pratique au détriment de la théorie.

La sociologie critique de Rioux représente un mélange unique de liberté, d'égalité et de communauté. Elle repose sur l'affirmation selon laquelle l'histoire de l'humanité est un acte d'imagination
et d'autocréation ; que l'homme est capable de changer à la fois sa
propre existence et la société face aux restrictions et déterminismes
hérités du passé qui entraînent contraintes et frustrations. Il s'agit
d'une philosophie de l'organisation humaine qui a quelque chose de
révolutionnaire. Mais c'est d'abord et avant tout la notion de culture-
transcendance de Rioux qui constitue la clé de sa pensée, étant donné
que c'est elle qui met la troïka liberté, égalité et vie communautaire à
portée de toutes les sociétés humaines. (Rioux, 1978a : 14-15)

LA LIBERTÉ

Selon Rioux, la liberté se manifeste dans les pratiques
émancipatoires (l'éducation, la création artistique, la culture populaire, les mouvements de protestation, etc.) et dans l'autonomie (il a
souvent recours aux termes d'autoémancipation, d'autocréation,
d'autogestion et de réappropriation). Cependant, loin d'être perçue
dans un sens purement individualiste ou anarchique, cette autonomie se situe dans un contexte social. C'est une liberté égalitaire qui
est toutefois inimaginable sans une pluralité de communautés diffé-
renciées.

Rioux est convaincu que la liberté se développe graduellement
en venant à bout de l'aliénation et des déterminismes sociaux. (1969b :
55) Cette opinion fait très tôt partie de sa perception du monde. À
l'instar du sociologue critique Georges Gurvitch, il voit la sociologie
comme la science de la liberté. (1969b : 55) Rioux trouve son

inspiration dans la sociologie critique de Karl Marx. On trouve sa contribution la plus importante dans « Remarques sur la sociologie critique et la sociologie aseptique » (1969b), qui vient confirmer sa quête simultanée de la Vie réussie et de la Société idéale. Ayant établi les préceptes de sa sociologie critique, il est toutefois prêt à jeter un regard critique sur le marxisme. Jamais il n'acceptera la tendance marxiste structuraliste et déterministe qui déferlera sur les universités québécoises de la fin des années 1960 au début des années 1980[6]. Deux études du début des années 1970 en particulier renferment l'essentiel de la critique qu'il fait de cette tendance du marxisme.

Premièrement, l'étude qu'il réalise sur l'aliénation et l'idéologie dans la vie quotidienne des Montréalais avec ses collègues Lamarche et Sévigny met en évidence le rapport existant entre le micro-social et le macro-social. (Rioux, Lamarche et Sévigny, 1973) Pour Rioux, l'aliénation ne trouve pas ses racines dans des rapports interpersonnels, mais bien dans les dimensions structurelles de structures politiques données. Il est cependant anxieux de prouver dans quelle mesure l'homme est libre de faire ses propres choix parmi un certain nombre de possibles. C'est la libre expression de cette liberté au sein d'une société qui détermine si la libération (nationale) est possible. (voir Duchastel, 1981 : 140-143 pour plus de détails)

Deuxièmement, dans son *Essai de sociologie critique*, terminé pour l'essentiel en 1974, mais publié en 1978, Rioux insiste sur sa foi envers le caractère central de l'organisation humaine tout au long de l'histoire : « Ce sont les hommes qui font l'histoire et qui créent leur société ». (1978a : 175) Il en résulte que aussi bien les prédictions scientifiques fondées sur la théorie sociale que les prophéties reposant sur une « ligne de parti » constituent une entreprise risquée et malavisée.

Essentiellement, l'entreprise de Rioux en sociologie critique a trois grandes conséquences : que des interprétations scientifiques positives ne suffisent pas à rendre compte de toute la dimension du social-historique de l'existence humaine (1978a : 10) ; qu'en ce qui a trait à la théorie, la pratique règne en maître, ce qui distingue Rioux de l'école de Francfort (1978a : 21-61) ; enfin, que toute sociologie critique qui souhaite rétablir la domination de la pratique par rapport à la théorie doit s'intéresser tout autant à la nécessité de créer un autre type de société qu'à la critique de la société existante. (1978a : 5)

---

6. À propos des débats entre les sociologues québécois de cette époque, voir Renée B. Dandurand (1992 : 49-57).

Entre 1974 et 1978, Rioux trouve des façons d'exprimer sa vision du monde : en prenant part à la décision de créer une revue de critique sociale, *Possibles*[7], en juin 1974 et en acceptant la présidence du Tribunal de la culture du Québec en 1975. Il faut replacer l'engagement de Rioux dans le Tribunal sur la culture dans son contexte historique, puisqu'il s'agissait d'une réaction à l'objectif déclaré par le premier ministre libéral Robert Bourassa de faire de la promotion de « souveraineté culturelle » du Québec un enjeu électoral. En réaction à ce slogan, on crée, en avril 1975, un groupe de recherche sur la souveraineté culturelle, qui tient des audiences publiques[8] à Montréal sous la présidence de Rioux. On peut lire ceci dans le rapport : « développement culturel veut dire conquête des possibles de l'homme, c'est-à-dire conquête de plus en plus de liberté ». (Rioux, Loiselle, Loranger, Jutra, Bellefleur, Bouchard et Godin, 1975 : 47) Les auteurs du rapport comprennent bien que le défi et la tâche de leur société consistent à explorer les diverses façons de bâtir un autre type de société et de culture, qui élargira et renforcera la liberté de l'homme. Ils soutiennent également que la position de dépendance du Québec au sein du Canada et l'absence de souveraineté véritable étouffent la création artistique et le développement culturel, que l'on a tendance à considérer comme une menace pour les élites en place et l'organisation sociale particulière qui trouve ses racines dans le *statu quo*. (Rioux et coll., 1975 : 49-50)

On peut observer certaines similitudes avec le Rapport de la Commission d'enquête sur l'enseignement des arts de 1969, que Rioux a également présidée et qui stipule que « L'art, par définition, est liberté. Il est une ouverture sur l'imaginaire, une réorganisation des symboles revivifiés ! [...] Si bien que l'œuvre d'art, dans son action profonde, traumatise la société et la défie, en l'obligeant à se remettre en question, à se situer en relation avec de nouvelles valeurs. » (Commission d'enquête sur l'enseignement des arts, 1969 : 83)

À bien des égards, le Tribunal sur la culture avance des opinions semblables à celles du *Refus global* de Borduas ! Le Tribunal

---

7.   Les responsables de *Possibles*, une revue dédiée à l'indépendance du Québec, lui ont donné une orientation socialiste et se sont engagés à élaborer un projet d'autogestion pour le Québec (Fournier, 1992 : 197-198).

8.   Cf. Marcel Rioux, Hélène Loiselle, François Loranger, Claude Jutra, Léon Bellefleur, Laurent Bouchard et Gérald Godin, « Rapport du Tribunal de la culture », dans *Liberté*, n° 101, décembre 1975, p. 4-85.

soutient que la souveraineté culturelle est en soi une absurdité. Les commissaires ont posé la question suivante : comment la souveraineté peut-elle être divisée ? À leurs yeux, la culture ne peut se limiter à des questions culturelles : pour stimuler l'expression culturelle, elle doit être active aux plans politique et économique. L'analyse que fait Rioux de la culture constitue un principe essentiel du Rapport et un des piliers de la création de la revue *Possibles*.

Le premier numéro de *Possibles* est publié en octobre 1976. Le but de cette revue était et demeure l'autogestion et l'indépendance nationale (Rioux [1969a, 1977], 1987) tout en gardant ses distances vis-à-vis du Parti québécois. La souveraineté est considérée comme une façon d'atteindre l'autogestion et de donner naissance à une nouvelle société fondée sur des principes sociaux-démocrates. Dans les écrits de Rioux, il arrive que l'autogestion et l'autodétermination soient interchangeables. (Rioux, 1980a ; 1980b) Rioux soutient que « pour qu'advienne au Québec le type de société que nous souhaitons, il faut que notre imaginaire s'élargisse pour qu'y apparaissent de nouveaux désirs et de nouveaux possibles, qui pointeront vers la ré-appropriation de nous-mêmes, de la société et du pays [...] une société autogestionnaire, c'est finalement une société qui est en permanence lieu d'expérimentation et de création. » (Rioux, 1980b : 21)

La définition que donne Rioux de la Vie réussie et de la Société idéale est liée au changement créatif et « aux débats en long et en large ». (Rioux, 1980b : 22 ; Rioux et Crean, 1980 : 116-117) Le référendum de mai 1980 lui donne l'occasion de conceptualiser davantage ce rapport. Il écrit, en collaboration avec Susan Crean, *Deux pays pour vivre : un plaidoyer*[9], dans lequel tous deux affirment que remettre en question les vérités transmises et en transcender les contradictions font partie de l'apprentissage de la liberté. En partant de sa communauté d'origine et en étendant son champ d'action vers des sociétés et des systèmes plus vastes, on en vient inexorablement à remettre en question la domination impériale. (1980 : 10)

---

9. Cet ouvrage s'inscrit dans un effort de collaboration plus vaste entre Marcel Rioux et Susan Crean, dans lequel chacun assume le leadership pour envoyer à sa communauté politique respective un message donnant leur conception de la crise constitutionnelle. Rioux prend la responsabilité de la rédaction de *Deux pays pour vivre : un plaidoyer* (avec la participation de Crean) tandis que Crean publie *Two Nations* (avec la participation de Rioux). Dans cette monographie, nous nous contenterons de faire référence à *Deux pays pour vivre : un plaidoyer*.

Rioux et Crean perçoivent les mouvements nationalistes comme un double processus de recherche collective et individuelle d'indépendance. On y perçoit également l'expression du nationalisme libéral qui caractérise l'œuvre de Rioux. Dans *Deux pays pour vivre: un plaidoyer*, cela apparaît clairement dès le départ:

> « Il nous semble donc que des mouvements d'émancipation qui n'engloberaient pas celle de l'individu même pour aboutir à celle de leur pays seraient tronqués parce qu'ils comporteraient des points aveugles dans leur processus de libération. La libération individuelle et nationale, en passant par celle de ses groupes d'appartenance, nous semblent faire partie du même mouvement historique : celui de la conquête de l'autonomie. » (Rioux et Crean, 1980 : 10)

Les citoyens ne peuvent atteindre la liberté sans se réapproprier d'abord leur société, et cela doit s'accomplir par des processus concurrents d'émancipation sociale. Ayant vécu la défaite référendaire de 1980 et été témoin du Beau risque proposé par René Lévesque en 1984, Rioux prend bien soin de ne pas ramener l'émancipation sociale à l'indépendance politique. C'est un objectif beaucoup plus vaste, dont l'atteinte exige à la fois une stratégie de remise en cause des sociétés marquées par la domination (des pays, des classes ou d'autres collectivités) et qui cherchent à étendre des pratiques émancipatoires capables de transcender cette réalité et d'atteindre de nouveaux possibles «au delà du maintenant réalisable ». (Rioux, 1985 : 7-8)

Dans son œuvre, Rioux insiste souvent sur la place de la culture dans l'édification des nations. C'est avec cette idée en tête qu'il espère voir les Québécois dire OUI un jour à leur propre projet national. «Une culture cesse d'exister le jour où les hommes qui en sont les porteurs étant submergés par d'autres collectivités, porteuses d'autres structures mentales et affectives, ne peuvent plus réinterpréter les emprunts qu'ils font selon leur code propre et ne peuvent plus créer de solutions originales dans la conduite de leur vie collective. » (Rioux et Crean, 1980 : 58)

Rioux est bouleversé par le résultat du 20 mai 1980, mais il garde espoir pour l'avenir dans *Le besoin et le désir*. (Rioux, 1984) Il est particulièrement déçu en raison de sa conviction que, pour qu'un peuple existe vraiment, il doit être en mesure de choisir sa propre destinée. (Rioux, 1982 : 163) Il est déçu des percées effectuées par l'économisme et la société de consommation en Amérique du Nord et ailleurs dans le monde, et est anéanti par la signature de l'Accord de libre-échange avec les États-Unis et, plus tard, par son élargissement au Mexique. Dans cette évolution, il perçoit des signes que l'émancipation sociale devient difficile à réaliser, voire un défi insurmontable. Il est néanmoins convaincu que l'émancipation sociale et politique par des initiatives locales, régionales et nationales, quoique modestes dans leur impact potentiel, demeure la seule façon de limiter les dégâts. (Rioux, 1990a : 316)

L'ÉGALITÉ

Deuxième élément clé de la philosophie personnelle de Rioux, la recherche de l'égalité est omniprésente dans son œuvre. Comme nous l'avons indiqué dans la section précédente, Rioux insiste sur l'existence d'un rapport étroit entre liberté et égalité. Bien que ces deux notions soient entrelacées, on observe, dans l'histoire, de nombreux cas où leur cohabitation a été difficile. On peut prendre l'exemple de l'Angleterre au XIXe siècle, où l'on accordait de l'importance à certaines libertés individuelles tout en soutenant des pratiques aristocratiques. (Rioux, 1964 : 88)

Cette quête simultanée de liberté et d'égalité amène Rioux à accorder son appui au socialisme. Il soutient dès 1964 que « le projet fondamental du socialisme fut et demeure l'extension de la démocratie –liberté et égalité   au régime économique et social, il vise à faire disparaître cette antinomie qui surgit entre la démocratie politique et le régime économique de capitalisme ». (Rioux, 1964 : 88) C'est là un thème dominant qui imprègne ses écrits.

La quête d'égalité et de justice que Rioux applique au plan individuel a pour condition préalable l'égalité entre communautés nationales. Un libéralisme débridé peut être destructeur pour le communautarisme. C'est de là que vient sa critique de l'impérialisme américain et son insistance sur une redéfinition du rapport existant entre le Québec et le reste du Canada pour s'opposer à cette menace. Avec Susan Crean, Rioux pose la question suivante : « Qu'arrive-t-il lorsque, comme c'est le cas aujourd'hui, un culture en vient à dominer le monde et à menacer de détruire dans son sillage tous les autres possibles culturels ? » (Rioux et Crean, 1980 : 7-9). C'est la menace de l'impérialisme culturel des États-Unis qui marque les préoccupations de Rioux envers sa communauté nationale. En cela, il partage les soucis moraux que soulève George Grant dans *Lament for a Nation* (1965), un ouvrage qui fait autorité.

Sous la forme de l'impérialisme culturel américain, la domination culturelle entre en conflit avec l'émancipation sociale et mine l'égalité, ce qui amène Rioux et Crean à avancer que : « Et c'est notre thèse qu'aujourd'hui, le lieu le plus riche de possibles, la nation, se trouve aussi le plus menacé par l'impérialisme. » (1980 : 11)

Aux yeux de Rioux, il est évident que le projet de souveraineté-association représente une occasion unique de conserver la richesse des deux communautés nationales du Canada. Voici ce qu'il en dit à l'époque du référendum de mai 1980 : « S'il était normal que les partisans de la souveraineté-association commencent d'abord à convaincre les Québécois, il leur faudra convaincre aussi le Canadiens que ce type de réaménagement du Canada est peut-être la dernière chance de sauvegarder l'essentiel de ces nations. » (Rioux et Crean, 1980 : 8-9) Tout comme on connaît de mieux en mieux les différences entre les Québécois et les autres Canadiens, on en arrive aussi à une meilleure compréhension des similitudes entre ces deux nations. Il serait possible d'édifier, sur cette base, un véritable partenariat afin de mieux résister à la menace commune de l'américanisation.

La thèse des deux nations représente une constante dans l'œuvre de Rioux et c'est dans sa concrétisation politique qu'il voit une solution à la crise politique et culturelle à laquelle le Canada est confronté. À l'encontre de Charles Taylor, qui pense que les Québécois peuvent se contenter d'une reconnaissance symbolique, Rioux ne voit pas comment cela pourrait se concrétiser sans l'indépendance. Pour pouvoir aspirer à l'égalité, il faut que chacun des deux partenaires reconnaisse « l'autre ».

Son socialisme est aussi fort que son nationalisme, et Rioux s'oppose à tout projet d'indépendance si cela revient à remplacer les capitalistes américains et canadiens-anglais par des capitalistes québécois. Il soutient que « le nationalisme qui aboutit à la libération nationale est un moyen privilégié pour asseoir le pouvoir de ces élites politiques et économiques ». (Rioux et Crean, 1980 : 13) En bref, une telle relève de la garde n'améliore en rien la situation sociale de la majorité des citoyens. Rioux entretient le désir de voir les gens remettre en question leur propre société à mesure qu'ils édifient leur propre projet national selon un modèle qui désapprouve le changement des élites.

C'est la menace que ne cesse de constituer l'américanisation de leur projet national respectif qui amène Rioux et Crean à unir leurs efforts pour sensibiliser leurs compatriotes. Citant John Porter, Rioux rappelle à ses lecteurs qu'il partage l'interprétation de son collègue : « La meilleure façon de décrire l'objectif de la société canadienne, écrit John Porter, est de le définir comme un objectif d'intégration. Le maintien de l'unité nationale l'a emporté sur tous les autres objectifs [...] En conséquence, l'orientation principale de la politique canadienne a été une orientation de droite, visant à maintenir et à préserver le statu quo. » (Rioux et Crean, 1980 : 27) Ce souci de l'unité nationale a contribué à négliger d'autres enjeux, principalement la question de l'invasion culturelle, tant pour les Québécois que pour les Canadiens. (Rioux, 1990a : 253-254)

On ne peut atteindre l'égalité si l'on tolère la domination économique ou culturelle. Pour Rioux, comme pour George Grant, c'est la domination culturelle qui représente la forme la plus dévastatrice de domination étant donné qu'on ne peut pas faire grand-chose pour la réduire. « [L'hégémonie culturelle] est la forme la plus insidieuse d'impérialisme puisqu'il n'y a pas d'occupation militaire ni de brimades économiques et politiques mais des images, des sons, des mots, des formes qui représentent une société d'abondance et de rêves. » (Rioux et Crean, 1980 : 67) Pour éviter cela, il invite le Québec et le reste du Canada à envisager la souveraineté-association afin d'explorer de nouvelles avenues. « Il y a gros à parier qu'une fois mise en place une nouvelle forme d'association, les citoyens de chaque pays seraient davantage enclins à s'estimer et à collaborer [...] Personne ne gagne à vouloir maintenir en l'état des arrangements politiques et constitutionnels que d'autres ont mis en place pour nous. » (Rioux et Crean, 1980 : 114)

Dans sa quête d'une plus grande égalité, Rioux ne se soucie pas uniquement des nations, mais aussi des régions. À la lecture de son œuvre, on est vite frappé par son penchant naturel à soutenir ceux qui se trouvent à la périphérie de la société, notamment sur le plan géographique. Pour paraphraser Rioux, si toutes les régions [toutes les personnes] sont égales en principe, en pratique, certaines sont plus égales que d'autres. (Rioux, 1990c : 441) Ce mode de pensée demeurera constant pendant toute son existence.

LA COMMUNAUTÉ

Afin de compléter notre analyse de la trilogie philosophique de Rioux, il est essentiel de nous pencher sur la place que la communauté y occupe. Dans notre examen de la liberté et de l'égalité, il est apparu clairement que la pensée de Rioux à ces égards prend tout son sens dans le contexte de ses réflexions sur la communauté. Rioux soutient que la meilleure expression de la liberté réside dans celle de la diversité communautaire et de l'égalité entre toutes les communautés, de la plus petite à la plus inclusive.

Dans la pensée de Rioux, la dynamique existant entre l'individu et la communauté est omniprésente. Son interprétation a amené de nombreux Québécois à faire face au libéralisme procédurier et communautaire, bien qu'on ne le reconnaisse que rarement dans les écrits. Dès 1957, Rioux déclare ceci : « Dans un tout socio-culturel, le concept de société met l'accent sur le groupe d'individus qui composent ce tout et sur les relations qu'ils entretiennent à l'intérieur de cette unité […]. » (Rioux, 1957 : 78)

Pour saisir la conception de la communauté de Rioux, il faut absolument comprendre la place qu'y occupe l'individu. Rioux soutient que, comme pays, le Québec ne peut être fort et dynamique que si chacun de ses citoyens et chacune de ses collectivités se considère comme un participant intégral et actif au projet d'édification d'une société nouvelle, dans laquelle chacun peut s'épanouir dans toute sa diversité. (Rioux, 1977 ; 36)

Dans certains de ses écrits, Rioux insiste sur la nécessité d'établir des liens plus solides avec les nations autochtones ; comme ses contemporains, cependant, il ne se préoccupe que vaguement de cette question centrale. Il témoigne toutefois très tôt dans sa carrière de l'intérêt qu'il porte aux autochtones (1951b ; 1955b). Il parle de la nécessité pour le Québec de proposer un projet social et national global auquel les autochtones seraient associés. À la suite de l'élection du Parti québécois en 1976, il avance ceci : « Si l'on prend au sérieux l'idée que nous voulons bâtir au Québec une nouvelle société, il faut réaliser ce projet en y associant tous les habitants du Québec, Amérindiens, Inuit et tous les autres groupes qui peuplent le territoire. Nous n'avons pas les moyens de nous passer de toute la richesse culturelle que possèdent ces groupes et qui contribuera à faire du Québec une terre où chacun pourra pleinement participer librement à la réalisation d'un idéal commun. » (Rioux, 1977 : 36)

Sa quête d'une société juste l'amène à préconiser l'autogestion et à se prononcer en faveur de la dévolution des pouvoirs aux
collectivités régionales, ethniques, culturelles et autres. (Rioux, 1978b :
8-9) Dans tous ses travaux, il soutient que l'on ne peut atteindre la
liberté nationale aux dépens de l'expression intégrale des régions ou
d'autres communautés. La liberté nationale implique l'émancipation
de toutes les collectivités.

Étant émancipationniste, Rioux s'inquiète aussi de la centralisation excessive de l'État. Il a plus tendance à faire confiance aux
individus. Dans sa quête d'égalité, il est convaincu que l'émancipation venant « d'en bas » est préférable aux interventions de l'État.
(1977 : 34-36 ; 1978b ; 1978-1979 ; 1983 ; 1990b) Il soutient que le caractère multidimensionnel des problèmes liés aux disparités régionales et aux écarts de développement ne peut servir à justifier « la
propension qu'ont les bureaucraties à centraliser et à administrer à
distance ». (Rioux, 1977 : 35) Dans son esprit, l'autonomie régionale
est l'équivalent spatial de l'autogestion dans les usines : un élément
essentiel d'une société libre, égale et autogérée. La libération nationale du Québec ne peut se faire au profit des bureaucrates et des
technocrates. Rioux a en abomination la critique gratuite de l'expansion de l'État et il réclame la dévolution des pouvoirs de l'État à des
organisations régionales et locales. Voilà le défi qu'il voit pour les
gestionnaires de l'État à la lumière de son projet de société :

> « Il faut veiller à ce que cette équipe de bons gestionnaires ait la
> fortitude de se mettre en veilleuse au profit des groupes de citoyens
> et des collectivités qui veulent que s'épanouissent leurs projets de
> création, fondés sur des solidarités au ras du réel concret. Ce qui
> veut dire que la diversité des classes et des groupes, des régions et des
> ethnies soit reconnue ; il va falloir tenir compte de cette diversité à
> l'intérieur du Québec même. À cause des longues décennies de ré-
> sistance, il a fallu mettre l'accent sur l'ensemble de la communauté ;
> aussitôt réalisée notre émancipation collective, il va falloir mettre en
> place des politiques qui reconnaîtront cette diversité intérieure. »
> (Rioux, 1979 : 208)

Rioux présente toujours un portrait de la société québécoise
axé sur le pluralisme social et qui appelle à un espace politique au
sein duquel la souveraineté est partagée par les individus, les communautés et les régions. Préoccupé par la possibilité de voir le capitalisme, qu'il perçoit comme la liberté d'exploiter et d'opprimer autrui,
détruire les citoyens, il cherche des solutions de rechange. Avec Crean,
il affirme que l'on ne doit pas réduire les individus à de simples

consommateurs De plus, lorsqu'il est question de changement social et culturel, la taille a de l'importance. De petites nations, « comme la nôtre », écrivent Rioux et Crean, sont confrontées à des obstacles moins nombreux, sous la forme d'intérêts bien établis, et il est donc possible « d'être assez audacieux pour imaginer une autre vie, une autre société. » (Rioux et Crean, 1980 : 110) En outre, dans un observation qui rappelle Harold Innis, ils affirment que ce sont ceux qui n'exercent pas le pouvoir dans la société, les marginaux, qui ont développé le plus de potentiel de changements imaginatifs et fait montre du plus grand dynamisme quand il s'est agi de briser le carcan des contraintes du *statu quo* économique et social. (Rioux et Crean, 1980 : 111)

CONCLUSION

En bref, pendant toute sa carrière, Rioux insiste sur l'importance des êtres humains. Il est moins porté à explorer comment les choses sont ordonnées que l'univers des possibles et de voir comment cela pourrait être préférable à la situation existante. Il cherche des façons d'améliorer les conditions de vie des individus et de faire progresser la Vie réussie et la Société idéale.

En 1990, dans *Un peuple dans le siècle*, Rioux conclut sur une note cynique et désabusée que les pays fortement industrialisés n'ont rien fait d'autre que massacrer ses trois idéaux de liberté, d'égalité et de communauté. Pour le citer,

> « Des grands idéaux de la Révolution française, il ne reste plus que la liberté… d'entreprise ; la fraternité ne se trouve aujourd'hui qu'entre les grands prédateurs qui doivent s'entendre entre eux pour mieux dépecer les pauvres, les pays qui sont à la traîne. S'il restait une lueur d'humanité quelque part, c'est chez les éclopés et les exclus de ces grandes machines capitalistes et bureaucratiques qu'on la trouverait […] Des trois grands idéaux de la Révolution, c'est l'Égalité qui bat surtout de l'aile. Le monde lui-même est divisé en tranches dont la liste s'allonge vers le bas ; nous en sommes au Quart-Monde et certains pays en voie de développement, comme on dit si joliment, louchent vers un cinquième monde qui devra bientôt accepter les déchets des premiers mondes pour survivre en s'empoisonnant… lentement, leur promet-on ! Dans l'Empire américain en déclin le *lumpen proletariat* augmente chaque année ; d'aucuns évaluent que cette armée comprend le quart de la population. Dans tous les pays riches, on note plusieurs vitesses de croisière vers cette sous-capitalisation (*under class* en américain). » (Rioux, 1990a : 328-329)

Ce profil de l'œuvre de Rioux révèle un homme imprégné des objectifs moraux les plus nobles et toujours à la recherche d'un univers qui serait plus équitable pour tous. Vers la fin de sa vie, cependant, frustré de constater les avancées apparentes du néolibéralisme et les inégalités croissantes tant au sein des sociétés industrielles avancées qu'entre ces pays et le reste du monde, il commence à renoncer à tout espoir. Réfléchissant à tout cela, il conclut son dernier ouvrage par ces mots : « le possible s'est rapetissé comme une peau de chagrin. » (1990a : 222)

Parmi les six itinéraires abordés dans cet ouvrage, celui de Rioux est certes celui qui accorde le plus d'importance à l'émancipation sociale et à la quête interminable de justice sociale. Au moment où il meurt en 1992, les aspirations qu'entretient Rioux pour la société québécoise, si elles ne se sont pas concrétisées, demeurent, pour de nombreux Québécois, une inspiration et un idéal qui méritent d'être poursuivis.

CHAPITRE 6

Le libéralisme communautarien de Charles Taylor

Charles Taylor est le plus réputé des philosophes canadiens contemporains. Beaucoup soutiendront que, avec C.B. Macpherson, Taylor est le philosophe canadien qui jouit de la plus grande renommée. Sa réputation internationale repose sur les études qu'il a consacrées à Hegel et les nombreux articles philosophiques qu'il a publiés dans les années 1970 et 1980. Plus récemment, Taylor a publié une analyse approfondie des racines philosophiques et des contradictions de la pensée occidentale moderne dans *Sources of the Self* et *The Malaise of Modernity* (publié aux États-Unis sous le titre *The Ethics of Authenticity*). Le caractère érudit de son œuvre est renversant. Il jouit d'un indéniable statut de géant parmi les grands penseurs du monde anglo-américain.

Cependant, sans doute les Canadiens connaissent-ils davantage ses écrits sur la politique canadienne et ses activités au sein de la gauche politique. *The Pattern of Politics* fait partie du « canon » de la gauche nationaliste au cours des années 1970. À l'époque, Taylor a déjà établi son statut comme l'une des grandes figures intellectuelles de la gauche canadienne par sa contribution à *Cité libre* et à *Canadian Dimension* au cours des années 1960 alors qu'il prend une part active au Nouveau Parti démocratique à titre de vice-président fédéral pendant un certain temps, de même que de candidat défait du NPD à quatre reprises (1962, 1963, 1965 et 1968).

Les premiers textes qu'il consacre à la politique canadienne portent principalement sur trois enjeux : les relations entre francophones et anglophones, la justice économique et sociale, et l'influence américaine sur l'économie, la culture et la politique canadiennes. Dans ses travaux plus récents sur le Canada, l'accent s'est quelque peu déplacé. Les relations entre francophones et anglophones, notamment des enjeux connexes comme le nationalisme québécois, l'unité nationale et la Constitution, comptent toujours au nombre de ses grandes préoccupations. Mais l'importance qu'il accordait autrefois à l'impérialisme américain et à la justice sociale et économique a fait place au multiculturalisme et au problème de retrouver et de nourrir le sens de la communauté dans les sociétés libérales capitalistes.

Si l'œuvre vaste et complexe de Taylor ne se prête à aucune étiquette, la recherche d'un équilibre entre la liberté et la communauté constitue le thème dominant de ses écrits. On considère généralement Taylor comme l'un des adeptes du communautarisme les plus connus, mais cette représentation ne tient pas compte du libéralisme vigoureux qui imprègne son œuvre. Nous préférons parler d'un libéral communautarien, étant donné que c'est la tension entre la liberté individuelle et le bien commun qui se trouvent au cœur de sa philosophie politique et en constituent la caractéristique distinctive. Semblables à celles de Trudeau, ses origines de Québécois bilingue qui a vécu la plus grande partie de sa vie à Montréal le rendent particulièrement sensible aux revendications concurrentes de droits individuels et collectifs et aux visions différentes du bien qui en découlent lorsqu'on met l'accent sur les uns ou sur les autres.

Paroissialisme est bien la dernière expression à laquelle on penserait pour décrire la pensée de Taylor. Néanmoins, même lorsqu'il ne se penche pas sur le Canada en tant que tel, on peut déceler des préoccupations et des modes de pensée typiquement canadiens. Son antiaméricanisme, dont les Canadiens ne détiennent pas le monopole, mais comptent certes parmi les praticiens les plus habiles et expérimentés au monde, est fermement enraciné dans la tradition de la gauche canadienne. Sa justification du recours à l'intervention de l'État pour promouvoir les biens communautaires comme le développement régional, son aversion à l'endroit des philosophies individualistes, sa sympathie à l'égard des aspirations nationalistes et son appui au multiculturalisme et aux droits des peuples autochtones sont tous des éléments familiers dans la toile de la politique canadienne. Il serait absurde de prétendre que la philosophie de Taylor a été modelée d'une quelconque manière déterministe par ses origines canadiennes. Par ailleurs, comme nous le verrons dans les pages qui suivent, son œuvre n'est pas dénuée de ces influences.

LA LIBERTÉ

Charles Taylor passe pour un critique convaincu de la politique libérale, de l'économie capitaliste et des sociétés individualistes (lui-même dirait « atomistes »). Il peut donc sembler curieux de commencer l'analyse de sa pensée politique par le thème de la liberté.

En réalité, cependant, sa perception de la liberté est un élément fondamental de sa philosophie politique. Cela peut ne pas paraître évident pour ceux qui n'ont lu que ses analyses sur la politique canadienne. Mais, comme en témoignent ses écrits philosophiques d'ordre plus général, il ne faut jamais chercher bien loin dans son œuvre pour retrouver les thèmes des implications de la liberté et de la détermination des aménagements sociaux qui la protègent le mieux.

La conception de la liberté de Taylor comporte deux aspects essentiels. Tout d'abord, *la liberté est un bien social.* Elle n'est envisageable qu'au sein d'une société et, par conséquent, en rapport avec d'autres individus. Deuxièmement, *la liberté est un bien moral.* Cela ne signifie toutefois pas pouvoir faire tout ce que l'on désire. À l'encontre d'autres choix, certains choix sont qualitativement supérieurs, en ce qu'ils impliquent l'exercice d'un véritable libre arbitre et remplissent les conditions inhérentes à devenir un sujet véritablement humain.

Les réflexions de Taylor sur la liberté trouvent principalement leurs racines dans les écrits de Jean-Jacques Rousseau et d'Emmanuel Kant. Il est critique à l'égard des théories individualistes de primauté des droits qui trouvent leur origine dans la philosophie libérale de Thomas Hobbes et de John Locke. Rousseau et Kant, soutient-il, élaborent une notion positive de la liberté qui repose sur une conception morale de l'homme au sein de la société. Hobbes et Locke, pour leur part, proposent une conception négative de la liberté (perçue comme l'absence de contrainte) qui est amorale et croule sous le poids de ses contradictions logiques et pratiques.

L'élément auquel Taylor s'objecte le plus dans la conception négative de la liberté est son refus de juger de l'aspect favorable des choix effectués par les individus. Il soutient qu'on ne peut considérer la liberté indépendamment de l'éthique. Et c'est précisément ce que font les tenants de la liberté négative en refusant toute distinction qualitative entre différentes actions et tracés de vie, soutenant plutôt que l'individu est seul juge impartial de ce qui favorisera ou gênera son bonheur, sa satisfaction, etc. Plaçant les droits individuels au-dessus de tout, ils édifient leurs théories sociales et politiques sur la primauté de ces droits et le caractère dérivatif des obligations sociales. De telles théories, soutient Taylor, conçoivent la société comme un fardeau bien malheureux mais nécessaire qui restreint la capacité de l'homme à être libre.

La vérité, affirme-t-il, est tout autre. Il soutient que la notion de droits présuppose certaines capacités humaines considérées comme louables et que l'on ne peut développer et nourrir ces capacités qu'au sein de la société, de sorte que l'idée de primauté des droits est incohérente. Dans une critique de ce qu'il appelle les philosophies « atomistes » des droits individuels héritées de Hobbes, Taylor expose ce qu'il considère comme les conditions sociales de la liberté :

> [...] pour se développer, la liberté exige une certaine compréhension de soi, dans laquelle les aspirations à l'autonomie et à l'auto-orientation deviennent concevables ; deuxièmement, que nous pouvons conserver isolément cette auto-compréhension, mais que notre identité se définit toujours partiellement dans la conversation avec d'autres ou par la compréhension conjointe, qui sous-tend les pratiques de notre société. La thèse est que l'identité de l'individu autonome et qui s'autodétermine exige une matrice sociale qui, par une série de pratiques, par exemple, reconnaît le droit à la décision autonome et exige de l'individu qu'il se fasse entendre dans les délibérations entourant l'action publique. (1985c : 198, notre traduction)

L'argument de Taylor selon lequel la liberté individuelle n'est possible qu'en société et même, dans un certain type de société, repose sur deux prémisses fondamentales. La première tient à sa perception dialogique de l'identité individuelle. Comme Erik Erikson, il avance que ce n'est que par le biais de rapports avec nos autres « donneurs de sens », notamment la famille, la société et Dieu, que l'on acquiert une identité et que l'on fait l'expérience de la signification

personnelle. (1970 : 103ff) Et cela se poursuit pendant toute l'existence d'un individu, de sorte qu'il est impossible de dissocier le problème de l'identité individuelle, y compris celui de la liberté
individuelle, des conditions de l'existence communautaire. Toutes
les significations personnelles importantes résultent d'attachements
communautaires, y compris le sens de la liberté. En réalité, le fait que
les occasions d'affirmation et d'expérimentation des significations publiques soient de plus en plus rares a contribué à la crise d'identité
personnelle qui est au cœur de ce que Taylor appelle le malaise de la
modernité.

Mais sa seconde prémisse à la base de la conception sociale de
la liberté est tout aussi cruciale. Suivant en cela Rousseau, il insiste
sur l'importance de la qualité de la motivation. Comme Rousseau, il
ne considère pas comme preuves de libre arbitre les actes qui ne sont
pas en accord avec les objectifs vraiment importants, soit ceux qui
ont trait au caractère distinct de la condition humaine. « Si la liberté
nous importe, écrit-il, c'est parce que nous avons des objectifs. Mais il
doit exister des distinctions fondées sur l'importance des différents
types de liberté en lien avec la distinction portant sur l'importance
des différents objectifs. » (1985d : 219, notre traduction) Bien com-
prise, la liberté n'est donc pas la capacité de faire ce qui nous plaît en
se considérant libre de toute contrainte extérieure, mais bien la capacité de réagir et d'agir en accord avec notre liberté intérieure. « Pour
être véritablement ou entièrement libre, je dois en fait pratiquer l'auto-
compréhension, affirme Taylor. Je ne peux plus percevoir la liberté
comme une simple occasion. » (1985d : 229)

C'est à Rousseau et à Kant que Taylor emprunte sa conception
de la liberté comme qualité intérieure reliant l'individu à la société.
Comme Rousseau, il affirme que le simple fait d'avoir choisi ma voie
n'en fait la bonne voie, pas plus que cela ne me rend libre. Mes choix
doivent être en harmonie avec mes sentiments véritables, avec la voix
de la nature/la raison comme elle s'exprime à travers moi. C'est véritablement de cela qu'il s'agit lorsqu'on parle d'authenticité personnelle et de liberté individuelle. Ces éléments sont connexes à une
perception de la vie réussie réalisable grâce à la raison humaine et
uniquement dans la société constituée par d'autres personnes.

Taylor rejette la « déconnexion de la liberté de l'idée d'un ordre moral [...] selon lequel on ne peut plus distinguer une bonne
d'une mauvaise conduite en fonction de la motivation qui les inspire

l'une et l'autre ». (1985f : 319, notre traduction) Agir librement signifie agir vertueusement, le comportement étant en accord avec les
principes moraux. Sur ce point, Taylor suit les principes de Kant :

> Si c'est être libre que de suivre la loi morale et si agir d'une façon
> morale consiste à voir que la maxime de mes actes pourrait recueillir
> l'approbation universelle, la liberté exige donc que je me perçoive
> moi-même comme soumis à une loi s'appliquant également aux
> autres, qui ne concerne pas que moi, mais concerne les sujets ration-
> nels comme tels. Être libre représente donc une sorte d'ordre
> moral. (1985f : 326, notre traduction)

La liberté individuelle requiert donc une société, et pas n'importe quelle forme de société, mais une société structurée selon le
modèle de l'impératif catégorique de Kant. Cela nous ramène à l'argument de Taylor selon lequel la liberté individuelle ne peut subsister que dans un certain type de société. L'individu doit donc préserver
cette société. Mais quel type de société rend la liberté individuelle
possible ? Taylor est absolument convaincu que ce n'est pas le genre
de société individualiste dont les États-Unis sont le symbole et au sein
de laquelle on tolère d'assez grandes inéquités sur le plan de la richesse et des conditions de vie en prétendant que c'est là le prix à
payer pour la liberté. Ce n'est pas non plus une sorte d'économie de
marché de laisser-faire dont les priorités sont, selon lui, socialement
irrationnelles. (1970 : 30-31) Les institutions publiques, y compris les
institutions économiques, qui tolèrent de trop fortes inégalités ne
peuvent que finir par nier la liberté véritable aux nombreuses personnes dépourvues des conditions nécessaires pour se comporter
comme des agents distinctement humains et, par conséquent, comme
des individus libres. Il faut un État positif pour assurer la promotion
et la protection de la liberté, et non uniquement pour assurer une
répartition plus équitable de la richesse, des possibilités et de la reconnaissance au sein de la société.

La conception qu'a Taylor de la liberté pose toutefois certains
problèmes. Même si l'on accepte son argument à l'effet que la liberté
importe parce que nous avons des objectifs et que nous ne pouvons
éviter de juger de la valeur des choix que les gens font et qu'en fait,
nous ne le faisons pas, on ne voit pas toujours très bien sur quoi ces
jugements doivent être fondés. Taylor demeure vague sur ce point,
même si l'on sent qu'il serait d'accord avec Tocqueville pour affirmer que

Le genre humain éprouve des besoins permanents et généraux, qui ont fait naître des lois morales à l'inobservation desquelles tous les hommes ont naturellement attaché, en tous lieux et en tout temps, l'idée du blâme et de la honte. Ils ont appelé *faire mal* s'y soustraire, *faire bien* s'y soumettre. (Tocqueville, 1961 : 318)

De surcroît, comme Tocqueville, Taylor serait sans doute d'accord pour dire que l'individualisme « ne tarit d'abord que la source des vertus publiques ; mais, à la longue, il attaque et détruit toutes les autres et va enfin s'absorber dans l'égoïsme. » (*Ibid.* : 143-144) Une société individualiste, poursuit Tocqueville, « le ramène sans cesse [l'homme] vers lui seul et menace de le renfermer enfin tout entier dans la solitude de son propre cœur. » (*Ibid.* : 145)

Tocqueville compte parmi les écrivains auxquels Taylor se réfère. Les besoins généraux et permanents à l'origine de la création des « lois morales » dont parle Tocqueville correspondent chez Taylor à la notion de qualités distinctivement humaines affirmées par le libre arbitre. Ça ne nous avance guère cependant pour savoir de quelles qualités il s'agit. Toutefois, dans *Sources of the Self* et *The Malaise of Modernity*, Taylor assimile l'*authenticité*, la liberté autodéterminante exercée face aux horizons moraux qui relient l'individu à la communauté, à la mesure permettant de juger des actes. Les « horizons moraux » sont critiques pour ce que Taylor a à l'esprit. Il est plutôt convaincu qu'un individu ne peut atteindre l'authenticité, ou ce que Rousseau appelait le « sentiment de l'existence », que lorsqu'il reconnaît son rapport avec un tout plus vaste. Cela nous amène tout près de la conception qu'a Taylor de la communauté, qui, comme nous le verrons plus loin, découle de sa notion particulière de la liberté.

Taylor nous laisse cependant des indices pour nous permettre de savoir ce qui l'amène à décider de la conformité d'un choix à la liberté autodéterminante et de le considérer comme une expression d'authenticité personnelle et comme un bon choix sur le plan moral. L'ensemble de ses écrits se caractérise par une critique des sociétés libérales-capitalistes individualistes (il utiliserait le terme « atomiste ») fondées sur une conception négative de la liberté. Taylor soutient qu'on atteint et qu'on entretient la véritable liberté par des entreprises collectives qui, loin de restreindre la liberté des individus, rendent la liberté possible en reliant les choix et les actes individuels aux objectifs plus larges qui nous rendent tout simplement humains. Toutes les entreprises collectives sont-elles favorables à la liberté ? Ni

Taylor ni aucun autre adepte réputé du communautarisme n'oserait aller aussi loin. Mais l'insistance de Taylor sur les aspects sociaux de l'individu et son besoin d'attachements communautaires pour atteindre l'état d'authenticité si essentiel à l'ère post-romantique le placent du côte de l'État providence, d'une plus grande répartition des richesses et d'autres formes d'intervention étatique qui, selon les libéraux orthodoxes, menacent la liberté.

L'ÉGALITÉ

L'égalité constitue le thème principal des premiers ouvrages publiés par Taylor, particulièrement *The Pattern of Politics*, un sorte de manifeste de la gauche politique canadienne, qui s'attaque à ce que Taylor appelle la vision consensuelle de la politique du libéralisme. Il s'agit d'une charge bien sentie à l'égard de l'économie de marché, de la culture individualiste, de la politique traditionnelle par consensus et de l'influence américaine. S'il n'y a rien de particulièrement original dans tout cela, Taylor laisse sa marque sur ce qui n'aurait été qu'une attaque cinglante relativement orthodoxe de la gauche, en établissant un lien entre ses cibles et des caractéristiques plus générales de la modernité, un concept qui retiendra son attention pendant toute sa vie.

Le ton de *The Pattern of Politics* pourrait se décrire comme celui d'un «jeune homme en colère». C'est une œuvre à la fois intellectuelle et polémique, qui aborde sans détour la politique gouvernementale plutôt que de la traiter à la manière plus abstraite du philosophe. En fait, la conclusion de l'ouvrage renferme un vaste programme de réforme qui suppose que presque tout est brisé et qu'il faut le réparer. Peut-être désillusionné à la suite de la défaite subie par le candidat *Waffle* James Laxer au congrès d'investiture du NPD en 1971 et de l'expulsion subséquente de ce mouvement du Parti, Taylor ne publiera plus jamais d'ouvrage de ce type. Si son œuvre est presque entièrement consacrée à des questions philosophiques plus nobles, Taylor ne renoncera jamais à ses premières préoccupations entourant l'égalité. Celles-ci connaîtront plutôt une mutation pour revenir à la surface dans son analyse de sujets comme la communauté, le multiculturalisme et le nationalisme.

Rien dans les écrits de Taylor postérieurs à 1970 ne laisse à penser qu'il a renoncé à ses opinions de jeune homme en colère actif au sein de la gauche politique canadienne. Nous commencerons donc notre analyse par les idées qu'il propose dans *The Pattern of Politics*. La politique égalitaire de Taylor repose sur quatre piliers : sa critique du capitalisme, l'aliénation, l'antiaméricanisme et la perte de la communauté. C'est, bien sûr, à travers le prisme de ce dernier thème qu'il perçoit l'égalité dans ses ouvrages plus récents.

Son mépris à l'endroit de l'économie capitaliste se trouve au cœur de son égalitarisme. À celle de capitalisme ou d'économie de marché, il préfère l'appellation *système corporatif* ou « système sociétaire », ce en quoi il rejoint des critiques « anti-establishment » des années 1960, de J.K. Galbraith, de la gauche libérale, à des socialistes comme Michael Harrington et C. Wright Mills. L'expression « système sociétaire » rend mieux l'ampleur de l'influence du capitalisme et souligne qu'il ne s'agit pas tant d'un ensemble d'aménagements économiques que d'un système de pouvoir dont l'influence s'étend aux domaines social, culturel et politique. Le système sociétaire est à l'origine de profondes inégalités sur le plan du bien-être et de l'influence économiques, mais également dans les autres domaines que nous avons identifiés.

Selon Taylor, le problème des économies capitalistes prend essentiellement deux formes. Tout d'abord, ces économies débouchent inévitablement sur le contrôle monopolistique de la production, de l'investissement et des décisions relatives aux prix, de sorte que la prise de décisions relatives à l'économie est de plus en plus concentrée et que la concurrence est véritablement éliminée dans les principaux secteurs de l'économie. Cet argument a été popularisé par J.K Galbraith, auquel Taylor se réfère fréquemment (1970 : 17-19) Taylor n'est d'ailleurs pas le seul intellectuel canadien de premier plan à vouer une admiration à l'œuvre de Galbraith. Lui aussi impressionné, à titre de Premier ministre, Pierre Trudeau a eu la chance de mettre en pratique certaines idées de Galbraith. Deuxièmement, le capitalisme manque d'efficacité, ce qui l'empêche d'obtenir des résultats par rapport à sa prétention principale rarement remise en question. Taylor écrit ceci :

> […] le système sociétaire vise à la production de biens et services destinés à la consommation individuelle. Mais il a tendance à résister à la hausse de la production de biens et services fournis collectivement. (1970 : 28, notre traduction)

Plus loin, il ajoute que «chacun sait que l'équilibre entre l'investissement public et privé dans notre société est totalement faussé». (1970: 31, notre traduction)

C'est un rappel du titre de l'ouvrage de Galbraith et de l'appel aux armes de la gauche libérale, *Private Affluence and Public Squalor.* Taylor fait référence aux «priorités stupides» du système sociétaire (1970: 31), que la plupart des politiciens ne prennent pas la peine de remettre en question pour des raisons idéologiques, mais que même les gouvernements réformistes éprouvent des difficultés à contrer en raison du «pouvoir de riposte du système sociétaire, celui de retenir les capitaux, avec tout ce que cela implique». (1970: 32, notre traduction) De sorte que la société investit ses maigres ressources dans la mise au point de produits de consommation nouveaux, et souvent inutiles, plutôt que dans l'enseignement public, l'aide aux démunis et la protection de l'environnement.

Les conséquences néfastes du système sociétaire ne se limitent cependant pas à ces éléments. Elles s'étendent à la dépréciation des valeurs sociales par la publicité et à la culture matérialiste de la consommation dont dépend le bon fonctionnement du système sociétaire. De surcroît, comme le soulignait Marx, le système de production préconisé par le capitalisme aliène les travailleurs par rapport à eux-mêmes et ce qu'ils produisent. Nous reviendrons plus loin dans ce chapitre sur les réflexions de Taylor sur l'aliénation.

Le revers de la critique que fait Taylor du système sociétaire réside dans son plaidoyer en faveur de l'économie dirigiste. Le programme de réformes qu'il établit dans le dernier chapitre de *The Pattern of Politics* constitue une prise de position de gauche, préconisant de larges doses de planification économique, des investissements nettement accrus dans des biens publics comme l'enseignement, la canalisation des ressources économiques vers les régions moins développées sur le plan économique et la canadianisation d'une grande partie des capitaux étrangers. Un énorme fonds d'investissement public constituerait le principal moyen de mise en œuvre du programme de planification économique que Taylor envisage. Sa foi manifeste envers le dirigisme transparaît dans l'hommage excessivement généreux qu'il rend aux politiques italiennes de promotion du développement économique dans les régions méridionales du pays (curieusement car, au moment même où Taylor écrit ces lignes, le fossé séparant le nord du sud de l'Italie était énorme et le scepticisme à l'égard de l'efficacité à long terme des politiques d'investissement régional, quasi général, sauf parmi les tenants d'une telle redistribution pour des raisons idéologiques). (1970 : 42, 141) Il établit également des comparaisons défavorables entre « les différentes normes d'autonomie sociétaire acceptées en Europe et dans l'univers anglo-saxon, surtout en Amérique du Nord » (1970 : 26, notre traduction) et déplore que l'idéologie de libre entreprise « semble être une invention typique des anglophones ». (voir la note de bas de page, 1970 : 27, notre traduction)

Tout cela concorde parfaitement avec l'opinion de Taylor sur l'inefficacité de l'économie capitaliste et son effet néfaste du point de vue de la société. Ce qu'il a de mieux à dire à propos de l'effet du système économique en place est que « nous vivons dans un pays développé, ce qui signifie d'abord et avant tout que la proportion de notre population dont nous tolérerons la misère est nettement inférieure à cinquante pour cent. (1970 : 84, notre traduction) S'il s'agit manifestement là du ton employé par le « jeune homme en colère », c'est sans grande valeur comme analyse objective des grandeurs et misères du capitalisme par rapport aux autres systèmes économiques. Il ferme carrément les yeux sur la possibilité que l'économie de marché, en dépit de tous ses défauts et de toutes ses lacunes, offre à la vaste majorité des gens un degré d'affluence nettement supérieur à ce que n'importe quel autre agencement de moyens économiques est parvenu à offrir : il s'agit là du vénérable, mais contestable argument du plus grand bien pour le plus grand nombre. Ce sont les indéniables inégalités résultant du capitalisme qui attirent son attention tout en suscitant sa colère.

Le souci que Taylor entretient à l'égard des immenses écarts dans la richesse et l'influence économique que permet le capitalisme l'amène aussi à négliger les effets salutaires putatifs de la propriété privée. Comme il pense que la collectivisation de la prise de décision débouche sur des choix économiques plus rationnels pour la société que les résultats cumulatifs de la prise de décision privée, il ne faut pas se surprendre qu'il ignore les avantages économiques possibles que les disciples d'Adam Smith considèrent comme des articles de foi. Jusqu'à ce que l'on saisisse sa conception de la liberté, le fait qu'il n'entrevoie pas la possibilité pour la propriété privée de constituer un rempart important et même crucial pour la liberté individuelle est peut-être plus surprenant. Comme nous l'avons expliqué dans la section précédente de ce chapitre, sa conception sociale de la liberté pourrait sans doute faire place à la propriété communautaire de la plupart des biens sans que cela soit perçu comme une menace à la liberté individuelle.

Le deuxième pilier de la philosophie politique égalitaire de Taylor concerne l'aliénation. Si ce thème se trouve au cœur de ses travaux plus récents sur la modernité et la perte de la communauté, il remonte en réalité à *The Pattern of Politics*. Même si l'aliénation de l'individu au sein de la société atomiste faisait alors déjà partie des préoccupations de Taylor, il en avait long à dire sur l'aliénation de la fausse conscience, c'est à dire autant l'incapacité de la plupart des gens à percevoir leurs véritables intérêts comme classe que celle de la politique de partis à se structurer en fonction des démarcations entre classes. Comme pratiquement tous les canadiens de gauche de sa génération, Taylor est un critique acerbe de ce qu'il appelle le modèle politique consensuel du libéralisme et réclame son remplacement par une politique de polarisation, une « politique créative » comme les réformateurs l'appellent généralement, qui reconnaîtrait l'importance primordiale de l'identification des classes et des conflits entre elles.

Il existe un lien manifeste entre l'aliénation de la fausse conscience et l'égalité. « La politique consensuelle, écrit Taylor, repose sur l'ignorance relative ou la mystification des membres de la société qui en pâtissent le plus. Elle prolifère à leurs dépens. » (1970 : 5, notre traduction) Prise dans un système qui lui dissimule le type d'aménagements économiques, sociaux et politiques qui assureraient le mieux la promotion de leurs véritables bien-être et bonheur, la grande majorité des gens est dupée. Si les grands partis politiques et les médias, ces sociétés privées qui dépendent de la publicité, font la promotion de cette fausse conscience, peut-être sa cause principale réside-t-elle dans les valeurs associées à la société de consommation de masse. Lorsque c'est la quantité de biens de consommation qui devient la norme principale permettant d'évaluer le bien-être individuel et social et de mesurer le progrès, les individus ressentent de plus en plus une sorte de « "privatisation" », c'est-à-dire la tendance qu'ont les gens à trouver du sens à leur existence propre en dehors des significations publiques reconnues collectivement comme positives ». (1970 : 57, notre traduction) Lorsque c'est la norme des biens de consommation qui dicte sa loi, les entreprises collectives et les liens communautaires sont privés de ce qui les nourrit. Ce culte du Produit national brut s'accompagne de ce que Taylor appelle le « fétichisme de la machine », selon lequel « notre rythme et, en partie, notre forme de vie sont régis par les exigences de l'évolution technologique» au détriment de priorités véritablement humaines. (1970: 58-59, notre traduction) Ensemble, le culte du PNB et le fétichisme de la machine renforcent le mythe de l'efficacité supérieure du système sociétaire, celui de sa capacité à livrer les marchandises (toujours plus! toujours meilleures!) et, par là même, de produire la plus grande somme de bonheur pour l'homme.

En réalité, affirme Taylor, le système de valeurs dominant du capitalisme moderne et la politique du consensus qui en est le corollaire ne servent qu'à renforcer l'inégalité au sein de la société. Ils en masquent la réalité et la privent de son mot à dire en raison de leur non-reconnaissance du fait qu'une minorité importante de la population est exclue de la société d'affluence. L'aliénation de la fausse conscience fait obstacle aux identifications et alliances politiques, aux modes de pensée et aux convictions politiques, qui permettraient de remettre en question la domination du système sociétaire.

L'antiaméricanisme constitue le troisième pilier de la politique de l'égalité de Taylor. On retrouve dans ses premiers textes des échos de *Lament for a Nation* et de *Technology and Empire* de George Grant, quoique sur un ton manifestement de gauche. L'antiaméricanisme fait bien sûr partie depuis longtemps du *credo* de la gauche canadienne. Taylor y adhère à deux niveaux: celui où l'on pourrait parler des qualités destructrices pour l'âme de l'influence américaine (même si Taylor ne se sert pas de cette expression, on soupçonne qu'il n'y aurait aucune objection) et, deuxièmement, celui de son incidence sur la capacité du Canada à effectuer ses propres choix économiques et politiques et, au bout du compte, à créer une société plus juste que celle des États-Unis. À ce stade, c'est ce deuxième niveau qui retiendra notre attention.

Dans *The Pattern of Politics*, Taylor s'inspire largement des idées avancées par Kari Levitt dans *Silent Surrender* pour exposer ce qu'il soutient être les conséquences néfastes de la propriété américaine au Canada. La critique des nationalistes de gauche est tellement connue qu'il peut sembler inutile de la rappeler dans ces pages. Du point de vue de l'égalité, ses arguments pertinents sont notamment les suivants:

- Plutôt que d'enrichir le Canada comme on le croit généralement, la propriété étrangère appauvrit en fait le pays. Au bout du compte, ce sont les pauvres et la classe ouvrière qui en souffrent le plus en raison de l'affectation inefficace des investissements dictée par le capital américain et du manque de volonté politique d'imposer les sociétés étrangères à un taux équitable par crainte de chasser ce que l'on prend à tort pour du capital et un esprit d'entreprise inexistants au Canada.

- L'idéologie de marché sert à isoler la propriété américaine de la critique. « Les grandes entreprises étant toutes presque exclusivement américaines, soutient Taylor, il est impossible de remettre en question le contrôle exercé sur notre économie par les Américains sans risquer de se faire taxer d'impiété. » (1970 : 95, notre traduction) Les politiques et la planification économique nationalistes sont les seules façons d'affirmer le contrôle du Canada sur son destin économique et politique. D'après Taylor, cette indépendance est bonne en elle-même. Mais elle gagne encore en importance en raison des possibilités de redistribution qu'elle ouvre. L'option nationaliste « nous donnerait les moyens de rendre digne d'intérêt une indépendance accrue, car nous disposerions des structures de planification nécessaires pour atteindre nos grands objectifs sociaux, par exemple le développement régional. » (1970 : 94, notre traduction)

Le quatrième pilier de la politique égalitaire de Taylor, qui est également l'élément le plus particulier de sa réflexion sur l'égalité, est la perte de la communauté. Dans *The Pattern of Politics*, il entreprend de schématiser les impacts sur l'égalité de ce qu'il appelle l'atrophie des significations publiques de la société industrielle. Partant de sa position voulant que l'homme est une créature qui cherche du sens dans des objectifs qui le mettent en rapport avec les autres, Taylor soutient que ce besoin se heurte de plus en plus à l'obstacle de la privatisation de l'expérience résultant des conditions qui prévalent dans la société industrielle, *tant* capitaliste *que* communiste. Symptôme de la privatisation, la perte d'aspirations communes mine l'égalité en vidant de son essence le domaine public grâce auquel on peut maintenir ces aspirations. Tout ce qu'il en reste, soutient-il, ne suffit pas à conserver la dignité humaine :

> On peut, bien sûr, se réjouir de vivre dans une société dont le principe de base est la primauté des aspirations individuelles. Dans un certain sens, c'est à cela que l'on assiste aux États-Unis. Mais, en elles-mêmes, les aspirations individuelles constituent une notion trop évanescente pour susciter l'enthousiasme et leur réelle puissance réside, de nos jours, dans le rôle qu'elles jouent dans le nationalisme

américain, la célébration de la grandeur de l'Amérique, juste récompense de la rectitude d'un mode de vie. (1970 : 106, notre traduction)

Le thème antigouvernemental profondément ancré dans la tradition politique américaine sert à miner l'égalité en affaiblissant l'État, lieu essentiel à la définition et à l'orientation des significations et aspirations publiques que Taylor perçoit comme absolument nécessaires à l'atteinte de la Vie réussie. Si l'on perçoit l'État purement et simplement comme un outil, comme une « institution de services » (1993 ; 127) qui n'a aucun rôle essentiel à jouer dans notre définition collective de nous-mêmes, non seulement l'unité nationale est-elle compromise, mais aussi la possibilité d'atteindre des objectifs collectifs visant l'élévation de la dignité de tous et une égalité plus poussée que ce n'est possible avec les institutions et les normes culturelles à l'américaine. Taylor rappelle la tradition canadienne d'intervention étatique, depuis le Canadien Pacifique (CP) jusqu'à l'assurance-santé et le Programme énergétique national (PEN), qu'il avance comme preuves de ce qu'il dit être la culture politique démocratique plus participative du Canada, fondée sur une identification plus forte des individus avec le sort de la communauté que ce n'est le cas aux États-Unis. (1993 : 95-97)

En aparté, sa capacité de se lancer dans des descriptions enthousiastes du CP et du PEN, preuves selon lui de la supériorité du sentiment de communauté des Canadiens et de leur désir de se servir de l'État pour atteindre des objectifs communautaires, trahit un manque de sensibilité par trop typique au point de vue des Canadiens de l'Ouest sur ces institutions et politiques gouvernementales. Loin de les percevoir comme des exemples étincelants de l'esprit communautaire des Canadiens, les habitants des provinces de l'Ouest y voient plutôt les symboles de la domination de la politique dans ce pays par l'Est canadien et de l'empressement de ce dernier à sacrifier les intérêts de l'Ouest face à ceux de l'axe Ontario-Québec. Mais, à l'instar de Trudeau, Taylor n'a pratiquement rien à dire des préoccupations et des normes culturelles distinctes de l'Ouest.

LA COMMUNAUTÉ

Taylor étant un membre influent de l'école communautarienne de la philosophie contemporaine, il peut sembler curieux de n'aborder que dans la dernière partie de ce chapitre l'analyse de ses réflexions sur la communauté. C'est pourtant un choix délibéré, destiné à démontrer que son communautarisme repose sur des prémisses et des arguments concernant la liberté et l'égalité. Ses récents écrits n'en ont pas moins laissé une place de choix aux problèmes de communauté et d'identité, des questions inextricablement liées dans la pensée de Taylor. Comme il l'écrit dans *Sources of the Self*, son but est de « recouvrer » quelque chose, la notion romantique de liberté humaine et d'identité personnelle, deux éléments à la fois en harmonie avec un sentiment de communauté et qui y trouvent leur source.

Pour saisir la conception de la communauté de Taylor et son importance pour l'homme, nous devons revenir à ses réflexions sur la condition humaine. Comme nous l'avons noté dans l'analyse de sa théorie de la liberté, sa prémisse fondamentale est la nature sociale de l'homme. Il ne fait pas allusion par là à l'évidence que l'homme et la femme ont besoin l'un de l'autre pour procréer et qu'une certaine collaboration entre individus rend la vie moins « pénible, animale et brève », pour reprendre les termes utilisés par Hobbes. Taylor veut plutôt dire que la dimension sociale de la condition humaine se trouve au cœur de l'état de sujet entièrement humain. Notre identité, notre sens du moi et la réalisation d'une Vie réussie (Taylor ne parle pas d'existence vertueuse, mais c'est manifestement à cela qu'il pense) dépendent de nos rapports avec autrui. À l'état mythique de nature, l'homme n'est pas seulement une impossibilité historique, ce n'est pas une homme. Être un sujet véritablement humain requiert la présence, physique ou autre, des autres.

À la base, la vision communautarienne de Taylor est ontologique. Il insiste sur ce qu'il qualifie de caractère *dialogique* de l'existence humaine comme élément essentiel pour modeler notre conscience et notre identité. « Nous la définissons toujours au cours d'un dialogue avec – parfois lors d'une lutte contre – les choses que nos autres "donneurs de sens" veulent voir en nous », écrit Taylor. Et il ajoute que « même après que avons dépassé en taille certains de ces "autres" – nos parents, par exemple – et qu'ils ont disparu de nos vies, la conversation avec eux continue à l'intérieur de nous-mêmes, aussi longtemps que nous vivons. » (1994 : 50) En soi, cette insistance sur l'influence vitale de « l'autre » sur le développement du sentiment de soi d'un individu est un lieu commun de la psychologie moderne. Il devient cependant le pivot de la politique communautaire de Taylor par les rapports qu'il établit entre l'identité, l'authenticité et l'éthique déterminées par le dialogue.

Taylor voit l'authenticité comme la sincérité vis-à-vis de nous-même, de notre propre unicité ; vivre ce que Rousseau appelle le *sentiment de l'existence*. À l'instar de Rousseau, il soutient qu'on ne peut atteindre l'authenticité que lorsque nos sentiments « nous relie[nt] à un tout plus vaste. Ce n'était sans doute pas par hasard qu'à l'époque romantique le sentiment de soi et le sentiment d'appartenir à la nature étaient liés. Peut-être la perte de ce sentiment d'appartenance à un ordre commun doit-elle être compensée par le sentiment qu'il existe un lien plus fort, plus intérieur » (1992a : 91) À l'époque pré-moderne, ce que Rousseau appelait le sentiment de l'existence ne posait aucun problème. Les identités résultant du social et le sentiment de lien entre l'individu et la société étaient intégrés à des catégories sociales généralement prises pour acquis et qui structuraient l'existence des individus. Dans les sociétés modernes, toutefois, où les sources extérieures d'association communautaire sont beaucoup plus faibles, l'autoréalisation pose problème. La désacralisation de l'existence et l'érosion des modalités traditionnelles permettant de développer le sentiment de soi mènent tout droit à la question de l'authenticité et à la façon de l'atteindre.

Le dilemme de l'homme moderne est qu'il recherche l'authenticité dans un univers qui offre de moins en moins de possibilités de satisfaire ce désir insatiable. Il ne suffit pas de pouvoir « faire ce que l'on veut ». L'authenticité suppose d'être vrai avec soi-même d'une façon qui établisse un lien entre l'individu et un tout plus vaste, et intègre le sujet dans la communauté des hommes. Mais dans quel but ? La réponse de Taylor montre à quel point sa philosophie repose sur une notion communautarienne de la vertu. Dans *The Malaise of Modernity*, Taylor affirme que

> [...] à moins que certaines options soient plus significatives que d'autres, l'idée même de choix personnel sombre dans la futilité et donc dans l'incohérence. L'idéal du libre choix ne fait sens que si certains critères valent plus que d'autres.
>
> Cet idéal ne vaut pas par lui-même : il exige un horizon de critères importants, qui aident à définir dans quelle mesure l'autodétermination est signifiante. (1992a : 56-57)

La notion d'un « horizon de critères importants » ajoute une norme éthique à la tentative d'atteindre l'authenticité. Taylor est absolument convaincu que ce n'est pas le libéralisme contemporain qui offre cet horizon nécessaire car cette doctrine ne peut offrir comme point de comparaison que le bonheur ou la satisfaction d'un individu, ce qui favorise la séparation entre les hommes. C'est précisément la sensation d'être emmurés en eux-mêmes que les hommes et les femmes doivent dépasser s'ils veulent connaître la véritable liberté et satisfaire leur besoin de sentiment de l'existence. Dans *The Sources of the Self*, Taylor consacre plusieurs chapitres à l'analyse de l'art et de la littérature postérieurs au Siècle des lumières, afin de démontrer que la soif insatiable d'authenticité par le rétablissement des liens communautaires est un dilemme au cœur de l'existence de l'homme moderne.

Pour résumer notre analyse du communautarisme de Taylor, nous pouvons dire que la création de l'identité d'un individu se fait de façon dialogique. À l'époque moderne, cette identité est liée à un sentiment d'authenticité, à la réalisation de notre caractère unique. On ne peut cependant y parvenir qu'en éprouvant un sentiment de lien avec un tout plus vaste. L'identité et l'authenticité de l'individu dépendent donc d'un sentiment de communauté. Enfin, la quête d'authenticité a des répercussions éthiques en raison de l'inéluctabilité d'un horizon de questions d'importance sur fond duquel on peut juger de la validité des choix.

Cette question d'horizon moral nous amène à la question de la dignité, un concept central dans la pensée de Taylor, nécessaire pour comprendre ses arguments sur le nationalisme et la reconnaissance des identités collectives. Cet horizon moral, qui nous permet de percevoir un sentiment de lien avec un tout plus vaste dont Taylor affirme qu'il est essentiel pour atteindre l'authenticité, reconnaît la dignité égale de tous. Comme Rousseau, Taylor rejette les formes d'honneur et de dignité qui reposent sur une préférence particulière. Il soutient que la dignité doit reposer sur les fondements de l'égalité, de la réciprocité et de l'objectif commun. Il écrit ce qui suit:

> Cette unité rend possible l'égalité de l'estime, mais le fait que l'estime soit en principe égale dans ce système est essentiel à l'unité elle-même. Sous l'égide de la volonté générale, tous les citoyens vertueux doivent être également honorés. L'âge de la dignité est né. (1994 : 70)

Mais quel est cet objectif commun auquel Taylor fait allusion? Il semble que ce soit une hypothèse de valeur égale qu'il faut poser eu égard à autrui et aux autres cultures. Dans l'univers des citoyens vertueux, tous les hommes et toutes les femmes sont censés avoir une valeur égale et, par conséquent, posséder une même mesure de dignité. La dignité dépend donc de l'égalité et de la tolérance, ce qu'il ne faut cependant pas confondre avec le genre de relativisme moral léger qui s'oppose à toute discrimination entre la vertu de différents individus et la valeur comparative de différentes cultures. Mais cela constitue la base de la justification de la reconnaissance publique des identités collectives que donne Taylor.

Il appert que la tolérance passive ne suffit pas à soutenir la politique de dignité égale. Pour en comprendre la raison, il faut se rappeler la prémisse initiale de Taylor concernant la détermination dialogique de l'identité individuelle. Celle-ci est modelée par les incessantes rencontres entre un individu et ses « donneurs de sens » au cours de son existence. Il ne faut pas nécessairement voir de la discrimination active dans le refus des autres de reconnaître les caractéristiques qu'une personne estime essentielles à ce qu'elle est, mais cela n'en nie pas moins la dignité égale de la personne dont l'identité n'est pas affirmée. Selon Taylor, c'est cela qui est en jeu lorsque les Québécois réclament la reconnaissance du statut particulier de leur province et que les Canadiens anglais s'opposent à cette revendication. Il établit ceci :

> Lorsque ce type de négation survient, ou semble survenir aux yeux d'un groupe minoritaire, il est presque impossible pour ce groupe de considérer qu'il reçoit une attention égale. Ainsi, ses priorités semblent au mieux invisibles, au pire activement rejetées par la majorité : elles ne peuvent donc avoir de l'importance pour cette majorité. En réalité, on ne porte pas attention à ce qui se rapporte à l'identité de la minorité. De cette façon, un refus de reconnaissance prolongé d'un groupe par un autre dans une société donnée peut constituer un rejet de l'accord commun de participation égale sur lequel repose, de façon cruciale, une démocratie libérale fonctionnelle. Le Canada représente un exemple tragique de ce phénomène. (1992 : 221)

Selon Taylor, à l'époque moderne, les identités collectives sont plus cruciales que jamais pour satisfaire la soif, naturelle chez l'homme, d'un sentiment de lien avec un tout plus vaste. La communauté offre un point d'ancrage à l'identité individuelle. Non seulement les normes à tendance universelle du libéralisme ne comblent-elles pas ce besoin mais elles produisent des formes subtiles de discrimination tout en prétendant réserver à tous un traitement égal. Taylor endosse l'argument selon lequel l'atteinte d'une véritable égalité, par opposition à une égalité essentiellement formelle, peut exiger un traitement différent pour les membres de différents groupes. Il faut accorder une reconnaissance officielle à leurs identités communautaires et reconnaître leurs conditions distinctes.

Et si ce n'est pas le cas ? Les conséquences en sont une négation de la dignité égale à laquelle les gens sont en droit de s'attendre,
une perte d'estime de soi et de la discrimination. « La projection d'une
image inférieure ou dépréciative peut effectivement déformer ou
opprimer à un point tel que l'image soit intériorisée », affirme Taylor.
Il ajoute que « *le déni de reconnaissance peut être une forme d'oppression*
[…] des déformations induites par les autres ». (c'est nous qui souli-
gnons, 1994 : 55) Selon lui, le refus du Canada anglais de reconnaître
le statut de société distincte du Québec constitue précisément ce genre
d'oppression.

À notre époque, c'est, bien sûr, le nationalisme qui constitue
l'identité la plus puissante. Comme on pourrait s'y attendre, Taylor
voit d'un bon œil les revendications nationalistes, à tout le moins dans
la mesure où elles sont inspirées par un sentiment d'identité communautaire qui ne constitue pas une menace à la dignité égale due à
ceux qui ne sont pas membres de cette nation, et sont dirigées vers ce
sentiment. Il reconnaît bien sûr que le nationalisme a souvent dégé-
néré en des formes diverses de xénophobie, d'intolérance et d'agres-
sion contre ceux qui ne font pas partie de la nation. Mais Taylor
soutient que l'élan qui donne naissance au nationalisme est inévitable dans le monde moderne et qu'il peut être canalisé pour susciter
des sentiments d'appartenance et de dignité cruciaux pour la réalisation de sa propre identité. Lorsqu'il cherche une réponse à la question éminemment moderne « Qui suis-je ? », il n'est pas du tout
surprenant de voir l'homme se tourner vers la communauté dans laquelle il a des racines ethniques, culturelles et linguistiques.

L'universalisme de la théorie libérale ne reconnaît pas l'importance, le caractère indispensable même, non seulement dans un
certain sens de psychologie sociale mais pour connaître une existence
empreinte d'authenticité et de liberté, des différences nationales. Taylor écrit ceci :

> Afin de découvrir en lui ce en quoi consiste son humanité, chaque
> homme a besoin d'un horizon de signification qui ne peut lui être
> fourni que par une forme quelconque d'allégeance, d'appartenance
> à un groupe de tradition culturelle. Il a besoin, au sens large, d'une
> langue pour poser les grandes questions et y répondre.
>
> Étant donné que l'intuition romantique veut que l'homme ait be-
> soin d'une langue au sens large afin de découvrir son humanité, et
> que nous ayons accès à cette langue par l'entremise de la collectivité,
> il est normal que la collectivité définie par la langue maternelle

devienne l'un des principaux pôles d'identification légataire de la perception romantique [de l'homme moderne]. (1992 : 53-54)

La quête d'authenticité, remarque Taylor, suppose une tentative en vue de découvrir ses propres objectifs fondamentaux et, par ricochet, de forger, de façon autonome, sa propre identité. À l'ère de l'émancipation, on ne peut présumer ces objectifs et cette création de sa propre identité, mais il faut les découvrir dans soi-même, une tâche qui exige un certain horizon de signification. « Le nationalisme, le choix d'une nationalité linguistique comme pôle-paradigme de l'actualisation de soi, fait partie de cette recherche moderne de l'émancipation », affirme Taylor. (1992: 54) Il offre cet « horizon de signification ». De plus, un nationalisme aussi doux est à la fois compatible avec l'autonomie individuelle et l'autodétermination collective, et ce sont là de bonnes choses, affirme Taylor.

Tout cela signifie-t-il que les nations telles que Taylor les définit, c'est-à-dire des communautés où les gens parlent la même langue, ont une histoire commune et, fait de la plus haute importance, partagent une identification communautaire autour de ces faits, doivent devenir des États afin d'atteindre les conditions de liberté/authenticité individuelle et d'autodétermination collective ? Pas nécessairement. Le point essentiel est qu'il y ait des possibilités d'expression et de réalisation dans la langue d'une communauté nationale dans la vie publique, pas uniquement par l'entremise de l'État, mais dans la vie économique, le système d'enseignement, les arts et tout ce qui est perçu comme prestigieux dans la société moderne. Mais, même cela ne suffit pas. Il faut aussi que les autres reconnaissent notre identité nationale et ne se contentent pas de la tolérer. Cruciale pour la dignité d'une nation, cette reconnaissance explique pourquoi, en général, les nationalistes sont convaincus que seule la souveraineté politique leur permettra de vivre pleinement leur identité nationale. Bien qu'elle soit souvent représentée comme les revendications intéressées d'élites nationalistes qui souhaiteraient disposer d'une scène plus vaste et plus chic sur laquelle parader, l'insistance sur la reconnaissance internationale émane, soutient Taylor, du caractère dialogique de la formation de l'identité. Aussi bien les nations que les individus dépendent des autres pour leur sens du soi. La souveraineté reconnue par d'autres États constitue l'affirmation de l'identité collective dont les membres d'une nation ont besoin.

Nationaliste, Taylor n'est néanmoins pas souverainiste. Il est convaincu qu'il est possible d'atteindre l'expression, la réalisation et la reconnaissance nationales à l'intérieur d'une structure qui ne va pas jusqu'à la souveraineté politique. Dans le cas du Canada, cela signifierait une forme de fédéralisme tenant compte de la revendication québécoise de reconnaissance par l'octroi d'un statut constitutionnel particulier. Taylor reconnaît avec raison que la province bénéficie déjà d'une sorte de statut particulier *de facto* en vertu des ententes élaborées entre Québec et Ottawa depuis les années 1960 (p. ex. le désengagement de certains programmes fédéraux-provinciaux, l'occupation de champs de compétence, comme dans le cas de la plupart des services de choix et d'acculturation des immigrants, qui sont essentiellement sous le contrôle d'Ottawa pour le reste du Canada, et le maintien d'un réseau international étendu de bureaux culturels). Il manque cependant une reconnaissance officielle du Québec en tant que nation par le reste du Canada, reconnaissance que les Canadiens anglais ont démontré ne pas vouloir lui octroyer en rejetant à deux reprises des amendements constitutionnels qui auraient enchâssé dans la Constitution le statut du Québec en tant que « société distincte ».

Taylor reconnaît que le nationalisme moderne, y compris le nationalisme québécois depuis les années 1960, peut servir à dissimuler les intérêts d'une intelligentsia et d'une classe moyenne en ascension. De fait, dans un article qu'il écrit en 1965, intitulé « Nationalism and the Political Intelligentsia », il développe plus à fond les arguments présentés antérieurement par Hubert Guindon et Albert Breton. Selon ces derniers, le nouveau nationalisme du Québec francophone est un produit des développements économiques et sociaux qui ont créé une nouvelle classe de francophones très instruits formés dans des domaines comme le génie, les communications, les sciences sociales, la gestion et l'administration publique. L'engagement idéologique du nationalisme traditionnel à l'égard des valeurs pré-industrielles et la domination économique des anglophones ont fait obstacle à leurs aspirations. Afin de vaincre ces obstacles, la nouvelle intelligentsia/classe moyenne s'est servie de l'État québécois pour atteindre ses objectifs. Cette réalité a maintes fois été présentée.

Taylor fait toutefois l'avertissement suivant: « Ce serait une erreur de donner à la montée et au maintien du nationalisme canadien-français une explication par trop rationnelle et utilitaire. » (1992b: 12). En cela, il se démarque nettement de l'analyse de gens comme Breton et Guindon, mais aussi Trudeau. Le modèle utilitariste dresse un portrait assez peu flatteur du nationalisme, qu'il perçoit comme un projet intéressé offrant des avantages à la classe moyenne en ascension aux dépens de ceux qui occupent les strates inférieures de l'échelle socio-économique. Cette interprétation, souligne Taylor, ne tient pas compte du rôle crucial joué par l'identité pour générer et maintenir le sentiment nationaliste. Le nationalisme ne revient pas simplement, ni même essentiellement, à vouloir sa part équitable des emplois. C'est une question de respect et d'atteinte des conditions permettant aux membres d'une communauté nationale de voir la valeur de leur culture affirmée par la reconnaissance égale octroyée par les autres. Taylor affirmerait qu'en fin de compte, le nationalisme est une question de dignité.

C'est pourquoi, affirme-t-il, le rejet de l'accord Meech par le Canada anglais a été perçu par les francophones du Québec comme un grave affront, un coup porté à leur dignité. Bien que les partisans de l'Accord, tant au Québec qu'ailleurs au pays, aient soutenu catégoriquement que la reconnaissance du Québec en tant que « société distincte » n'ajouterait ni ne retirerait de pouvoirs à n'importe quel gouvernement au Canada, ils n'en ont pas moins maintenu que le statut de société distincte n'était pas négociable. Son importance réside dans le sentiment de dignité qu'il conférerait aux francophones du Québec. La question principale est donc celle du respect et de la reconnaissance, fait qui est généralement éclipsé par tous les débats autour de questions de compétence et de pouvoirs législatifs, et les dénégations visant à protéger l'ego des nationalistes québécois relatives à l'importance du statut de société distincte.

Est-il possible de sortir de l'impasse qui, depuis quelques dizaines d'années, menace de faire éclater le Canada ? Taylor affirme que la solution doit venir de la reconnaissance de ce qu'il appelle une *diversité profonde*. Celle-ci suppose une forme de pluralisme culturel qui va au-delà de la traditionnelle formule libérale de respect à l'égard des différences de groupe sous la rubrique d'une citoyenneté uniforme qui entraîne des droits et des obligations identiques pour tous. En permettant que l'on reconnaisse et que l'on accepte « une pluralité de modes d'appartenance » (1992b : 213), la diversité profonde permet d'atteindre un sentiment de solidarité communautaire. Plus concrètement, nous nous rendrions compte de notre attachement à un pays comme le Canada en raison du fait qu'il représente un pôle d'identité commune pour, disons, les Québécois, le Cris, les Dénés et les communautés du Canada anglais, qui appartiennent tous au Canada de façons différentes.

De prime abord, sa formule plutôt imprécise de diversité profonde a autant d'attrait que la fameuse «communauté des communautés» de Joe Clark. Un pays peut-il se nourrir d'une formule aussi diluée en apparence? Taylor soutient cependant que l'histoire favorise l'option de la diversité profonde.

Le modèle classique de citoyenneté que l'on retrouve dans des pays comme les États-Unis ou la France est tombé en désuétude, soutient-il; il est de moins en moins adapté aux besoins et aux exigences de nombreuses sociétés modernes. «Être citoyen d'une société démocratique [selon ce modèle], écrit Taylor, c'est partager certains droits et devoirs avec d'autres personnes. Le citoyen appartient aussi à d'autres communautés, familiales, religieuses, idéologiques, fondées sur la tradition ou les affinités, mais cela ressortit au domaine du privé. L'État traite uniquement avec les personnes, auxquelles il accorde des droits et à qui il impose des contraintes.» (1992b: 229-230)

Selon lui, l'ère de ce modèle de citoyenneté est révolue. La migration internationale est en train de changer la face même des sociétés, comme les États-Unis ou la France, qui ont été les premières à utiliser le modèle de citoyenneté uniforme et en demeurent les défenseurs. La soif humaine de signification et de dignité par l'appartenance à une communauté a alimenté la politique de la reconnaissance. Dans ces circonstances, le traditionnel modèle libéral de citoyenneté et de communauté politique n'est plus satisfaisant pour un nombre croissant de personnes. Et c'est précisément ce qui attend le Canada, soutient Taylor.

Selon lui, il existe deux options. Soit on demeure dans l'impasse, ce qui finira par entraîner la séparation du Québec, soit on se tourne vers la formule de la diversité profonde de l'appartenance au Canada par l'entremise de l'appartenance à une communauté dont le mode de participation à l'existence du pays peut différer d'une communauté à l'autre. Voici comment Taylor expose son argument:

> Supposons que nous habitions un pays où on s'entend pour dire qu'il existe plus d'une forme de citoyenneté et où nous pouvons accepter que diverses personnes vivent selon diverses formules. Supposons que nous voulions préserver nos valeurs politiques communes, notre démocratie libérale et nos façons de répondre à nos besoins communs – lesquelles dans des domaines comme la santé sont très différentes de celles de nos voisins immédiats. En supposant que nous voyions qu'il nous est possible de mieux préserver ces éléments en restant

ensemble, nous pourrions même nous permettre d'accepter que ce qui est propre à chaque composante, eh oui, même la langue française au Québec, peut plus facilement être défendu à l'intérieur de cette grande structure qu'est le Canada. Nous pourrions ne pas être consternés, ni menacés, mais plutôt stimulés et même grandis par les différences à concilier pour conserver cette structure plus vaste. (1992b : 231-232)

La vision esquissée ici par Taylor soulève deux questions. D'une part, est-elle réaliste? D'autre part, est-elle souhaitable? En ce qui a trait à la première question, nous en sommes réduits à des spéculations. L'histoire récente du nationalisme fondé sur l'ethnicité semble indiquer qu'il y a peut-être plus de raisons d'être pessimiste qu'optimiste. Taylor lui-même reconnaît les aspects plutôt utopiques de la formule de la diversité profonde. Il demeure toutefois convaincu de la nécessité de choisir entre faire preuve d'innovation pour tenir compte des différentes aspirations des nationalistes québécois, des autochtones et des autres Canadiens, et continuer à obtenir les mêmes résultats en empruntant une route cahoteuse et dans un esprit d'hostilité mutuelle.

Mais il est peu probable que les bonnes intentions suffisent. Afin de rendre opérationnelle cette formule assez vague de diversité profonde, il semble inévitable que le gouvernement supra-communautaire soit suffisamment faible afin de représenter la moindre menace pour les identités des communautés constituantes. Les étudiants du fédéralisme reconnaîtront la possibilité de voir les gouvernements des communautés défendre avec acharnement ce qu'ils considèrent comme leurs intérêts vitaux, ce qui risque d'affaiblir les liens entre les communautés et un gouvernement supra-communautaire dont la légitimité s'étiole aux yeux de nombreux citoyens. Quand Taylor médite sur le fait que les membres des différentes communautés pourraient reconnaître que la meilleure façon de protéger les choses auxquelles tous accordent de la valeur serait de collaborer au sein d'une structure plus vaste, il se refuse de prendre en considération les réalités politiques parmi les moins saines. Les constitutions qui conviennent aux anges ne peuvent servir à gouverner les hommes.

Certes, ces questions relatives au réalisme de la formule de la diversité profonde sont du domaine de la théorie, tout comme la formule elle-même puisqu'elle n'a été testée nulle part ailleurs dans le monde. Peut-être est-il plus juste d'aborder la deuxième question : la formule de la diversité profonde est-elle souhaitable ? Plus précisément, est-elle moralement supérieure à ce que Taylor nomme le modèle uniforme de citoyenneté et de communauté politique ?

Il pense manifestement que c'est le cas et, en élaborant ses arguments, Taylor compare le libéralisme communautaire qu'il associe au modèle de la diversité profonde avec ce qu'il appelle le libéralisme atomiste et opératoire dont la politique et la société états-uniennes constituent le meilleur exemple. La forme opératoire du libéralisme, soutient-il, est incapable de déboucher sur une politique du respect égal. L'insistance de ce type de libéralisme sur l'importance primordiale des droits individuels et le fait que toutes les personnes doivent bénéficier d'un traitement identique de la part de l'État l'empêche de voir ce qui, selon Taylor, constituent les revendications légitimes de la communauté, des revendications essentielles pour permettre aux individus d'atteindre la liberté, l'authenticité et la dignité. Autrement dit, la communauté est essentielle à l'atteinte d'une Vie idéale. Pour réaliser cela, il faut partager une certaine conception de l'intérêt public. Il faut voir la société et la politique comme les théâtres de la quête d'objectifs communs.

Ce n'est pas là la perspective du libéralisme opératoire. Ce dernier se méfie des objectifs collectifs et fait carrément preuve d'hostilité à l'égard de la notion que la loi devrait avoir assez de souplesse pour s'adapter au contexte des différents groupes. Mais en insistant sur des droits identiques uniformément administrés, la forme opératoire du libéralisme risque de verser dans l'intolérance et de nier un respect égal à certains groupes. Taylor soutient que cette forme de libéralisme, qui jouit d'une telle popularité aux États-Unis et parmi les anglophones du Canada, est «inhospitalière à la différence parce qu'elle ne peut accepter ce à quoi les membres des sociétés distinctes aspirent réellement et qui est leur survivance». (1994: 83)

Le libéralisme communautaire, comme celui que l'on retrouve au Québec, cherche à «peser l'importance de certaines formes de traitement uniforme contre l'importance de la survivance culturelle, et [à] choisir parfois en faveur de celle-ci». (1994: 84) Ce modèle, ajoute Taylor, repose «largement sur des conceptions de la vie idéale – conceptions dans lesquelles l'intégrité des cultures a une place importante.» (1994: 84).

À ce stade, ceux qui ne sont pas communautaristes ne manqueront pas de protester pour diverses raisons. Ils commenceront par s'objecter au fait qu'on colle l'étiquette « libérale » à un modèle permettant aux objectifs collectifs de servir de motif à l'empiétement sur les droits individuels, indépendamment de l'importance que les membres d'un groupe accordent à ce type d'empiétement pour garantir leur propre survie culturelle. Deuxièmement, ils peuvent s'objecter à l'imputation selon laquelle la reconnaissance officielle des différences culturelles par l'application non uniforme de la loi ou une variante quelconque de la formule de la diversité profonde de Taylor, est nécessaire pour assurer la survie culturelle et la dignité individuelle des membres d'une communauté. Troisièmement, il se peut que des dissidents remettent en question la prétention assurée de Taylor à l'effet que l'on peut établir une distinction entre les droits fondamentaux, qui s'appliqueraient de manière égale à tous les individus et sur lesquels on ne devrait pas empiéter dans le but de protéger ou de promouvoir des objectifs collectifs, et des questions moins fondamentales pour lesquelles on pourrait tolérer des variations dans les règles et l'application de la loi.

À propos de ce dernier point, Taylor cite l'exemple bien connu des restrictions sur l'affichage contenues dans la Loi 101 au Québec, avançant que, si la liberté d'expression est fondamentale et qu'il faut éviter de la limiter pour atteindre des objectifs collectifs, la langue du commerce ne tombe pas dans cette catégorie. Certains pourront soutenir que cette distinction diminue l'importance de la vie économique dans l'activité humaine et de son rapport à la dignité humaine. Mais même si l'on reconnaît la validité de la distinction établie par Taylor, on peut néanmoins soutenir que cet exemple ne prouve pas qu'il soit facile ni même possible d'établir ce genre de distinctions. Et qu'en est-il des restrictions imposées initialement par la législation québécoise aux choix de langue d'enseignement offerts aux enfants dont les parents n'ont pas fréquenté l'école anglaise au Canada ? Sans doute Taylor affirmerait-il qu'il n'y a aucun empiétement sur un droit fondamental dans ce cas et que la limite imposée au choix individuel se justifie aisément par le besoin de protéger la culture et la langue françaises au Québec, et, donc, de suivre la politique du respect égal. Tous ne sont toutefois pas d'accord. Comme nous pourrons le constater, Pierre Trudeau voit les choses d'une tout autre façon.

La justification de la politique de la reconnaissance et de la diversité profonde de Taylor s'inscrit dans la thèse plus vaste qu'il élabore sur le dilemme de l'homme moderne. C'est une thèse qu'il a élaborée en plusieurs étapes, la première dans *The Pattern of Politics*, mais peut-être de manière la plus lucide dans l'article intitulé « Legitimation Crisis ? ». Taylor y soutient que les notions populaire et savante de l'existence d'une crise de légitimation dans les démocraties capitalistes avancées passent à côté du point essentiel. La véritable crise de légitimation se produit, affirme-t-il, non pas en raison des contradictions du capitalisme ou d'une dégradation de la politique démocratique, mais bien de la contradiction entre deux versions de l'identité moderne.

L'une met l'accent sur l'autonomie de l'homme. D'un point de vue ontologique, on la retrouve dans la formule classique de Descartes, « Je pense, donc je suis ». Taylor l'exprime comme suit :

> [L]e sujet moderne exige de l'autonomie. Il ne fait pas partie d'un ordre plus vaste, mais il lui faut discerner ses propres objectifs [...] Donc, par rapport à n'importe quelle organisation sociale, ou une organisation de la société censée être « naturelle », il est considéré comme libre au départ. L'organisation ne peut être légitime que si elle émane de son consentement. (1995 : 264, notre traduction)

Dans ce genre de cadre philosophique, une existence caractérisée par une accumulation sans bornes, le repli dans le cercle de sa famille au sens restreint et une attitude purement instrumentale à l'égard de la nature peuvent toutes se justifier comme des moyens – peut-être parmi les plus efficaces – d'affirmation de notre autonomie.

L'autre version dominante de l'identité moderne trouve ses racines dans l'insistance avec laquelle Rousseau revient sur la qualité de la motivation. Les choix opérés par un individu doivent être en harmonie avec ses sentiments véritables, la voix de la nature telle qu'elle s'exprime à travers la raison. Cette deuxième version de l'identité moderne, qui se reflète dans la tradition romantique, rejette une approche instrumentale de la nature et lui préfère une approche bienveillante.

Taylor observe que la première version de l'identité moderne – nous parlerons de l'homme utilitaire – fournit une justification morale à la société accapareuse, matérialiste et atomiste. La deuxième – appelons-la celle de l'homme romantique – présente le fondement d'une critique du genre de société et du mode de vie préconisés par l'homme utilitaire. Toutes deux, observe Taylor, font partie de l'identité moderne.

Les contradictions entre elles entraînent une crise tant morale que politique. Taylor écrit :

> Les modes et les formes de [notre] existence accapareuse doivent continuer à ressembler à des affirmations de liberté et d'efficience. Si elles sont perçues comme une dégénérescence vers l'amour de notre propre confort, la société traverse alors une crise de confiance. Il s'agit d'une crise morale, mais inéluctablement aussi d'une crise politique car ce qui est contesté, c'est la définition du bien qui est en réalité incrusté dans nos façons de faire. Si nous en venons à la renier, notre allégeance à ces façons de faire est mise en péril, ainsi que notre société elle-même. (1995 : 277, notre traduction)

Un sentiment d'impuissance et d'aliénation, au travail, en politique et dans nos communautés, sème le doute quant à la légitimité d'un système et d'un mode de vie dont la justification morale est qu'il nous permet d'atteindre nos objectifs d'autonomie. Bien sûr, cette critique ressemble beaucoup à ce que Marx, qui avait lui aussi subi l'influence profonde de la tradition romantique, soutenait dans les premiers textes qu'il a consacrés à l'aliénation de l'homme par rapport à lui-même, aux autres et à la nature. L'incapacité de ce genre d'existence à stimuler des significations publiques reliant l'homme à un tout plus vaste, et la perte d'un rapport bienveillant avec la nature qui résulte du comportement instrumental avec le monde naturel, produisent ensemble un sentiment de malaise. C'est là, soutient Taylor, la véritable crise de la légitimité. C'est essentiellement une crise d'identité résultant des contradictions entre l'homme utilitaire et l'homme romantique, contradictions renforcées par les hypertrophies des sociétés atomistes de consommation de masse.

Ces hypertrophies prennent trois formes. Premièrement, la capacité de produire un flot interminable de biens de consommation dont le rapport avec les besoins et le bonheur des hommes devient de plus en plus douteux finit par discréditer la norme de bonheur individuel et de bien-être sociétal des consommateurs. Deuxièmement, la culture de l'autocontentement contribue à la fragmentation de la famille et donc à la création de la forme la plus extrême d'atomisme social. Troisièmement, plus les degrés d'urbanisation et de mobilité s'élèvent, plus le secteur public prend de l'expansion, mais les frais et la bureaucratisation qui accompagnent cette croissance ont des répercussions populaires (1985e : 282-286). Taylor résume le dilemme en ces termes :

> [N]ous vivons dans une société dont les pratiques englobent une certaine notion d'identité, et le bien humain. Elle doit nous appartenir, à défaut de quoi nous ne pouvons accorder notre allégeance à cette société ; nous sommes aliénés par rapport à elle. [...] Si l'on peut prouver que ces mœurs qui sont censées englober l'identité moderne débouchent en fait sur une incapacité de la réaliser [...] notre allégeance envers elles est alors ébranlée ; et peut-être que notre foi envers la conception de l'identité moderne l'est-elle aussi. Nous nous tournons vers d'autres modèles. (1985e : 287, notre traduction)

Le modèle que Taylor propose est le communautarisme libéral, un modèle organisé autour du désir de l'homme moderne d'atteindre l'authenticité individuelle et un sentiment de dignité qui le relie avec quelque chose qui se situe au-delà des limites du moi. Comme Taylor le reconnaît dans *Sources of the Self*, son projet est une entreprise de recouvrement, une tentative de récupérer ce qu'il y a de mieux dans l'identité moderne en réaffirmant le besoin de significations publiques et de projets collectifs de l'individu. C'est ainsi, conclut-il, que l'on peut surmonter le malaise de la modernité.

CHAPITRE 7

Le libéralisme universaliste de Pierre Trudeau

Plus que tout autre, Pierre Trudeau a exercé une influence sur le cours de l'histoire canadienne au XXe siècle. Depuis son arrivée en politique fédérale en 1965 jusqu'à sa démission comme chef du Parti libéral et Premier ministre du Canada en 1984, il se trouve au centre de la vie politique du pays. Avant même de se joindre aux libéraux à Ottawa, c'est un figure marquante parmi les intellectuels canadiens et les principaux acteurs de sa province d'origine, le Québec. Après son retrait de la vie publique, son influence sur la politique canadienne continuera à se faire sentir dans ses condamnations des accords de Meech et de Charlottetown sur la réforme constitutionnelle.

Aborder les idées politiques d'un homme qui a été à la fois «philosophe» et «roi» pose un dilemme singulier. Faut-il le juger d'après ses paroles ou d'après ses actes? Car il est notoire que l'exercice du pouvoir exige que l'on fasse des compromis avec ses propres idéaux, voire qu'on les abandonne carrément, particulièrement quand ces idéaux contrastent avec ce qu'on pourrait appeler les valeurs et les institutions de la classe dirigeante. Par exemple, le jugement que l'on porte sur les idées politiques de Mackenzie King devrait-il reposer exclusivement sur la lecture de *Industry and Humanity,* son ode au corporatisme libéral, ou sur les vingt-deux années qu'il a passées comme Premier ministre, ne se montrant guère enclin à soutenir la

vision grandiose esquissée avec tant de passion dans ce qu'il considérait lui-même comme le principal distillat de sa philosophie?

D'aucuns affirment que Trudeau a révélé son moi véritable
après son entrée en politique fédérale et que ce moi ne correspond
pas à celui auquel on pouvait s'attendre à la lecture de ses premiers
textes et au vu de ses premières activités. De fait, il deviendra rapidement de bon ton parmi les membres de la gauche politique, ses anciens collègues et ses âmes sœurs d'autrefois, de l'accuser de n'être
rien d'autre qu'un politicien bourgeois de plus. Charles Taylor, qui
s'est présenté contre lui lors des élections fédérales de 1965 et 1968, a
tracé un portrait peu flatteur de Trudeau le nouveau jeune dirigeant,
incarnation télégénique de ce que Taylor et la gauche canadienne
rejetaient comme politique bidon de consensus. Même son libéralisme sera largement remis en doute au cours de la Crise d'octobre
1970 quand il aura recours à la *Loi sur les mesures de guerre*. Aux yeux
de la plupart des intellectuels de gauche, la décision de mettre en
œuvre le contrôle des prix et des salaires en 1974 constitue la preuve
ultime de sa trahison des principes et des droits sociaux démocratiques (dans ce cas, les droits à la négociation collective) qu'il défen-
dait avec énormément de vigueur au début de sa vie. Mais peut-être
le chef d'accusation le plus vigoureux et le plus tenace de volte-face
est que Trudeau, autrefois ardent défenseur des droits provinciaux et
critique acerbe des intrusions d'Ottawa dans le domaine des provinces,
deviendra, à titre de Premier ministre, le centralisateur par excellence!
Sur ce dernier point à tout le moins, séparatistes québécois et aliénés
de l'Ouest trouveront un terrain d'entente.

En réalité, cependant, installé au pouvoir, Trudeau restera toujours fidèle aux principes de base de la philosophie politique qu'il a
élaborée et exposée avant de se joindre au Parti libéral. C'est une
philosophie libérale, respectueuse des droits individuels et, dans une
moindre mesure des droits collectifs, fondée sur une conviction progressiste envers la raison, méfiante à l'égard des revendications
communautariennes et stoïquement opposée au nationalisme. L'ensemble complexe et cohérent d'idées qui constituent la philosophie
politique de Trudeau ne peut se résumenr à une étiquette simple.
Néanmoins, tout comme la pensée de Taylor se distingue par son
souci de la communauté, celle de Trudeau est nettement teintée par
l'importance primordiale qu'il accorde à la liberté individuelle.

Trudeau n'est cependant pas un libéral favorable à la primauté des droits individuels à la manière de Robert Nozick. Enraciné dans un autre terreau, son libéralisme prend des orientations qui n'ont rien à voir avec celles d'un partisan du libre arbitre à l'américaine. Nous pouvons, de fait, affirmer que sa philosophie libérale, comme celle de Frank Underhill, d'Eugene Forsey et de F.R. Scott, est solidement enracinée dans la tradition canadienne d'individualisme tempérée par un attachement envers la justice sociale. Dans son cas, cet attachement semble davantage trouver son inspiration dans une doctrine sociale catholique que dans les philosophies laïques et matérialistes qui ont influencé tant de ses collègues d'antan au sein de la gauche canadienne. Parmi les penseurs qui ont exercé une influence primordiale sur son cheminement philosophique, il mentionne les noms de Nicolas Berdiaeff, Emmanuel Mounier et Jacques Maritain. En dépit des accusations de sympathies avec la gauche dont ses critiques l'accablent régulièrement, ses élans réformistes lui viennent davantage de Maritain que de Marx.

Nous nous pencherons un instant sur les influences subies par sa pensée car elles en valent le détour. Peut-être en raison du caractère éminemment public de sa carrière, mais aussi du fait que ses écrits n'ont pas la profondeur que l'on retrouve chez un philosophe de profession comme Taylor, on a souvent « expliqué » la pensée de Trudeau en parlant des influences sociales et psychologiques qui auraient façonné aussi bien sa personnalité que sa philosophie. Si l'approche biographique en tant que telle n'est pas sans mérite, elle ne rend pas justice aux idées d'un homme qui, plus que n'importe quel autre peut-être, a contribué à définir ce que cela signifie d'être libéral en politique canadienne.

LA LIBERTÉ

Étant donné l'aversion notoire de Trudeau à l'égard du nationalisme ethnique et son plaidoyer de longue date en faveur d'une meilleure protection des droits individuels au Canada, personne ne s'étonnera que sa pensée ait généralement été perçue comme individualiste. Le libre choix des personnes est un des principaux thèmes de ses écrits et de sa carrière politique. Il constitue le fondement de ses attaques à l'endroit du nationalisme traditionnel du Québec francophone dans *La Grève de l'amiante* et dans les pages de *Cité libre*. Il transparaît dans les réformes apportées à la législation canadienne sur le divorce alors que Trudeau était ministre de la Justice, dans la suppression de l'homosexualité de la liste des offenses en vertu du code criminel («L'État n'a pas sa place dans les chambres à coucher de la nation.») et dans la Charte canadienne des droits et libertés adoptées sous son dernier gouvernement. Mais on comprend mal les origines de l'attachement solide de Trudeau envers la liberté individuelle.

Dans *La recherche d'une société juste*, un ouvrage écrit plusieurs années après sa démission à titre de chef du Parti libéral, Trudeau écrit: «Longtemps, j'ai cru que la plus importante valeur d'une société juste et sa principale caractéristique étaient la liberté et son exercice.» (1990: 381) Ses écrits autant que sa carrière politique montrent à quel point cette affirmation est véridique. Dans sa philosophie politique, la liberté individuelle prend le pas sur toutes les autres valeurs et constitue le point de repère de son évaluation des aménagements sociaux, des cultures et des gouvernements.

Ce souci de la liberté remonte au Québec des années 1930 et 1940, une période marquée par le mépris officiel à l'égard des libertés civiles et une idéologie dominante hostile envers les notions libérales de liberté et de politique démocratique. Dans sa participation à *La Grève de l'amiante*, Trudeau analyse les années de ce que l'on a appelé *la grande noirceur*. Dans cette critique radicale de la pensée et de la pratique au Québec au milieu du siècle dernier, on observe tout d'abord son antinationalisme, sa sympathie envers l'économie interventionniste, mais aussi une politique combinant des ingrédients du socialisme et du libéralisme. Cette critique et cette philosophie cadrent très bien avec la pensée de la gauche intellectuelle canadienne, représentée par des gens comme F.R. Scott, Frank Underhill et Eugene Forsey.

Trudeau lui-même écrit que la motivation de sa participation à la grève de l'amiante réside dans un souci de promotion de l'égalité au sein d'une société dont les élites dirigeantes sont notoirement indifférentes à l'égard des intérêts de la classe ouvrière et dont la conception de l'égalité, loin de chercher un remède aux inégalités socio-économiques, vise les droits et la préservation de «la race». Mais, ajoute-t-il, l'égalité qu'il cherche à obtenir n'est pas, selon ses propres termes, «l'égalité à la Procruste bien sûr, où tous seraient ramenés à une certaine moyenne». (1990: 382) C'est l'égalité des chances ou encore, pourrait-on dire, une chance égale de connaître la liberté. C'est l'atteinte de la liberté individuelle qui justifie l'égalité. Et qu'est-ce qui, selon Trudeau, justifie la liberté ?

Au cœur de son attachement à la liberté se trouve une conception particulière de la dignité humaine, ainsi qu'une notion kantienne de la vertu. À l'encontre de Taylor, Trudeau n'aborde pas ces questions directement et il ne s'étend guère sur le sujet. C'est plutôt de ses écrits politiques qu'il faut tirer des déductions sur sa philosophie. Peut-être la série d'articles parus dans *Vrai* en 1958, qui sera publiée plusieurs années plus tard en anglais sous le titre *Approaches to Politics,* constitue-t-elle l'exception à cette règle. On peut s'y faire une idée assez nette des grandes prémisses à la base de sa politique.

Pour lui, la dignité de l'homme lui vient de sa capacité de faire des choix éclairés. Les contraintes imposées par la société à sa liberté ne se justifient que dans la mesure où elles aident les hommes et les femmes à mener des existences qui rendent ces choix possibles. Mais ce n'est pas le fait d'être libre de choisir qui confère à l'acte sa dignité. C'est le caractère éclairé du choix. « Car un acte n'est bon et ne peut avoir de valeur morale, écrit Trudeau, que s'il est librement voulu, c'est-à-dire choisi par la conscience éclairée de celui qui le pose ». (1970b : 40)

Manifestement, on retrouve des résonances de Kant dans cette phrase. Et elles deviennent immanquables quand Trudeau aborde le pourquoi des lois. Il s'agit, selon lui, « [d']éduquer le citoyen sur le bien général, de le persuader à agir en vue de l'intérêt commun, bien plus que de commander et de contraindre ». (1970b : 67) À l'instar de Kant, il relie ces concepts de « bien général » et « d'intérêt commun » à la liberté individuelle et à la vertu. Il est impossible d'être libre et vertueux en dehors de la société, autrement dit à l'écart d'une certaine notion de bien commun. La liberté ne se justifie pas par elle-même.

Alors, qu'est-ce qui, selon Trudeau, justifie vraiment la liberté ? À ce stade, il faut parler des sources spirituelles de sa philosophie politique, en particulier les penseurs chrétiens auxquels il attribue un grand rôle dans la formation de ses propres idées. Parmi les plus importants, on retrouve Nicolas Berdiaeff et Emmanuel Mounier. Dans une entrevue qu'il accorde en 1970, Trudeau déclare que les écrits de Berdiaeff ont joué un rôle particulièrement important dans la formulation de sa propre philosophie.

Berdiaeff est un des fondateurs de l'existentialisme chrétien, dont les idées ont exercé une influence sur l'élaboration de la philosophie personnaliste exprimée par Mounier et d'autres écrivains de sa génération. Selon lui, la personnalité est le caractère individuel reliant l'homme à Dieu et, par conséquent, à l'universel. C'est une sorte de carrefour entre l'expérience individuelle et la qualité spirituelle commune à tous les hommes, et qui constitue la base de la dignité égale de tous les êtres humains.

L'existentialisme chrétien de Berdiaeff a influencé la génération de personnalistes auxquels Trudeau attribue une influence importante sur son propre cheminement intellectuel. Exprimée par Mounier et dans les pages de *L'Esprit,* l'approche personnaliste situe les sources de la dignité de l'homme et la pleine signification de l'existence dans les propres expériences d'un individu. Cette approche s'oppose de façon implacable aux théories qui soutiennent que la dignité d'un individu dépend de son identification aux communautés, quelle que soit la manière dont celles-ci se définissent. Sur ce point, Trudeau cite Ernest Renan et J.T. Delos. Renan affirme que « L'homme n'appartient ni à sa langue, ni à sa race ; il n'appartient qu'à lui-même, car c'est un être libre, c'est-à-dire un être moral » (citation dans *Le fédéralisme et la société canadienne-française,* 1967 : 168). Quant à Delos, il se fait l'écho de cette opinion lorsqu'il se demande « si ce n'est pas nier la valeur de l'homme que de le réduire à s'identifier à un peuple ». (1967 : 169)

La question de la dignité humaine – quelles sont ses sources, et quelles sont les idées et quels sont les aménagements sociaux qui la favorisent et ceux qui la menacent – est essentielle à la perception des conceptions radicalement différentes de la liberté chez Trudeau et Taylor. Ce dernier soutient que le vécu de la dignité d'un individu est inséparable de sa relation avec la communauté qui donne du sens à son existence. Pour Taylor, la dignité est d'origine dialogique et fondée sur la façon dont une personne s'identifie à un groupe communautaire qui donne du sens à sa vie et en affirme la signification. Selon lui, on ne peut vivre sa liberté que par des associations communautaires également. Un acte exécuté de plein gré l'est dans la conscience d'horizons moraux reliant l'individu à la communauté.

C'est là que les chemins de Taylor et Trudeau se séparent. Ce dernier est beaucoup plus à l'aise avec le concept de *l'homme au sein de la société,* par opposition au cadre conceptuel communautarien que

Talor préconise. Alors que celui-ci voit dans des associations communautaires comme la nation, des éléments enrichissants pour la liberté et vitaux pour la dignité humaine, Trudeau a des doutes sur ces deux plans. Pour en comprendre les raisons, il est utile de se reporter aux observations de Jacques Maritain à propos de la distinction entre communautés et sociétés, observations avec lesquelles Trudeau serait certes d'accord[1].

La communauté, souligne Maritain, est un phénomène qui se produit de façon naturelle et inévitable dans les relations humaines, où « les modes typiques de sentiments collectifs – ou la psyché collective inconsciente – ont le pas sur la conscience personnelle, et l'homme apparaît comme le produit du groupe social. » (1965 : 4) Par contre, la société est le fruit de la raison humaine et de la liberté personnelle. « Dans la *société*, écrit-il, la conscience personnelle garde la priorité, le groupe social est façonné par les hommes, et les rapports sociaux procèdent d'une certaine idée, d'une certaine initiative, et de la détermination volontaire des personnes humaines. » (1965 : 4)

Maritain soutient que la société suppose une forme plus poussée de rapports humains que la communauté. Et cela, parce que ce sont la raison, le consentement et la loi qui forment les fondements de la société. « Dans la société, la pression sociale dérive de la loi ou de régulations rationnelles, ou d'une certaine idée du but commun ; elle fait appel à la conscience et à la liberté personnelle, qui doivent obéir à la loi librement. » (1965 : 4) Les communautés, par contre, sont des rapports humains plus ou moins déterministes ancrés dans la nature. Maritain reconnaît le caractère normal et positif des associations communautaires, mais insiste sur la supériorité morale de la société. Cette supériorité tient au fait que les actions, les engagements et les objectifs des individus sont, idéalement à tout le moins, fondés sur la conscience personnelle et le libre arbitre. Si Maritain ne le dit pas, on soupçonne qu'il se rangerait du côté de l'opinion selon laquelle l'homme peut trouver au sein de la communauté des conditions importantes comme la solidarité et l'estime personnelle, mais qu'il n'y a que dans la société que l'individu peut connaître la dignité, car il n'y a qu'en société (et non en communauté) qu'il devient véritablement un agent libre. Concrètement, Maritain dit ce qui suit :

---

1.   Maritain est un des philosophes que Trudeau mentionne le plus souvent comme ayant exercé une influence sur sa propre pensée.

« [La communauté] ne fait pas appel à la liberté et à la responsabilité de conscience professionnelle, elle instille une seconde nature dans les personnes humaines. Elle fournit un « patron » collectif
à la vie privée, elle ignore tout principe d'ordre public. » (1965 : 6)

On trouvera toujours des communautés au sein de la société
politique, mais celle-ci ne devrait jamais reposer sur les rapports communautaires. C'est là, soutient Maritain, l'erreur commise par le socialisme moderne, qui doit toujours finir par nier la liberté individuelle
et amoindrir la dignité humaine.

Trudeau ne peut qu'être d'accord, puisqu'il partage avec Maritain un mépris à l'endroit de la notion de l'État-nation le percevant
comme l'ennemi de la liberté personnelle. Nous reviendrons plus en
détail sur cette question dans ce chapitre. Il ne faudrait cependant
pas trop insister sur le contraste entre Trudeau et Taylor. Nul doute
que ce dernier reconnaît les dangers totalitaires souvent attribuables
au nationalisme. Néanmoins, il est beaucoup plus optimiste que Trudeau quant à la capacité d'une société politique organisée selon le
principe national – un Québec indépendant, par exemple – de respecter les libertés fondamentales. Il est encore davantage convaincu
que les associations communautaires fondées sur l'ethnicité, la langue
ou d'autres attributs, sont essentielles pour la dignité humaine à une
époque où l'homme est de plus en plus isolé de ses semblables et où,
de surcroît, ces identités communautaires ont besoin d'être reconnues par la société politique. Trudeau, a contrario, doute que cette
reconnaissance soit en fait stimulante pour la dignité humaine.

C'est la dignité qui est l'élément charnière de la conception
différente de la liberté chez Trudeau et Taylor. Tous deux ont une
notion positive de la liberté, qu'ils considèrent liée à l'accomplissement personnel et à la réussite de l'existence. Aucun des deux n'a de
temps à consacrer à une conception négative de la liberté en tant
qu'absence de contrainte, notion que l'on retrouve chez certains partisans du libre arbitre. Tous deux seraient d'accord pour dire que la
liberté ne se justifie pas par elle-même. Trudeau ne s'objecterait pas
à l'insistance de Taylor sur le fait que l'authentique liberté doit se
pratiquer sur fond d'horizons moraux. Cette dernière notion relie la
liberté à la dignité humaine et lui donne une dimension morale. Mais,
de quoi parle-t-on lorsqu'on fait référence à des « horizons moraux » ?
C'est là que les voies empruntées par ces deux penseurs divergent.

Les horizons moraux de Taylor reposent sur une vision dialogique de la façon dont sont produites et alimentées la dignité et l'identité de l'homme. Quant à Trudeau, sa philosophie personnaliste l'amène à percevoir ces horizons moraux sous un angle totalement différent. Sa notion de la dignité dépend moins des rapports entre l'homme et des groupes et davantage de son « dialogue » avec lui-même. Lorsque Taylor parle d'horizons moraux, la communauté n'est jamais bien loin. L'homme de Trudeau qui contemple un horizon moral est plus individualiste, de sorte que sa perspective de la dignité et de la liberté humaines subit moins l'influence des objectifs collectivistes.

Il est toutefois inexact de qualifier d'individualiste, comme d'aucuns le font, le libéralisme de Trudeau. Souvent, certains politologues ont confondu son style avec sa philosophie politique. Tant ses écrits que sa carrière politique démontrent que Trudeau se sent à l'aise avec la planification étatique, qu'il fait preuve de scepticisme à l'égard du capitalisme et qu'il est attaché à un ethos de redistribution qu'aucun libéral de l'école de John Locke et d'Adam Smith n'a jamais pu tolérer. Mais jamais il ne se sentira tout à fait à l'aise avec une politique socialiste ou une quelconque variante du communautarisme en raison de son refus de situer dans les collectivités et leurs objectifs les sources de l'accomplissement personnel et du bien moral.

Sur un point à tout le moins, on peut qualifier d'individualiste le libéralisme de Trudeau. Il s'agit des côtés positifs de la concurrence et du rôle du gouvernement dans la protection des faibles contre les puissants. Manifestement, Trudeau établit une distinction entre les formes économiques de concurrence et celles qui portent sur la culture. En matière économique, il n'hésite pas à rejeter la doctrine du laisser-faire, ce qu'il justifie par le fait qu'un marché déréglementé finit inévitablement par priver les faibles de leur liberté. Selon lui, au sein d'une société démocratique, celle-ci est inséparable de la justice sociale. Les tendances monopolistiques du capital et son indifférence à l'égard du sort de ceux qui, pour quelque raison que ce soit, ne sont pas de taille sur le marché, minent la possibilité pour la plupart des gens de jouir d'une réelle liberté. En matière économique, le libéralisme de Trudeau est d'inspiration canadienne traditionnelle : on considère que les principales responsabilités de l'État résident dans la réglementation du commerce et la fourniture de services publics.

Sur le plan culturel, cependant, Trudeau est plus ambivalent quant au rôle de l'État. Il reconnaît que le capitalisme et la technologie modernes ont tendance à éroder les différences culturelles entre les sociétés. « La technologie, écrit-il, [...] tend à minimiser les valeurs par lesquelles la personne humaine acquiert et retient son identité propre, valeur que je groupe ici sous le vague vocable "culturel". L'ordre politique établi par l'État doit lutter contre cette dépersonnalisation en poursuivant des objectifs culturels ». (1967: 36) Radio et télévision publiques, programmes multiculturels, soutien des arts par l'État : les années Trudeau ont vu la poursuite et, dans certains cas, l'expansion de ce genre de politiques visant à protéger et à promouvoir les valeurs culturelles. À ce stade, cependant, les arguments qui militent en faveur des politiques visant la préservation de l'identité ou des identités culturelles cèdent le pas devant la menace que ce genre de mesures peut représenter pour le libre choix.

La réponse de Trudeau est ambiguë. Tout en défendant les garanties des valeurs culturelles d'origine, il est extrêmement critique envers certaines formes de protectionnisme culturel, surtout à l'égard de n'importe quel type de protectionnisme ethnique ou linguistique pour les francophones du Québec. « [U]ne culture ne progresse, affirme-t-il, que par l'échange et l'affrontement ». (1967: 40) Très souvent dans ses écrits, il revient sur l'importance de la concurrence dans le domaine des idées et de la culture et affiche régulièrement un profond mépris à l'endroit des valeurs qui ne peuvent subsister qu'avec l'aide d'un appareil de survie étatique. On voit cependant mal en quoi les restrictions imposées aux émissions de télévision ou aux magazines américains, par exemple, sont acceptables pour protéger l'identité canadienne, alors que les limites imposées à l'utilisation de l'anglais afin de protéger le caractère français du Québec ne le sont pas. Même en admettant que l'interdiction pour un parent non anglophone d'envoyer ses enfants dans une école publique anglaise est plus sérieuse que l'exigence pour les diffuseurs de prévoir un certain pourcentage de contenu canadien dans leur programmation (tout en continuant de permettre la diffusion de nombreuses émissions populaires américaines), cela n'apporte aucune réponse à la question de savoir quand la concurrence culturelle est néfaste et quand elle est souhaitable.

Présumément Trudeau aurait-il répondu que le protectionnisme linguistique au Québec amène « à définir le bien commun en fonction du groupe ethnique plutôt qu'en fonction de l'ensemble des citoyens, sans acception de personne ». (1967 : 178) Autrement dit, cela revient à nier d'importants aspects du pluralisme social au Québec et à porter à un niveau qui menace la liberté et la dignité individuelles la préservation et la promotion de la communauté francophone. D'autre part, la réglementation en matière de contenu canadien n'a rien à voir avec le statut d'un groupe ethnique en particulier, pas plus qu'elle n'exclut des valeurs culturelles en concurrence avec d'autres. Si elle vise à conserver et à promouvoir l'identité canadienne, c'est en garantissant la disponibilité d'une programmation canadienne plutôt qu'en interdisant la concurrence qu'elle le fait. En réalité, il n'y a aucune contradiction apparente dans la justification du nationalisme canadien face aux influences américaines que donne Trudeau et son rejet des efforts nationalistes du Québec en vue de protéger la langue française contre les pressions de l'anglicisation.

Au bout du compte, il ressort assez clairement de tout cela que Trudeau souhaite vivement maintenir le jeu de la concurrence dans le domaine de la culture et des idées et que, comme Henri Bourassa, un autre partisan convaincu de la possibilité de maintenir un Canada bilingue, il croit en la capacité de la langue et de la culture françaises de livrer concurrence à l'anglais tant que leur égalité constitutionnelle est respectée dans la vie publique. Dans « La nouvelle trahison des clercs », il écrit :

> L'ère des frontières linguistiques est finie, au moins en ce qui concerne la science et la culture ; et si les clercs québécois refusent de maîtriser une autre langue que la leur, s'ils n'avouent de fierté qu'à la nation, ils peuvent renoncer pour toujours à circuler dans l'orbite des élites intellectuelles du monde. » (1967 : 174)

Trudeau rejette l'idée collectiviste (il utiliserait le terme « réactionnaire ») selon laquelle les valeurs, les traditions et les langues méritent qu'on les respecte et qu'on les protège pour des raisons de droit et de justice. Un excès de protectionnisme culturel, soutient-il, dégénère inévitablement en intolérance et, au bout du compte, en une négation absolue de la liberté individuelle au nom de la dignité du groupe.

Toute théorie de la liberté est également une théorie de l'autorité : à quel moment et sous quelle forme les limites imposées à la liberté personnelle par la communauté se justifient-elles ? C'est dans une série d'articles qu'il écrit pour *Vrai* en 1958 que Trudeau expose pour la première fois de façon systématique ses réflexions sur l'autorité. Dans le quatrième article de cette série, il propose une formulation libérale classique de la raison d'être de l'autorité:

> Les hommes vivent en société afin que chacun puisse se réaliser au maximum; l'autorité n'a de justification que pour permettre l'instauration et le développement d'un ordre qui favorise une telle réalisation. (1970b: 35)

Selon lui, les droits doivent être traités comme étant « antérieurs à l'existence même de l'État ». (1970b: 7) Quelle que soit l'autorité de l'État sur les individus que l'on tolère, il ne faut déléguer que « cette autorité et cette force strictement nécessaires » (1970b: 67) pour assurer l'ordre et la justice sociale. Reprenant des termes qui font écho à Kant, Trudeau écrit: « les lois qu'édicte l'État ont pour fonction d'éduquer le citoyen sur le bien général, de le persuader à agir en vue de l'intérêt commun, bien plus que de commander et de contraindre ». (1970b: 67)

Les opinions de Trudeau sur l'autorité prennent toute leur importance à la lumière du recours par son gouvernement à la *Loi sur les mesures de guerre* en 1970. Nombre de ses critiques soutiennent que le recours à cette loi – un fait unique en temps de paix – témoignait d'un autoritarisme qui est venu démentir ses belles paroles sur la liberté et l'importance des droits. En vertu de cette loi, le gouvernement fédéral était autorisé à suspendre les libertés civiles afin de s'occuper d'une guerre ou d'une « menace d'insurrection »[2]. Ceux qui critiquent Trudeau soutiennent que le recours à cette loi constituait une réaction excessive au terrorisme politique qui était l'œuvre du Front de libération du Québec (FLQ) et que, de surcroît, il a servi à arrêter et tourmenter des gens dont Trudeau méprisait les opinions séparatistes.

Après-coup, il est plus facile de comprendre la réaction de Trudeau aux enlèvements de James Cross et de Pierre Laporte, et à l'assassinat de ce dernier. Et nous n'avons certes pas l'intention de revisiter une des controverses de l'histoire récente du pays qui a donné lieu aux débats les plus animés. Sur le plan de ce qu'elle révèle de la philosophie politique de Trudeau, cependant, la décision d'avoir recours à la *Loi sur les mesures de guerre* vaut la peine qu'on s'y arrête. Vingt ans plus tôt, dans la série d'articles qu'il a écrits pour *Vrai*, Trudeau disait ceci de l'utilisation légitime de la coercition par l'État:

---

2. Cette loi a depuis été remplacée par la *Loi sur les mesures d'urgence*.

L'État ne doit user de force que dans la mesure où des personnes ou des organisations tentent elles-mêmes d'en user contre le bien commun. S'il est vrai qu'en dernière analyse, l'État doit détenir le monopole de la force, ce n'est pas tant pour en faire usage que pour empêcher quelqu'un d'autre d'en usurper les foudres. (1970b : 119)

C'est précisément l'argument que Trudeau invoque pour justifier la suspension des libertés civiles pendant la crise d'octobre. La question demeure cependant toujours de savoir si les événements d'octobre 1970 représentaient une grave menace pour l'autorité du gouvernement du Québec et la stabilité de l'ordre public dont dépendent une politique démocratique pacifique et le respect des libertés individuelles ? À ce sujet, il est utile de se rappeler qu'une personne aussi respectée et prudente de tempérament que Claude Ryan, alors directeur du quotidien *Le Devoir*, envisageait sérieusement la possibilité d'un gouvernement provisoire pour remplacer celui du Premier ministre libéral du Québec, Robert Bourassa. Ceux qui préfèrent attribuer à Pierre Trudeau des motifs sournois et mesquins ne s'en priveront pas. Il y avait cependant quelques raisons de croire qu'il existait une possibilité que « quelqu'un d'autre [en usurpe] les foudres » appartenant de droit à un gouvernement élu de façon démocratique.

Ceux qui sympathisaient avec le FLQ, mais pas nécessairement avec son recours à la violence, soutiendront que des siècles de subjugation des francophones par les anglophones et le refus de reconnaître le droit à l'autodétermination des francophones du Québec représentaient une forme de subjugation plus grave que la pose de quelques bombes. Reprenant des arguments démocratiques semblables à ceux de John Locke et des révolutionnaires américains qui l'ont adopté comme leur référence, ils établiront que la désobéissance civile et le recours à la force se justifient quand l'autorité de l'État ne repose plus sur le consentement du peuple. Il s'agit là d'un principe avec lequel Trudeau est d'accord. Dans une entrevue accordée en 1970, il déclare :

> Si les gens qui gouvernent la société dans laquelle vous vivez et guident son avenir ne respectent pas la liberté d'expression, de religion, de choix et d'assemblée et s'il n'existe aucun moyen démocratique de changer l'ordre des choses de façon pacifique et raisonnable, et si, par conséquent, certaines idées auxquelles vous croyez sont réprimées, il n'y a alors qu'un moyen de vous défendre contre la violence qui vous est faite : c'est d'user de violence à votre tour. » (1972 : 128)

Mais si Trudeau est d'accord en principe pour dire que les citoyens peuvent trouver justifié, dans les circonstances qu'il décrit, d'avoir recours à la violence contre l'État, il n'admet pas à l'idée que ces circonstances aient été réunies au Canada.

La liberté individuelle constitue un élément central de la philosophie politique de Trudeau. Mais sa conception de la liberté se développe dans le contexte plus large de ce à quoi devrait ressembler une société juste. « Car où est la justice, demande-t-il, dans un pays où l'individu a la liberté de s'épanouir pleinement, mais dans lequel l'inégalité lui en enlève les moyens ? » (1990 : 382) Procédons à présent à ses réflexions sur l'égalité.

L'ÉGALITÉ

Il est rare que les politiciens canadiens citent des poètes et des romanciers français du XIXe siècle, et plus rare encore qu'ils le fassent de manière impromptue. On retrouve cette tendance inhabituelle chez Pierre Trudeau. Parmi les écrivains dont il apprécie l'œuvre, on notera les noms de W.H. Auden et d'Anatole France. Dans un entretien qu'il a avec l'animateur de la CBC Peter Gzowski plusieurs années après sa démission comme Premier ministre, Trudeau reprend une observation d'Auden à propos du fait que les lois sont là pour protéger les pauvres et les moins nantis, les riches et les puissants n'ayant pas particulièrement besoin qu'on protège leurs intérêts. Dans le même ordre d'idées, il arrive à Trudeau de citer la célèbre remarque d'Anatole France selon laquelle la loi, dans toute sa majesté, interdit aussi bien aux riches qu'aux pauvres de dormir sous les ponts de Paris.

Certains critiques de Trudeau, dont Taylor, balayeraient du revers de la main de tels sentiments, arguant qu'ils ne sont pas le fidèle reflet de la politique du Pierre Trudeau qui a dirigé le Canada pendant quinze ans. Les universitaires et les critiques sociaux de gauche ont rarement de bons mots à l'égard de Trudeau, qu'ils perçoivent comme le Premier ministre qui, à deux reprises, a imposé le contrôle des salaires (dans l'ensemble de l'économie en 1975-1978 et aux fonctionnaires en 1981-1982) et qu'ils mettent régulièrement au pilori comme un politicien bourgeois parmi d'autres[3]. Ils soutiennent que, une fois devenu membre de l'élite politique du pays, Trudeau a renoncé aux sympathies et principes sociaux qu'il exposait avant son arrivée au sein du Parti libéral.

Pour accentuer ce que nous avons dit plus haut, nous n'avons pas l'intention de porter un jugement sur les années Trudeau en politique fédérale sauf dans la mesure où cela contribue à comprendre sa philosophie politique. Il serait cependant insuffisant de se contenter de jeter un œil sur les politiques de l'ère Trudeau. Qui s'efforcerait de saisir la pensée de Vaclav Klaus sur la foi seule des années qu'il a passées à titre de Premier ministre de la République tchèque, ou sur la philosophie politique de Mario Vargas Llosa en se penchant uniquement sur ses réalisations politiques à titre de Président du Venezuela? Trudeau a consacré beaucoup de textes à l'égalité, et ce sont davantage ces écrits que les compromis exigés par la politique, qui éclairent véritablement le lecteur sur sa pensée.

Son baptême en politique s'est déroulé au milieu d'une lutte de classes. La grève déclenchée dans les mines d'amiante de la société Johns-Manville à Thetford Mines et Asbestos, au Québec, est la première grande manifestation de la solidarité des travailleurs contre la puissance du capital des multinationales et les élites politiques et religieuses manifestement sympathiques à la cause des propriétaires. Le rôle joué par Trudeau au cours des événements qui se déroulent à Thetford Mines et Asbestos est en réalité plutôt marginal. Sa principale contribution est de diriger la publication d'un recueil d'essais intitulé *La Grève de l'amiante,* auquel il collabore également et dans lequel des économistes, sociologues, journalistes, avocats et syndicalistes québécois se penchent sur divers aspects des événements qui ont précédé le déclenchement de la grève et du conflit.

Dans ses deux contributions à cet ouvrage, Trudeau démontre sa connaissance des théories de Marx sur l'économie politique. Il n'hésite pas à utiliser des termes comme « prolétariat », « bourgeoisie » et « classe possédante ». Il se pose en ardent défenseur du prolétariat et

---

3.   Voir James Laxter et Robert Laxer, *The Liberal Idea of Canada : Pierre Trudeau and the Question of Canada's Survival,* Toronto, Lorimer, 1977 ; Gregory Baum et Duncan Cameron (dir.), *Ethics and Economics : Canada's Catholic Bishops on the Economic Crisis,* Toronto, Lorimer, 1984 ; et Leo Panitch et Donald Swartz, *From Consent to Coercicion : The Assault on Trade Union Freedoms,* Toronto, Garamond Press, 1985.

des syndicats comme seul et unique espoir d'en arriver à la démocratie et à la justice sociale. Dans son épilogue à ce recueil, il rejette l'accusation selon laquelle ses « camarades » (c'est le terme qu'il utilise) et lui ont été victimes de ce que Raymond Aron appelle « l'opium des intellectuels ». (1970a : 494) Dans certaines observations qu'il fait sur le « peuple » (ou le « populo »), les « masses » et la « classe ouvrière », on relèvera cependant sans peine un ton naïvement romantique. (1970a : 392-393)

Trudeau, le critique du capitalisme, dont les réflexions sur l'économie et l'État semblent avoir été fortement influencées par les expériences vécues pendant la Crise des années 1930 et la Deuxième Guerre mondiale, place sa foi dans « une certaine planification étatique » et « la nationalisation des principaux moyens de production ». (1970a : 403) À l'encontre de Taylor, il n'est cependant jamais critique à l'égard du capitalisme sur le plan moral ou celui de l'efficacité. Ses réserves évidentes à l'endroit du laisser-faire économique sont imprégnées d'une sorte de libéralisme économique émanant de sa conscience de la mesure dans laquelle les tendances à l'internationalisation dans le commerce mondial rendent obsolètes les frontières nationales et les formes de protectionnisme. (1967 : 13) Néanmoins, pendant toute sa carrière politique, il demeure fondamentalement sceptique à l'égard des marchés et des gens d'affaires, et confiant envers l'efficience du secteur public et de la planification.

Dans son introduction à *La Grève de l'amiante*, Trudeau exprime son impatience envers ce qu'il appelle l'ethnocentrisme des intellectuels québécois. « Le bien commun, écrit-il, aurait sans doute été mieux servi si nos chercheurs s'étaient moins inquiétés de la maldistribution de nos richesses provinciales du point de vue ethnique, et plus de la maldistribution inhérente au libéralisme économique du point de vue des classes sociales. » (1970a : 45) C'est là un thème qu'il amplifiera dans ses écrits ultérieurs. Loin d'être indifférent à l'égard des inégalités fondées sur l'appartenance ethnique, il considérera toujours comme une affaire plus sérieuse les différences fondées sur les classes. Selon lui, l'égalité des possibilités économiques revêt un caractère plus essentiel pour la dignité humaine et l'atteinte de la liberté individuelle que l'identité ethnique. Par conséquent, et à l'encontre de nombreux intellectuels québécois de sa génération, lorsqu'il critique la discrimination des Canadiens anglais à l'endroit de leurs compatriotes francophones, l'injustice contre laquelle il s'insurge n'a pas grand-chose à voir avec la fierté nationale mais beaucoup avec les incidences économiques des inégalités ethniques.

Ce qui ressort de sa critique exhaustive de la pensée et des mœurs au Québec à la veille de la grève de l'amiante est son antinationalisme, sa foi en l'économie interventionniste et une politique en harmonie avec la pensée de la gauche canadienne dans les années 1940, représentée par les écrits de gens comme F.R. Scott et Eugene Forsey. En dépit de l'utilisation fréquente qu'il fait de termes et de concepts marxistes, la notion de justice exprimée par Trudeau ne puise pas ses racines dans la philosophie ou l'ontologie matérialiste. Caractéristique propre à la gauche canadienne de cette époque, ses racines sont plutôt chrétiennes et spirituelles. Lorsqu'il s'attaque aux instances religieuses qui se sont rangées du côté des « droits de gérance » (1970a : 402) contre les travailleurs en grève, Trudeau les accuse d'avoir renoncé à leur vocation spirituelle en faveur de la défense autoritaire d'un *statu quo* injuste. Il ne laisse planer le moindre doute que, dans son esprit, la lutte de classes qui s'est déroulée à Asbestos et Thetford Mines était fondamentalement un conflit spirituel entre des philosophies sociales opposées. Il se demande :

> [...] [D]e même, à Asbestos, où se logeaient les spiritualistes ? Du côté d'un patronat qui voulait bien permettre à l'ouvrier de gagner son bifteck, à condition qu'il n'aspire pas à traiter d'égal à égal avec les puissances d'argent ? Ou bien du côté d'un syndicalisme qui naïvement croyait le moment venu d'aller au-delà des revendications purement matérielles et de jeter les bases d'une société d'égaux ? » (1970a : 402)

Trudeau maintient que ce sont des occasions économiques égales qui constituent le fondement d'une société juste. Afin de se rapprocher de cet objectif, l'État doit jouer un rôle important. Pris individuellement, les gens n'ont ni le temps ni les moyens de s'assurer qu'ils bénéficient d'un traitement équitable de la part des plus puissants qu'eux. « Si donc le citoyen veut éviter d'être partout commandé contre son gré, il doit se donner pour protecteur un État assez fort pour subordonner au bien commun tous les individus et organismes qui composent la société ». (1970b : 134) Non seulement l'autorité de l'État doit-elle cependant être étendue, mais ceux qui travaillent au sein de l'État doivent faire preuve d'une compétence et d'une volonté au moins aussi grandes que ceux du secteur privé. Sans quoi, affirme Trudeau, « il est impossible d'assurer le triomphe du bien commun sur le bien particulier ». (1970b : 134)

Il reconnaît qu'un État fort combiné au suffrage universel n'est pas une garantie d'adoption de lois démocratiques ni que justice est rendue. Mais avec un État faible fonctionnant dans un climat idéologique hostile à son autorité, on peut être sûr que le gouvernement sera incapable de remplir le rôle que Trudeau considère comme fondamental, protéger les droits de tous les individus, particulièrement ceux des plus faibles. Comme Charles Taylor, Trudeau a peu recours à la philosophie libertarienne antigouvernementale qui constitue une part importante de la tradition politique américaine. Et à l'instar de Taylor, on retrouve dans sa pensée des courants de sentiment antiaméricain et de scepticisme à l'égard de l'économie de libre marché, qui influencent ses réflexions à propos de l'autorité de l'État.

Dans un passage qui aurait très bien pu être de la main de Taylor, Trudeau écrit ceci :

> La technologie [...] tend à minimiser les valeurs par lesquelles la personne humaine acquiert et retient son identité propre, valeur que je groupe ici sous le vague vocable " culturel ". L'ordre politique établi par l'État doit lutter contre cette dépersonnalisation en poursuivant des objectifs culturels ». (1967 : 36)

Trudeau soutient que l'État « doit par son intervention assurer la défense de valeurs culturelles qui risqueraient de sombrer sous une vague de dollars ». (1967 : 36) À sa manière habituelle, cependant, il ajoute tout de suite qu'il faudrait imposer des restrictions à ce protectionnisme culturel. Il met les gens en garde contre le risque de verser dans le paternalisme étatique et la promotion d'une culture de serre. « [E]n longue période, l'État doit donc tendre de préférence vers un idéal de culture ouverte ». (1967 : 36)

Dans sa pensée, on constate une ambivalence récurrente entre la concurrence et la protection des faibles. Son sens de la justice et son mépris à l'égard des valeurs purement matérialistes associées au capitalisme l'amènent à défendre l'intervention de l'État dans les domaines de la culture et de l'économie. Simultanément, il est manifeste que Trudeau a le plus grand respect pour les valeurs qui l'emportent face à la concurrence. Par conséquent, le soutien qu'il accorde à l'investissement public pour promouvoir les valeurs culturelles négligées ou même niées par le marché ne va pas jusqu'à interdire la concurrence. On observe un raisonnement similaire dans ses opinions sur les politiques nationalistes (que nous abordons plus loin). Sa sympathie à l'égard de la préservation des langues et des traditions nationales se heurte à sa conviction que, au bout du compte, c'est la concurrence qui décide de la langue utilisée par les gens d'affaires, les chercheurs et les artistes, et des valeurs de la population en général. De surcroît, les mesures nécessaires pour résister aux pressions à long terme de ces forces concurrentielles, soutiendrait Trudeau, sont incompatibles avec le respect de la liberté individuelle, et antidémocratiques.

Comparé à celui de Taylor, l'antiaméricanisme de Trudeau est plutôt tiède. Cela s'applique à la période antérieure à son adhésion au Parti libéral et pas seulement aux années qu'il consacre à la politique fédérale, où l'on pourrait s'attendre à voir la prudence tempérer l'ardeur avec laquelle il peut exprimer ce genre de sentiments. Installé au pouvoir, Trudeau manifeste de la sympathie à l'égard des politiques des nationalistes canadiens de gauche, notamment la création de la Corporation de développement du Canada en 1971, la politique de diversification commerciale connue sous le nom de Troisième option en 1973, la création de Pétro Canada en 1974, les restrictions imposées à l'investissement étranger par l'entremise de l'Agence d'examen de l'investissement étranger (l'AEIE) en 1974 et l'extension de la propriété nationale de l'industrie pétrolière par le biais du Programme énergétique national (PEN) en 1980. Si la gauche politique considère toutes ces réalisations au mieux comme des demi-mesures, celles-ci témoignent du fait que Trudeau est généralement d'accord avec l'opinion nationaliste de gauche selon laquelle la domination exercée par les Américains sur l'économie canadienne est, à tout prendre, regrettable.

La liste des griefs des nationalistes de gauche concernant la dépendance du Canada à l'égard du capital et du commerce américains est à la fois longue et bien connue[4]. Sur un plan général, au-delà des réclamations précises relatives au mal fait à l'économie, à la souveraineté politique ou à la capacité de maintenir des programmes sociaux distincts au Canada, cette critique reflète une aversion à l'endroit de la culture américaine au sens large du terme. Cette aversion revient régulièrement dans les débats sur les systèmes de soins de santé, d'éducation et de bien-être au Canada et aux États-Unis et se ramène à une simple formule : les Canadiens font preuve de plus de compassion et de sens du partage que les Américains et s'attendent à ce que leurs gouvernements défendent des politiques qui reflètent

---

4.   Voir, par exemple, Mel Hurtig, *The Betrayal of Canada*, Toronto, Stoddart, 1991.

leur différence culturelle. Ce que Trudeau nomme la « société juste » suppose une intervention étatique qui intègre l'ethos collectiviste distinguant les Canadiens de leurs voisins du sud.

Même s'il ne partage pas tous les griefs des nationalistes de gauche à l'endroit des États-Unis, Trudeau fait sienne cette aversion des valeurs culturelles américaines. À titre de Premier ministre, il est manifestement plus à l'aise en compagnie de Helmut Schmidt ou de François Mitterrand qu'en compagnie de Richard Nixon ou de Ronald Reagan. La notion social-démocrate d'égalité distributive lui plaît davantage que l'égalité novatrice liée à la notion « d'individualisme farouche ». Ce sens collectiviste de justice que l'on retrouve dans la pensée de Trudeau diffère toutefois sensiblement du sens communautarien de la justice de Taylor. Comme dans le cas de la liberté, la clé de la perception de leurs divergences réside dans leur conception de la dignité individuelle.

Par sa nature même, la dignité est un état d'esprit qui dépend des autres, à tout le moins de la perception de ce que les autres pensent de nous. Même un ermite ne peut s'affranchir de l'importance d'autrui lorsqu'il est question de sa dignité propre. Henry David Thoreau, un des philosophes de la solitude les plus réputés, prétendait être totalement indifférent aux opinions de ses voisins sur son mode de vie. Néanmoins, sa conviction que le mode de vie qu'il avait choisi était digne (Thoreau n'était pas enclin à utiliser ce terme ; il lui préférait des termes comme « poétique » ou « pleinement humain ») provenait de ce que Taylor appellerait un mode dialogique : de l'interaction avec les réflexions de Thoreau sur la société des hommes, sur les grands penseurs dont il lisait l'œuvre, sur Dieu au sein de la nature et, sans le moindre doute, sur ceux qui, à l'instar de Ralph Waldo Emerson, ils affectionnaient.

La différence entre Trudeau et Taylor réside dans l'influence relative sur la dignité de quelqu'un qu'ils accordent aux gens qui l'entourent. La philosophie personnaliste de Trudeau l'amène à attacher moins d'importance à ces autres que Taylor, chez qui la notion de la dignité individuelle est indissociable de l'identité communautaire. Tout en reconnaissant les dimensions collectives de l'égalité et de la dignité, Trudeau maintient toujours avec la même fermeté que « c'est le citoyen lui-même qui [détient] les droits » (1990 : 391) et rejette sans cesse tous les concepts de dignité humaine, comme ceux que l'on associe au nationalisme, qui situent les principales sources de la dignité dans l'association d'un individu avec une collectivité plus circonscrite que la société. La dignité et l'égalité sont des états que seul l'homme vivant en société peut atteindre, soutiendra-t-il, mais elles n'exigent pas que sa ou ses identités communautaires soient essentielles à son accomplissement individuel, ou à ce que Taylor appelle l'atteinte de l'authenticité. Au contraire, le fait d'élever l'identité communautaire à l'échelon supérieur de la politique – et tout ce que cela peut supposer, comme la reconnaissance constitutionnelle du statut distinct et des droits d'une communauté et le fait de garantir ces droits à la communauté comme telle plutôt qu'aux individus qui la composent – a pour effet, selon Trudeau, de saper la dignité et l'égalité.

En tant que Premier ministre, Trudeau a souvent essuyé les attaques de la gauche sous prétexte qu'il ne s'attachait pas suffisamment à promouvoir l'égalité socio-économique. Sans doute est-il juste de dire que, une fois au pouvoir, il n'a pas soutenu la cause de la réforme sociale autant qu'il aurait pu le faire, bien qu'il fasse mention, parmi les grandes réalisations de son gouvernement alors qu'il était Premier ministre, d'une baisse de la pauvreté, de l'enchâssement dans la Charte des droits des handicapés et des membres des minorités visibles, du progrès vers divers types d'autonomie gouvernementale pour les Autochtones du Canada et de programmes destinés à la jeunesse canadienne. (1990 : 403) L'attachement de Trudeau envers la réforme sociale est toutefois atténué par ce qu'il appellerait sans l'ombre d'un doute du réalisme politique, qualité dont il a souvent accusé ses collègues socio-démocrates de manquer avant son arrivée en politique fédérale. Tant sur le plan philosophique que tactique, Trudeau soutient que les réformateurs sociaux devraient renoncer à leur politique centralisatrice et à leur vision des provinces comme des entités constitutionnellement subordonnées à Ottawa. « Il faut y voir [dans le fédéralisme], affirme-t-il, un instrument précieux à l'aide duquel des partis dynamiques peuvent implanter des gouvernements socialistes dans certaines provinces, d'où le radicalisme pourrait ensuite fructifier lentement en se répandant ailleurs ». (1967 : 134) Si cela signifie que la réforme sociale doit devenir une sorte de *courtepointe,* progressant à un rythme différent selon la province, qu'il en soit ainsi. Selon lui, le modèle de planification centrale est de toute manière irréalisable pour des raisons stratégiques et non souhaitable puisqu'il ne tient pas compte des droits des provinces et qu'il existe des écarts importants entre les provinces.

Son sens du réalisme politique remonte souvent à la surface pendant les années qu'il passe au pouvoir. L'un des épisodes les plus révélateurs à cet égard survient au moment ou il réagit à la publication, en 1983, de *Jalons d'éthique et réflexions sur la crise économique actuelle*, la déclaration des évêques canadiens sur l'économie. Les réflexions exprimées par les évêques ne diffèrent pas beaucoup de celles du Trudeau qui a écrit « Québec à la veille de la Grève de l'amiante ». Au lieu de trouver une oreille attentive, cependant, l'analyse économique des évêques est publiquement dénoncée par Trudeau comme un brouillon mal documenté sur des questions au-delà de leur sphère de responsabilité. L'argumentation des évêques stipulant que le capitalisme moderne est fondamentalement immoral et leur plaidoyer en faveur de ce qu'ils appellent « l'option des pauvres » comme mesure adéquate de politiques gouvernementales équitables est sans grande utilité au-delà d'un exercice de rhétorique, reconnaît Trudeau. On soupçonne que ce dernier n'est pas totalement en désaccord avec les évêques, mais leur idéalisme en politique est précisément du genre contre lequel Trudeau a commencé à mettre les gens en garde à titre de militant au sein de la gauche politique au cours des années 1950.

LA COMMUNAUTÉ

Dans l'atmosphère surchauffée qui suit la défaite de l'accord Meech, le gouvernement du Québec crée la Commission sur l'avenir politique et constitutionnel du Québec (connue sous le nom de Commission Bélanger-Campeau). Une des premières mesures prises par la Commission consiste à inviter plus de cent experts québécois en matière constitutionnelle à donner leur point de vue sur la nature du problème et la façon d'y remédier. Pierre Trudeau, ancien professeur de droit constitutionnel, ancien Premier ministre du Canada et sans conteste le Québécois le plus en vue de sa génération, n'est pas invité à exprimer son opinion. Lorsqu'on leur demande pourquoi le nom de Trudeau ne figure pas dans la liste des experts reconnus, les commissaires répondent qu'ils savent déjà ce qu'il va dire, comme s'il fallait s'attendre à des surprises dans les témoignages et les mémoires de bon nombre de ceux que la Commission avait retenus ! Les commissaires ont toutefois un bon argument. La dénonciation publique de l'accord lac Meech par Trudeau a constitué un élément essentiel de la galvanisation de l'opinion publique au Canada anglais contre

les réformes proposées, en particulier la reconnaissance constitutionnelle du Québec comme société distincte (ce qui sera à nouveau le
cas deux ans plus tard lorsqu'il s'élèvera contre l'accord de Charlottetown). Ses charges contre le nationalisme en général et le nationalisme et les nationalistes québécois en particulier sont de notoriété
publique depuis les années 1950. Chacun sait que Trudeau s'est lancé
en politique fédérale pour combattre ce qu'il percevait comme un
élan de nationalisme québécois dans les années 1960. Si l'on ajoute à
cela l'inimitié que bon nombre de membres des élites politiques et
culturelles du Québec ont envers Trudeau, qu'ils voient comme un
fanatique antinationaliste prompt à adresser des insultes à ceux qui
ne partagent pas son avis, son exclusion ne surprend personne.

Mais il est injuste de dresser le portrait de Trudeau comme un
antinationaliste intraitable. Comme il l'a lui-même écrit, « ce n'est
pas l'idée de nation qui est rétrograde, c'est l'idée que la nation doive
nécessairement être souveraine ». (1967 : 161) Sa philosophie politique peut s'accommoder de l'existence de communautés nationales
au sein de la société et même de certaines formes de reconnaissance
constitutionnelle des communautés. Il rejette cependant le concept
d'État-nation, l'argumentation selon laquelle les nations ont le droit
à l'autodétermination et toute forme de gouvernement qui repose
sur l'importance primordiale de la nation ou de toute autre collectivité qui se définit en fonction de critères de race, d'ethnie ou même
de culture.

Les réflexions de Trudeau sur le nationalisme ont des racines
philosophiques profondes. L'influence de Jacques Maritain est évidente dans la manière dont Trudeau conçoit les rapports appropriés
entre l'individu, la nation et l'État. Maritain établit une distinction
entre *société* et *communauté,* on l'a vu, considérant la société comme
une forme supérieure d'organisation sociale humaine fondée sur la
raison et la volonté personnelle. Les communautés, et cela inclut les
nations, sont les « produit[s] de l'instinct et de l'hérédité dans des
circonstances et dans un cadre historique donnés […] ». (1935 : 3)
Depuis les familles jusqu'aux nations, les hommes sont destinés à sentir qu'ils appartiennent à des communautés. C'est un élément essentiel de la condition humaine et souvent une bonne chose. Mais les
associations humaines que l'on retrouve dans les communautés ne
sont pas fondées sur le libre exercice de la raison. Celles que l'on
retrouve dans la société le sont et c'est pour cela que la société repré-
senterait un stade supérieur de l'évolution sociale de l'homme.

L'État, affirme Maritain, est « une partie *spécialisée* dans les intérêts du *tout* [...] ». (1965 : 12) Idéalement, il devrait tirer sa dignité aux yeux des citoyens de l'exercice de la justice. (1965 : 19) L'État *démocratique* ne peut être associé à une communauté en particulier, un groupe national par exemple, sans saper la liberté individuelle et la possibilité d'avoir un gouvernement démocratique. Maritain rejette le concept d'*État-nation,* l'idée selon laquelle la nation jouit d'une sorte de droit primordial à l'auto-détermination, qu'il considère comme une confusion tragique de la communauté nationale et de la société politique. Celle-ci, explique Maritain, représente un ordre supérieur d'organisation sociale, qui est lié à la raison, à l'universalisme et à la liberté. Par opposition, l'intolérance et l'État totalitaire sont les conséquences de ce que Maritain écarte comme étant le « mythe de l'État national ». (*ibid.* : 7)

La nation atteint cependant le degré supérieur d'organisation sociale qui caractérise la société politique et l'État. Pour cela, elle doit être distincte du genre d'associations tribales qui suscitent des revendications d'État-nation. La nation doit en réalité être culturellement multinationale. Maritain écrit ceci :

> Ainsi quand une *société politique* existe, surtout si elle a une expérience séculaire affermissant une authentique amitié civique, elle engendre naturellement en elle-même une *communauté nationale* qui constitue une communauté de rang supérieur, soit qu'elle élève en degré une conscience communautaire déjà existante, soit qu'elle prenne naissance comme une communauté de nouvelle formation dans laquelle diverses nationalités ont été fondues. Ainsi, tout à l'encontre du soi-disant principe des nationalités, la Nation dépend ici de l'existence du corps politique, et non le corps politique de l'existence de la Nation. La Nation ne devient pas un État. L'État fait que la nation vient à l'existence. (1965 : 8)

Ceux qui connaissent bien les écrits de Trudeau reconnaîtront précisément là les arguments qu'il soulève contre l'État-nation et en faveur de la nation multinationale, dont l'existence dépend d'un sentiment partagé d'existence civile, autrement dit, de l'État. En des termes qui font manifestement écho aux concepts avancés par Maritain, Trudeau souligne que, d'un point de vue philosophique, le but de la société politique n'est pas la glorification d'un « fait national » (dans le sens ethnique). Un État qui ne définit sa fonction que sur des caractéristiques ethniques ne peut que déboucher sur le chauvinisme et l'intolérance. À l'instar de Maritain, il établit une distinction entre les nations et les Nations. Cette dernière catégorie renferme les sociétés, comme celles des États-Unis, de la Suisse, de la France – et du Canada, soutiendrait Trudeau – où les nationalités fondées sur l'ethnicité n'ont pas été effacées mais continuent d'exister au sein d'une Communauté nationale fondée sur le partage de valeurs civiques.

Tout au long de sa vie adulte, Trudeau s'est refusé à concéder le moindre pouce de terrain aux nationalités ethniques et aux défenseurs de l'État-nation. D'après lui, ce sont des éléments corrosifs pour la dignité humaine. En cela, il se démarque nettement de Taylor, qui est porté à comprendre de telles revendications en les justifiant par le fait que les sentiments nationalistes reflètent la quête d'authenticité et de signification de l'homme à une époque qui offre peu de soutien aux significations collectives que Taylor considère comme vraiment essentielles pour la dignité humaine. Alors que Taylor voit dans le nationalisme un élément moralement réparateur, une sorte de baume spirituel permettant à l'homme de dépasser le caractère atomiste de la modernité, Trudeau exprime l'espoir que l'attrait du nationalisme va diminuer pour être remplacé par une approche permettant de « résoudre de manière beaucoup plus fonctionnelle les problèmes de l'État ». (1967 : 207-208) Trudeau soutient que les sentiments et mouvements nationalistes appartiennent à une « période transitoire de l'histoire mondiale », qui devra baisser pavillon devant les forces mondialisatrices de l'économie, de la culture, de la science et, en fin de compte, de la politique. Taylor porte un regard très différent sur le rôle du nationalisme. À ses yeux, le nationalisme contemporain est alimenté, ou à tout le moins soutenu, par la quête d'authenticité individuelle et le besoin humain d'un sentiment de communauté que l'organisation socio-économique moderne ne peut satisfaire. La résurgence du nationalisme et la montée du multiculturalisme – en un mot, l'avènement de la politique de la reconnaissance – reflètent le besoin humain de significations collectives à une époque où la technologie et l'économie conspirent pour nier les occasions offertes par les expériences communautaires.

Trudeau ne nie pas l'importance des identités collectives et de la reconnaissance des groupes en politique. Après tout, c'est son gouvernement qui a promulgué la *Loi sur les langues officielles,* mis en œuvre la politique canadienne sur le multiculturalisme officiel et proposé la Charte des droits et libertés, qui renferme des garanties pour les membres des minorités de langues officielles et les Autochtones du Canada. Il est très conscient du fait que la dignité d'un individu peut

être sapée par des pratiques sociales et des politiques gouvernementales niant à un groupe une reconnaissance cruciale pour l'identité
des gens et l'image qu'ils ont d'eux-mêmes. À propos du caractère
historiquement anglophone et britannique du gouvernement fédéral, Trudeau écrit ceci : « [L]es habitants canadiens-français du ghetto
québécois, auxquels on soutirait des pouvoirs par la décentralisation,
allaient se trouver chez eux dans le paysage national, où pourtant il
n'y avait pour ainsi dire rien de français [...] ». (1967 : 211-212)

Néanmoins, Trudeau est convaincu que le cours de l'histoire
va à l'encontre du nationalisme. Dans un passage maintes fois cité de
« Fédéralisme, Nationalisme et Raison », il a ceci à dire sur l'avenir du
nationalisme :

> Mais dans les sociétés avancées, où la loi peut régler le jeu des forces
> sociales entre elles, où l'on peut rendre les centres du pouvoir res-
> ponsables au peuple, où les victoires économiques sont fonctions de
> l'éducation et de l'automation, où la différenciation culturelle est
> soumise à la loi d'une concurrence brutale, où la route qui conduit
> au succès va dans le sens de l'intégration internationale, le natio-
> nalisme devra disparaître comme un outil rustique et grossier ».
> (1967 : 214)

Le nationalisme, soutient Trudeau, conservera son importance
dans les sociétés moins évoluées où il sera maintenu en vie par des
« forces irrationnelles et brutales ». (1967 : 214) Il associe le nationalisme avec « les émotions et les rêves », la « superstition », la « magie »
et une politique réactionnaire d'exploitation. C'est, soutient-il, l'antithèse de la raison et une assise sur laquelle il est impossible de bâtir
une société avancée et une politique démocratique.

À n'en pas douter, Taylor ne prise guère non plus le genre de
nationalisme qui conférerait la citoyenneté et de pleins droits aux
seuls membres d'une communauté nationale en particulier, et qui
cherche à atteindre l'idéal de l'État-nation. Sa plus grande tolérance
à l'égard des revendications nationalistes, celles du Québec, par
exemple, lui vient de sa conviction qu'il est possible de conserver la
diversité culturelle et le respect des droits des minorités dans le cadre
d'un État présentant certaines caractéristiques nationales, dont l'exigence d'éduquer les enfants dans la langue de la communauté nationale majoritaire et celle d'exercer les activités commerciales dans cette
même langue. Trudeau n'est pas d'accord. Dès 1964, il exprime la
crainte de voir le Québec passer « du confessionnalisme religieux au

confessionnalisme linguistique obligatoire… », système en vertu duquel la loi obligerait les parents à envoyer leurs enfants à l'école française. (1967 : 223)

Trudeau trouve repoussantes deux des caractéristiques de ce genre de législation, en place au Québec, moyennant certaines restrictions, depuis 1977. Il considère tout d'abord ces restrictions comme une insulte à l'égard des francophones parce qu'elles reposent manifestement sur la conviction que, sans cette forme de protection, la langue française perdra du terrain au Québec. Trudeau a toujours insisté sur l'importance de la concurrence dans les domaines de la culture, de la science et de la technologie. Selon lui, les moyens de protection revenant à interdire la concurrence représentent une reconnaissance avilissante de leur propre faiblesse de la part de ceux dont ces mesures sont censées renforcer la dignité. Des mesures de protection qu'il trouverait adéquates pour les personnes dont la position de faiblesse est liée à leur situation socio-économique, lorsqu'il est nécessaire de protéger leur dignité humaine, il les rejette comme un affront à la dignité dans le domaine culturel.

La deuxième caractéristique des lois restreignant l'utilisation des langues autres que celle de la communauté nationale majoritaire rejetée par Trudeau est ce qu'il perçoit comme leur idéologie collectiviste. Si, comme il l'affirme, la communauté existe et est moralement bonne dans la mesure où elle contribue à garantir la liberté individuelle, toute législation limitant cette liberté au nom de la communauté et donnant une interprétation de la liberté individuelle à travers le prisme des « besoins » de la communauté, est réactionnaire. « Car le but même de la collectivité, soutient Trudeau, c'est de mieux assurer les libertés personnelles. (Ou alors on est fascistes…) ». (1967 : 224)

Une fois encore, la différence entre Taylor et Trudeau, loin d'être absolue, est nuancée. La raison d'être de la communauté et de l'État consiste à offrir des conditions qui permettront à un individu d'atteindre la liberté. Mais Taylor est davantage porté que Trudeau à voir dans l'expérience de la liberté véritable un élément nécessitant l'affirmation et, au besoin, la protection de valeurs collectives. L'importance attachée par Taylor aux significations et identités collectives pour établir ce qu'il appelle les horizons moraux du choix individuel le conduise à accepter ce que l'on pourrait appeler la *raison de communauté* comme justification parfaitement légitime pour restreindre le choix d'un individu. Trudeau, pour sa part, voit dans la raison de communauté un collectivisme naissant qu'il considère incompatible avec la liberté véritable.

Le concept de communauté avec lequel Trudeau se sent à l'aise correspond à ce que Donald Smiley a un jour décrit comme une *nationalité politique*[5]. Ce concept repose sur une allégeance commune envers une constitution et l'État, et une citoyenneté commune dont la signification individuelle ne dépend pas d'affinités culturelles mais d'un désir de continuer à cohabiter au sein d'une grande nation (dans le sens non ethnique que Trudeau donne à ce mot). C'est un concept de communauté lié à la raison, dirait Trudeau. Et dans les sociétés caractérisées par une diversité ethnique, une forme fédérale de gouvernement est, soutient-il, la meilleure façon de s'assurer que les communautés régionales bénéficient de la latitude voulue pour exprimer leurs identités collectives sans miner le sentiment de nationalité politique qui rassemble les citoyens de différentes communautés culturelles.

Comment cela se compare-t-il à l'argument de Taylor relatif aux divers modes d'appartenance à un pays, argument qui laisse place à un statut particulier pour le Québec et à l'autodétermination des communautés autochtones? Dans la communauté envisagée par Taylor, la « diversité profonde » serait reconnue par des aménagements constitutionnels suffisamment souples pour permettre à différents groupes de citoyens d'entretenir des relations diverses avec le gouvernement central. Trudeau a toujours rejeté ce genre de formule, qu'elle contienne les expressions « statut particulier », « société distincte », « autodétermination », la vague formule de « communauté de communautés » de Joe Clark ou la « diversité profonde » de Taylor. Le motif qu'il invoque, et qui démarque nettement sa réflexion sur la communauté de celle de Taylor, a trait au caractère universaliste du libéralisme.

En ce qui a trait à leurs droits et responsabilités, soutient Trudeau, les citoyens doivent s'en remettre directement à l'État et non passer par l'intermédiaire des communautés auxquelles ils peuvent s'identifier. De là l'importance qu'il attache à la Charte canadienne des droits et libertés comme symbole de sa vision de la nationalité canadien, ou ce que Smiley appelait la nationalité politique

---

5.   Donald Smiley, *The Canadian Political Nationality*, Toronto, Methuen, 1967.

canadienne. En offrant aux citoyens canadiens des droits universels, estime Trudeau, et en établissant que les droits appartiennent aux personnes et non aux collectivités, la Charte allait renforcer le sentiment de communauté parfois fragile des Canadiens. Pour reprendre ses propres termes :

> La Charte canadienne représentait un nouveau départ pour la nation canadienne et cherchait à renforcer son unité en fondant la souveraineté du peuple canadien sur un ensemble de valeurs communes à tous, et notamment sur la notion d'égalité de tous les Canadiens entre eux.

> De toute évidence, l'adoption même d'une charte constitutionnelle s'inscrit dans la ligne la plus pure de l'humanisme libéral : tous les membres de la société civile jouissent de certains droits fondamentaux inaliénables, et ils ne peuvent en être privés par aucune collectivité (État, Gouvernement) ni au nom d'aucune collectivité (nation, ethnie, religion ou autre). (1990 : 386-387)

C'est justement ça le problème, répondent les nationalistes québécois. La Charte canadienne enchâsse une vision universaliste du libéralisme qui refuse aux citoyens la possibilité d'appartenir au Canada de différentes manières, par le biais de leur appartenance à des communautés comme le Québec, la nation Mohawk ou le peuple inuit. On comprendra qu'ils se sentent plus à l'aise avec le libéralisme communautarien de Charles Taylor. Mais, bien qu'elle soit impopulaire aux yeux des nationalistes québécois, la vision qu'a Trudeau de la communauté est plus en harmonie avec la tradition politique du Canada anglais que les arguments communautariens de Taylor sur la diversité profonde.

CHAPITRE 8

Six penseurs dont les idées ont influencé le cours des choses

Dans la répartition du travail caractéristique de la vie intellectuelle, il y a ceux qui exploitent le front de taille des idées, ceux qui transportent le minerai de charbon jusqu'à la surface, ceux qui le traitent de façon à le rendre propre à la consommation et enfin ceux qui utilisent le produit final. Nous avons concentré notre attention sur six de ceux qui ont consacré leur vie à exploiter le front de taille, à creuser les idées qui contribuent à alimenter les foyers de la politique au Canada. Leur carrière respective a suivi leur voie propre et leurs formes d'engagement couvrent une vaste gamme : de l'iconoclaste au Premier ministre en passant par le conseiller. Ils ont cependant un point commun : leur passion de comprendre la condition humaine, tant sur le plan local qu'universel, et le désir de changer le cours de l'existence de leurs concitoyens.

Les quatre penseurs québécois que nous avons abordés ont passé la plus grande partie de leur vie adulte à Montréal et été les témoins privilégiés des luttes concernant la langue, l'identité et le statut du Québec qui se sont trouvées au cœur même de l'expérience canadienne. Ils appartiennent à des générations qui ont vécu pendant la période de la grande noirceur au Québec, les années au cours desquelles l'alliance profane de l'Église, du capital américain et de l'Union nationale a maintenu la province sous une domination, empêchant les réformes sociales, économiques et culturelles entreprises ailleurs de faire des percées au Québec. Tous les quatre ont été exposés à bon nombre des influences intellectuellement formatrices au sein de l'aile progressiste du catholicisme – quoique Taylor n'ait pas fréquenté le collège classique – dont la voix s'est fait entendre dans des forums comme *Esprit* et dont les figures de proue sur le plan intellectuel étaient Emmanuel Mounier et Jacques Maritain. En plus d'avoir reçu une éducation très semblable dans leur jeunesse, les trois francophones du Québec, Laurendeau, Rioux et Trudeau, ont effectué assez jeunes un séjour à Paris, le premier avant la Deuxième Guerre mondiale et les deux autres immédiatement après. Ils ont été les témoins privilégiés des excès et des injustices infligés en Europe au nom d'un certain type de nationalisme. Pour reprendre les termes utilisés par Laurendeau, « La patrie a exigé en Europe trop et de trop grands sacrifices, qui débouchent sur l'appauvrissement des nations. » (1952 : 211) Il faut pourtant ajouter qu'ils ont tiré de leur expérience européenne commune, des conclusions diamétralement opposées.

Le fil conducteur commun des écrits et de l'existence de ces quatre Québécois est la conviction qu'il fallait entreprendre, tant au Québec qu'au Canada, des réformes sociales, économiques et politiques. Par leurs actes autant que par leurs paroles, chacun à sa manière, tous ont été des activistes politiques, cherchant aussi bien la vérité que la justice, chacun avec sa compréhension de ces questions litigieuses. Sur les plans intellectuel et politique, leur contribution à leur époque s'inscrit dans la tradition des intellectuels engagés français, les Malraux, Sartre, Aron, Levi-Strauss et autres. On a de la difficulté à leur trouver des pendants au Canada anglais. Bien sûr, on peut prétendre que Taylor soit Canadien anglais, mais il n'est pas facile d'imaginer qu'il aurait témoigné du même intérêt passionné envers le Québec, les problèmes linguistiques et le nationalisme québécois, ou la même influence intellectuelle sur ces questions, si sa carrière s'était déroulée à l'Université de Colombie-Britannique ou à celle de Toronto plutôt qu'à McGill. Bien que le Canada anglais n'ait pas manqué de grands penseurs dont l'œuvre a laissé des empreintes très nettes sur le pays, la tradition de l'intellectuel public semble y avoir des racines moins profondes qu'au Québec. Généralement, les contributions des intellectuels universitaires y sont canalisées par les commissions royales d'enquête et autres organes bureaucratiques[1].

Manifestement, Harold Innis et George Grant ne constituent pas les pendants au Canada anglais de ce groupe de Québécois. Ils ne s'en démarquent pas moins de leurs collègues. Cela est vrai d'Innis en raison de l'incidence durable et multidisciplinaire de ses travaux de recherche, de son influence, durable elle aussi quoique indirecte, sur l'orientation et les paramètres des débats politiques au Canada anglais, et en raison du leadership qu'il a exercé sur l'évolution des sciences sociales. Il précède d'une génération ou plus les cinq autres penseurs abordés ici. De surcroît, étant le seul économiste du groupe, sa pensée est essentiellement modelée par des préoccupations économiques. Il situe sa réflexion sur une vaste échelle géopolitique, portant notamment son regard sur la place du Canada au sein d'une série d'empires (français, britannique et américain) et sur l'influence que cela a pu avoir sur les structures politiques et sociales, et les modèles de développement économique et régional.

À l'instar d'Innis, Grant est fasciné par l'incidence sur la société de la technologie moderne et les implications pour le Canada du passage d'une dépendance politique et économique au sein de l'Empire britannique à une position similaire au sein de l'Empire américain. Grant est particulièrement digne de mention en raison du caractère irrésistible et de la résonance au-delà des cercles universitaires à la fois de ses idées et de la façon énergique et éloquente qu'il a de les présenter. À l'encontre de la plupart de ses contemporains et collègues universitaires anglophones, Grant tient à son rôle d'intellectuel public et l'assume avec panache. Son message troublé exploite le profond réservoir d'ambivalence au Canada anglais à propos de la signification de l'intégration continentale et de son impact sur la culture canadienne. Et autant Innis que Grant (avec un autre grand penseur canadien que nous n'abordons pas ici, Marshall McLuhan) ont consacré des réflexions plus intenses et profondes que d'autres aux implications pour le Canada, la civilisation occidentale et, en fait, l'humanité tout entière, des changements technologies rapides, universels et continuels.

---

1.   Pour en savoir plus long sur ce thème, voir Stephen Brooks et Alain-G. Gagnon, *Les spécialistes des sciences sociales et la politique au Canada : entre l'ordre des clercs et l'avant-garde*, Montréal, Boréal, 1994.

Des quatre intellectuels québécois dont nous avons examiné l'œuvre dans ces pages, trois ont exercé une influence importante à l'extérieur de leur province d'origine. Depuis les années 1960, il est impensable de discuter sérieusement de questions portant sur les droits linguistiques, l'unité nationale, l'identité canadienne et le Québec sans faire référence aux idées de Pierre Trudeau. Alors qu'André Laurendeau, qui a été pendant des années le directeur du *Devoir*, le quotidien le plus influent du Canada français, et l'un des co-présidents de la Commission B et B, a projeté ses réflexions et ses arguments bien au-delà des frontières de sa province et de sa communauté linguistique. Quant à Taylor, son influence s'est surtout fait sentir dans la définition d'une politique communautarienne de gauche et dans le rôle de phare intellectuel qu'il a joué pour les groupes opposés au capitalisme libéral-démocratique, et cela, bien qu'il jouisse d'un vaste lectorat, tant au Québec qu'au Canada anglais, et que l'on se réfère souvent à ses opinions en matière de nationalisme, de langue, du Québec et de réforme de la Constitution canadienne[2].

On ne peut guère parler d'une influence transculturelle semblable dans les cas d'Innis et de Grant[3]. Aucun des deux n'a exercé une influence notable sur les débats intellectuels ou politiques des francophones du Québec. Les grandes préoccupations intellectuelles abordées dans leurs ouvrages respectifs, l'incidence économique et culturelle sur la périphérie canadienne des grands empires (particulièrement l'empire américain), ou la nature et le caractère essentiels de la société technologique moderne, par exemple, n'ont constitué, dans l'ensemble, que des considérations secondaires pour les intellectuels et politiciens du Québec, où les débats étaient généralement

---

2.   Bien que l'œuvre de Rioux soit accessible pour les lecteurs anglophones grâce aux efforts de Susan Crean (Voir *Two Nations,* Toronto, Lorimer, 1983), il est certes juste d'affirmer que son influence au Canada anglais n'a pas été déterminante, surtout si on le compare aux trois autres penseurs nommés. Ses réflexions sur le mouvement nationaliste au Québec ont eu un impact plus important quoique indirect.

3.   Il faut reconnaître que l'œuvre maîtresse de Grant, *Lament for a Nation*, a été traduite en français, avec une préface de Jacques-Yvan Morin, sous le titre *Est-ce la fin du Canada ? Lamentation sur l'échec du nationalisme canadien* et publiée à Québec par Hurtubise HMH en 1987, mais c'était plus de vingt ans après sa publication originale en langue anglaise. Il a encore fallu plus longtemps pour que l'œuvre d'Innis soit quelque peu diffusée. Lors d'un colloque organisé en 1997 par Charles Acland et William Buxton et la publication de *Harold Innis in the new Century : Reflections and Refractions* qui s'en est suivie, deux chapitres ont été consacrés à tâcher d'expliquer pourquoi les idées d'Innis, tout en étant présentes au Québec, n'y exerçaient pas une influence majeure.

concentrés sur la société québécoise et les rapports entre le Québec et le Canada.

Comme il convient à des penseurs de premier plan, les six intellectuels étudiés dans ces pages se sont penchés sur les questions fondamentales de la vie politique : la nature de la liberté individuelle, les prétentions de la communauté sur les individus, le caractère de la société idéale et les conditions nécessaires à assurer la dignité individuelle. Nous avons décelé un large consensus sur l'importance de la liberté, de l'égalité et de la communauté, mais de profondes divergences d'opinions sur la nature de ces « biens ». L'analyse que nous avons entreprise dans ces pages nous permet de tirer des comparaisons entre eux, non seulement en ce qui a trait à leurs réflexions abstraites sur ces biens (et sur les rapports entre eux), mais aussi à leur rôle à la fois pour définir un certain nombre de questions essentielles au cœur du programme politique en général et du discours politique canadien, et pour orienter le débat sur cette question. Le principe fondateur de la liberté humaine implique donc, entre autres, des questions relatives aux droits individuels et à la législation, à la conception et au fonctionnement des institutions sociales et politiques et au rapport entre l'État et la société. La quête d'égalité et de justice sociale soulève des préoccupations liées au capitalisme et à ses effets économiques et sociaux, à la place et au statut des minorités ethniques ou nationales, au colonialisme et à la dépendance, ainsi qu'à l'inégalité régionale. Le concept de communauté vient éclairer les débats : sur le nationalisme (tant canadien que québécois) et l'unité nationale, sur les questions d'identité et de droits collectifs, sur les rapports entre le Canada et les États-Unis, et sur l'autonomie provinciale.

LA LIBERTÉ

Vu dans une perspective sérieuse, le problème de la liberté doit toujours être situé par rapport aux inévitables prétentions de la communauté sur l'individu et à la nature de la dignité de l'homme. Aucun des penseurs que nous avons abordés ne s'inscrirait en faux contre cette affirmation. Aucun des six ne donne non plus une évaluation positive de l'individualisme à l'américaine qui – tous en sont plus ou moins convaincus – finit par amenuiser et nier la liberté individuelle des éléments les moins privilégiés de la société puisqu'il ne leur offre pas les conditions nécessaires à l'exercice véritable de leur liberté de choix. Parallèlement, on banalise la liberté en considérant implicitement que tous les choix méritent le même genre de protection. Ces six intellectuels canadiens font plutôt preuve de scepticisme à l'égard des rapports entre le capitalisme de libre marché et la liberté de l'homme. Ils ne se laissent pas impressionner par la liberté considérée comme simple liberté face à l'ingérence, soit le droit de faire ce que bon nous semble, ou ce que ses critiques considèrent comme la conception négative de la liberté. Tous s'entendent plutôt pour dire que la véritable liberté suppose des choix et des actes individuels posés en tenant compte d'horizons moraux. Mais de quels horizons s'agit-il?

La perception qu'Innis a de la liberté est modelée par son héritage canadien-anglais, sa formation et ses travaux de recherche à titre d'économiste, et son analyse matérialiste de l'histoire canadienne et mondiale. Son héritage lui permet de saisir l'importance d'institutions politiques et sociales stables et aux rouages bien huilés pour bénéficier d'une liberté individuelle. Dans la tradition libérale *whig* de Hume et Burke, Innis est convaincu que la liberté est fonction de conditions historiques et culturelles, le fruit de coutumes, conventions et institutions évoluant au fil du temps. Ce sont l'équilibre et la stabilité résultant d'un certain genre de société qui offrent les conditions nécessaires à l'exercice de la liberté de l'homme. La menace à long terme la plus importante à cette liberté provient de la perturbation de cette stabilité et de cet équilibre sociétaux, ainsi que de la culture civile et des institutions autonomes (protégées par des sphères de non-ingérence comme les parlements, les tribunaux, la *common law* et les universités) qui la favorisent. La principale source de cette perturbation réside dans la tendance de l'élite à contrôler la technologie, un contrôle exercé par l'entremise de grandes organisations (militaires, commerciales et bureaucratiques) qui produisent des « monopoles du savoir ». Ce qui entraîne la concentration du pouvoir social et l'édification d'une forme d'hégémonie idéologique qui élimine la liberté de pensée et d'investigation. À notre époque, la mécanisation du savoir accélère cette tendance en minant les conditions sociales et culturelles qui soutiennent la liberté individuelle.

C'est peut-être sur le plan de l'adhésion à la tendance du libéralisme à donner primauté à l'individu qu'Innis se rapproche le plus de Trudeau, bien qu'il fasse preuve d'une beaucoup plus grande méfiance à l'égard des implications à long terme de l'État bureaucratique moderne sur la liberté individuelle. Toutefois, autant Innis que

Trudeau expriment leur pessimisme quant aux perspectives de liberté individuelle dans une société où le nationalisme ethnique est puissant, en particulier lorsque l'État devient le cœur du sentiment nationaliste. À l'instar de Maritain, Trudeau est convaincu que la société, au sein de laquelle « la conscience personnelle garde la priorité [...] et les rapports sociaux procèdent d'une certaine idée, d'une certaine initiative, et de la détermination volontaire des personnes humaines. » (1965 : 4), suppose un système de rapports humains plus forts que les liens nationaux et autres associations communautaires et moralement supérieurs à ces derniers. Étant naturels, ceux-ci sont à la fois normaux et inévitables, mais, étant fondés sur la nature plutôt que sur la conscience individuelle et la détermination volontaire des personnes, ils ne permettent pas à l'individu de connaître la véritable liberté. De surcroît, la liberté et la dignité humaine étant inextricablement liées dans la philosophie de Trudeau, seul « l'homme vivant en société » peut accéder à la dignité, qui n'est pas une qualité de « l'homme vivant en communauté ».

Bien qu'ils soient eux aussi exposés au personnalisme catholique qui exerce une telle influence sur la pensée de Trudeau, Rioux et Laurendeau ne prennent manifestement pas à cœur le mépris du nationalisme qui caractérise la philosophie de penseurs personnalistes de la renommée des Maritain et Delos. Comme Taylor et Grant, Rioux et Laurendeau n'éprouvent pas la moindre difficulté à concilier le nationalisme et un État reposant sur le principe national tout en respectant la liberté individuelle. Cela tient à ce que tous quatre sont convaincus que la seule condition permettant d'atteindre la liberté véritable réside dans un contexte nourrissant et affirmant les identités et les associations communautaires qui confèrent de la dignité à l'existence d'une personne. Tous sont d'accord pour dire que la liberté ne constitue pas sa propre justification, c'est-à-dire la liberté en tant qu'absence de contrainte, mais qu'il faut lui donner un certain sens moral résultant du rapport entre les actes et les choix d'un individu, d'une part, et le bien commun, d'autre part. Leur conception de ce bien commun confère au nationalisme un statut beaucoup plus important que Trudeau et Innis ne sont prêts à lui reconnaître.

Dans le cas de chacun des quatre francophones du Québec, il existe une clé à leur perception particulière respective de la liberté. Pour Laurendeau, c'est la conviction que seul le contexte de la nation est suffisamment large pour permettre la liberté individuelle et le plein épanouissement personnel. Dans la mesure où la nation est la communauté qui donne du sens à l'existence en raison d'une culture commune, il faut la reconnaître et la soutenir, faute de quoi liberté et dignité individuelle deviennent impossibles.

Rioux ne s'y opposerait pas, mais sa perception de la liberté a sa propre facette particulière. Selon lui, c'est l'aliénation qui constitue le principal obstacle à la liberté de l'homme, un argument qui rappelle beaucoup les premiers écrits de Marx. Si l'émancipation de la nation est nécessaire à celle de l'individu, elle ne suffit pas. Avant qu'un individu puisse aspirer à l'autonomie et à la véritable liberté, il faut vaincre toutes les formes d'aliénation, c'est-à-dire éliminer toutes les structures et tous les systèmes idéologiques qui empêchent une personne de se familiariser avec ses propres possibilités, que cette aliénation soit culturelle, économique ou politique. Par conséquent, un Québec politiquement indépendant ne garantirait pas la liberté aux Québécois. Notons que, sur ce point, Rioux est infiniment plus convaincu que Trudeau que l'indépendance du Québec ne desservira pas la cause de la liberté individuelle. Au contraire, l'aliénation résultant de la domination d'une nation par l'autre constitue, affirme Rioux, un des plus grands obstacles à la liberté humaine, de sorte que l'émancipation nationale du Québec représente une étape cruciale incontournable vers l'émancipation individuelle des Québécois.

La clé de la perception que Trudeau a de la liberté réside dans sa conception de la société. Tout en reconnaissant le caractère inévitable, et même parfois salutaire, des associations humaines fondées sur les liens du sang, de l'ethnicité et de la culture, Trudeau considère moralement inférieures ces associations par rapport à celles qui sont fondées sur un choix personnel ne tenant pas compte de ces liens communautaires. Il y aura toujours des communautés au sein de la société politique, mais celle-ci ne devrait jamais reposer sur les liens communautaires. Ce n'est pas l'identification de l'homme à un groupe communautaire qui confère de la dignité à son existence et le sens moral d'un individu véritablement libre à ses actes. Trudeau aurait plutôt tendance à dire que ce n'est que lorsqu'on a ouvert le maillon déterministe de ces liens communautaires et que les gens vivent dans une société au sein de laquelle leurs relations et obligations mutuelles sont fondées sur la raison et le consentement qu'on peut véritablement parler de liberté pour les hommes et les femmes. Pour lui, tout État dont l'existence repose sur le principe national est l'antithèse d'une société libre et un affront à la dignité de l'homme.

On retrouve dans la perception qu'a Taylor de la liberté certains des traits conceptuels architecturaux de celle de Trudeau, en particulier un emprunt à Kant : la conception de la liberté comme un acte vertueux qui ne peut survenir qu'au sein de l'ordre moral que constitue la société. Leurs points de vue divergent lorsque Taylor insiste sur l'importance de l'authenticité pour cerner le caractère moral de la liberté individuelle. Par authenticité, Taylor entend les qualités propres à l'homme affirmées par l'exercice du libre arbitre, des qualités qui doivent forcément relier l'individu à de vastes communautés. La forte sympathie de Taylor à l'endroit des aspirations nationalistes, notamment à celui des politiques linguistiques québécoises depuis les années 1970 et à la reconnaissance constitutionnelle du Québec comme société distincte, découle de sa conviction que les objectifs collectifs associés au nationalisme peuvent renforcer la dignité des individus et faire partie de l'horizon moral qui donne à leur existence un sens véritablement humain. La clé pour atteindre la liberté réside dans l'authenticité et celle-ci exige des occasions d'affirmer et de connaître la signification publique de l'existence. Et, selon Taylor, le nationalisme peut fournir ces occasions.

La pensée de Grant sur la liberté est très proche de celle de Taylor ; tous deux critiquent la modernité et le libéralisme. Mais, à l'instar d'Innis, Grant est pessimiste quant aux menaces pour la liberté de la réorganisation des relations sociales et des changements de valeurs sociétales (et même de la moralité) nécessaires pour faire face à l'évolution constante, rapide et universelle qui caractérise la société technologique moderne. Grant est convaincu que l'élimination systématique de tous les obstacles institutionnels et culturels à l'évolution – autrement dit, la « liberté totale » – finira par saper la liberté humaine elle-même, dont l'expansion est considérée comme la justification de la poursuite des changements. Cela tient au fait que s'en trouvent éliminées toutes les contraintes posées à une « volonté de maîtrise » autoentretenue qui contamine la civilisation occidentale et devient de plus en plus amorale et destructrice sur les plans social, culturel et environnemental. Malheureusement, l'affirmation des choix et des droits individuels devenant le grand principe qui oriente la société, toutes les autres traditions, mœurs, obligations sociales et valeurs spirituelles deviennent secondaires et remplaçables.

L'ÉGALITÉ

Les six penseurs étudiés dans cet ouvrage sont progressistes sur le plan social, bien que leur degré d'attachement à l'éthique de la redistribution varie, étant plus modéré chez Trudeau, Innis et Laurendeau, et plus radical chez Taylor, Grant et Rioux. Tous les six prennent position, dans leurs écrits comme dans leurs déclarations, contre diverses formes d'impérialisme et de colonialisme, qu'ils soient culturels, économiques ou militaires. Aucun d'entre eux n'a de temps à consacrer à l'égalitarisme à l'américaine, influencé par le concept de « frontière » et le puissant courant d'individualisme brut qui conserve une place de choix dans le psychisme américain. Leurs entraves, plutôt que d'être faites d'individualisme brut, le sont d'obligations sociales. En outre, les quatre Québécois faisaient partie de l'opposition politique et intellectuelle à l'alliance profane qui a dominé la politique québécoise sous Maurice Duplessis.

Ces similitudes ne doivent pas masquer les différences importantes entre eux. Comme dans le cas de leurs réflexions sur la liberté, Trudeau et Innis se démarquent quelque peu des autres lorsqu'il est question d'égalité, adoptant la position plus traditionnellement libérale qui consiste à voir dans *l'individu* plutôt que dans *le groupe* le détenteur des droits. Ils soulignent la nécessité de libérer l'individu, plutôt que la communauté, la classe sociale ou l'ensemble de la société, et de lui permettre d'atteindre son plein potentiel.

Innis et Trudeau se trouvant donc dans une classe à part, il devient tout de suite impérieux d'établir une distinction entre les deux, car ils sont, de fait, très différents l'un de l'autre. Les idées d'Innis sur l'égalité se manifestent dans sa préoccupation constante à l'égard de l'équilibre, de la proportion et de la modération, ainsi que dans son analyse des préjugés dangereux inhérents aux monopoles, aux empires et aux relations entre le centre et la périphérie. Innis déteste et craint les conséquences des inégalités marquées de richesse, de pouvoir et de savoir, aussi bien entre individus qu'entre groupes sociaux, régions ou nations, et cherche à démontrer les effets corrosifs et contre-productifs de ces inégalités pour toutes les parties en cause. À ses yeux, il n'est ni possible ni souhaitable d'atteindre une égalité parfaite, mais il revient sans cesse sur la sagesse et le mérite d'éliminer les obstacles à la poursuite du développement des capacités et du potentiel des individus. Tout comme reviennent sans cesse ses sombres prémonitions quant à l'avenir du Canada au sein de l'empire américain, qui ne laisse que peu de place à l'équilibre et à la modération, ou ses préoccupations concernant la concentration sociale et géographique du pouvoir.

Quant à Trudeau, il peut paraître curieux de prétendre qu'il a toujours soutenu que les individus ne possèdent des droits qu'à titre d'individus et jamais en tant que membres d'un groupe. Après tout, voilà un homme qui s'est fait le défenseur du bilinguisme officiel et des droits des minorités linguistiques pendant toute sa vie publique, dont le gouvernement a élaboré la première politique officielle du Canada sur le multiculturalisme et qui est parvenu, en dépit d'une opposition considérable des provinces, à faire enchâsser dans la Constitution la Charte des droits et libertés, qui reconnaît et protège à plusieurs égards des droits collectifs. Cependant, Trudeau a toujours maintenu la position que les individus ont droit à un même traitement en raison du principe de dignité égale de toutes les personnes, dignité qui est affaiblie lorsqu'on garantit des droits à l'égalité aux communautés comme telles plutôt qu'aux individus. Le régime de bilinguisme officiel institué par Trudeau accorde des droits linguistiques aux individus membres des communautés francophones et anglophones, où qu'ils résident au Canada, plutôt qu'à des communautés territoriales comme c'est le cas en Belgique ou en Suisse. Il a catégoriquement toujours maintenu que le fait d'octroyer des droits particuliers à des groupes ethniques, linguistiques, religieux ou autres, ou de leur conférer un statut distinct revient à renier la dignité de l'homme. Généralement, on attribue sa résolution inflexible sur ce point à ce qu'on appelle son rationalisme, son rationalisme excessif, soutiendraient ses critiques. En réalité cependant, la cause la plus importante en est la conviction de Trudeau que la dignité individuelle ne découle pas de l'appartenance à une communauté, mais bien d'un sentiment internalisé de ce qui est vertueux, sentiment qui ne peut se matérialiser qu'au sein de ce qu'il considère comme un niveau plus élevé d'organisation sociale, soit la société.

Laurendeau, pour sa part, a co-présidé la commission royale d'enquête qui a recommandé le régime d'égalité linguistique entre francophones et anglophones sous le premier gouvernement Trudeau. Les opinions qu'il a de l'égalité entre le français et l'anglais au Canada ne sont cependant pas en harmonie avec celles de Trudeau. Quand Laurendeau porte ses réflexions sur l'égalité, c'est souvent l'égalité entre *les deux peuples fondateurs* du Canada qui le préoccupe. Il est convaincu qu'une égalité totale entre les nations canadienne-française et canadienne-anglaise au sein du Canada constitue une condition préalable à l'atteinte de l'égalité individuelle. Aussi longtemps que perdurera l'inégalité entre la capacité des deux nations à prendre part à la vie politique, économique et sociale du pays, et entre leurs possibilités d'exprimer leur unicité culturelle, l'égalité entre individus demeurera illusoire. La différence avec Trudeau est relativement importante puisque ce dernier ne parlerait pas d'égalité entre nations. De plus, Laurendeau est beaucoup plus favorable que Trudeau à l'endroit du mouvement nationaliste-indépendantiste et beaucoup plus porté à considérer le gouvernement du Québec comme le seul protecteur fiable de la nation canadienne-française.

Rioux va beaucoup plus loin que Laurendeau lorsqu'il soutient que l'indépendance du Québec est une condition préalable essentielle à l'égalité des nations que Laurendeau espère toujours voir atteindre au sein du fédéralisme canadien. Il reconnaît que l'indépendance ne garantirait pas l'émergence d'une société nouvelle fondée sur des principes sociaux-démocrates – quand une libération nationale a-t-elle entraîné le remplacement d'une élite ethnique par une autre? – mais il s'agirait d'une étape vers l'élimination d'un des principaux obstacles à la création d'une société vraiment égalitaire, soit la domination culturelle et économique. Rioux est aussi intimement convaincu de la nécessité de la dévolution d'autorité et d'autodétermination aux régions et aux regroupements locaux de citoyens. «Aussitôt réalisée notre émancipation collective, écrit-il, il va falloir mettre en place des politiques qui reconnaîtront cette diversité intérieure.» (1979 : 208) La vision qu'a Rioux d'une société émancipée à bâtir ressemble plus à celle de Taylor qu'à celles de Trudeau ou Laurendeau.

Taylor et Grant partagent un point de vue semblable de la question de l'égalité. Tous deux se lancent dans des critiques acerbes d'un système économique capitaliste alimenté par la cupidité et le matérialisme. Tous deux établissent un lien entre égalité et communauté, plus particulièrement entre perte de communauté et aggravation des inégalités. Il n'est pas possible de faire jouer à l'État un rôle positif dans lequel il se fait l'instrument d'objectifs collectifs favorisant la dignité de tous et sert de frein à la cupidité au nom du bien collectif, lorsqu'une idéologie d'individualisme débridé et de glorification du libre marché vient affaiblir l'État et ébranler l'identification des citoyens avec le sort de la communauté. Et c'est pourtant précisément à cela, soutiennent Taylor et Grant, que l'on doit s'attendre au Canada au vu de l'influence culturelle et économique de plus en plus envahissante des États-Unis. Étendre l'égalité dans la société canadienne plutôt que de stimuler une inégalité toujours plus grande dépend de l'équilibre que l'on trouvera entre l'éthique capitaliste et une éthique clairement définie de la communauté.

L'existence de ce rapport étroit entre l'égalité et la communauté contribue à expliquer le solide soutien que Taylor comme Grant accordent aux nationalismes canadien *et* québécois. Sur ce point, leurs opinions convergent avec celles de Laurendeau et Rioux. Tous souhaitent voir un Canada anglais davantage conscient de lui-même offrir la reconnaissance et l'égalité de statut à la nation québécoise. Si Taylor fait de cet élément la pierre angulaire de la solution qu'il propose à la question frustrante de l'unité nationale du Canada, Grant la voit comme une alliance nationale visant à contenir et retarder l'assimilation apparemment inévitable tant des Canadiens anglais que des Canadiens français dans un creuset d'uniformité culturelle à saveur américaine.

LA COMMUNAUTÉ

Comme nous l'avons vu, le concept de communauté est important pour ces six penseurs, mais pas toujours pour les mêmes raisons ni de la même manière. Pour le spécialiste en économie politique Harold Innis, la notion de communauté, et la place qu'elle occupe dans sa pensée, diffère de celle des cinq autres penseurs. Riche et originale, sa notion de la communauté n'est pas souvent attestée dans ses recherches et écrits. De fait, l'existence du Canada en tant que communauté politique et économique naturelle plutôt que création artificielle au mépris de la géographie et de l'histoire, constitue l'idée et l'argumentation principales élaborées par Innis et d'autres membres de « l'école laurentienne » d'historiens et de spécialistes de l'économie politique. En gros, Innis (et on peut certainement affirmer la même chose dans le cas de Grant) est convaincu qu'on ne peut comprendre la réalité économique et sociale, ainsi que le cours de l'histoire, que par le biais d'interprétations globales portant sur des civilisations entières et couvrant plusieurs siècles. Conséquence naturelle de cette approche méga et holistique, l'accent est mis sur le sort de communautés entières jouant le rôle d'unités fonctionnelles au sein d'un ensemble plus vaste de relations. Ce sont ces relations entre les communautés, surtout entre le centre et la périphérie, la métropole et les colonies, qui constituent le thème central de l'économie politique d'Innis.

Il aborde sa matière avec une grande préoccupation envers *l'équilibre* dans les relations humaines, et son analyse des conséquences à long terme négatives des monopoles et de la centralisation le convainc de l'importance cruciale d'obtenir et de protéger l'indépendance du Canada vis-à-vis de la métropole américaine. Elle l'amène également à se poser en défenseur incontournable de la nécessité de préserver l'autonomie provinciale contre les tendances centralisatrices de la bureaucratie fédérale et de clarifier et de mettre en évidence les besoins propres aux économies régionales face aux préférences politiques du cœur industriel et financier du Canada central. Dans chacun des cas, cela reflète sa reconnaissance de l'importance de communautés économiquement vitales et politiquement autonomes pour la qualité et la durabilité des institutions sociales, de même que des libertés individuelles, au sein de ces communautés.

Grant sonne lui aussi l'alarme face à l'érosion d'une communauté canadienne distincte et souveraine et rappelle la nécessité de protéger l'autonomie des communautés provinciales, parce qu'il est convaincu que l'homme ne peut vraiment être libre que dans le cadre d'un ordre social et d'une communauté étayés par les traditions et institutions représentant à la fois les limites à cette liberté et le soutien qui lui est nécessaire. C'est par l'identification des choses qui lui sont propres et par la participation aux communautés auxquelles il appartient que l'individu peut « saisir ce qui est bon » pour lui-même et ses concitoyens. Pour la plupart, c'est l'assise essentielle à la participation à un bien plus universel, fait de justice, de charité, de loyauté, de respect envers la valeur et la dignité égales de toute personne et, dans le cas de Grant, bien sûr, de l'amour de Dieu. Autrement dit, on ne peut sacrifier le particulier au général ni le sous-évaluer par rapport à ce dernier, « crime » dont Grant accuse (en des termes non équivoques tout à fait typiques de son style) les libéraux purs et durs, parmi lesquels des personnalités de premier plan comme Pierre Trudeau.

C'est cependant surtout chez les quatre penseurs québécois que le concept de communauté prend toute la place et entraîne des débats intenses et fondés sur des principes. Dans le chapitre d'introduction à cet ouvrage, nous avons analysé le concept de l'autodétermination et la réussite des nationalistes québécois depuis les années 1960 à convaincre de nombreux intellectuels anglophones que le Québec constitue une nation, une société colonisée, et qu'il dispose d'un droit naturel à prendre en mains son propre avenir. Toutes ces prémisses supposent un concept de communauté qui, au fil des ans, a refait surface sous diverses formes, depuis la perception du Canada comme une communauté de communautés jusqu'à la souveraineté-association et une indépendance politique pure et simple pour le Québec, en passant par les théories des « deux nations » relatives à la Confédération et l'octroi d'un statut particulier pour le Québec au sein du fédéralisme canadien. C'est là un concept de la communauté qui perçoit la communauté nationale, définie par des attachements communs à la langue, à l'histoire et à l'identification mutuelle, comme une assise naturelle – certains iraient jusqu'à dire souhaitable – sur laquelle édifier un État. La philosophie de Laurendeau, ainsi que celles de Rioux et de Taylor (et on pourrait y ajouter celle de Grant) fournissent toutes un soutien intellectuel à ce concept de communauté.

Même s'ils ont recours à des arguments très différents et souvent complémentaires, Rioux et Taylor voient tous deux les identités communautaires comme potentiellement libératrices pour l'individu et comme une forme de plus en plus nécessaire d'isolement contre l'aliénation (chez Rioux) et l'atomisation (chez Taylor) auxquelles l'homme moderne est confronté dans un système économique-plus-culturel mondial qui nivelle le caractère unique des cultures et offre plutôt une uniformité insatisfaisante d'expérience et de conscience. Leurs points de vue divergent toutefois sur la question de l'indépendance du Québec. Taylor est convaincu que l'on peut faire place aux aspirations communautaires des Québécois en apportant des réformes au fédéralisme canadien, ce qui nécessiterait à tout le moins la reconnaissance constitutionnelle du Québec comme société distincte, quoiqu'une réconciliation plus durable des deux solitudes devrait probablement reposer sur la mise en œuvre du fédéralisme asymétrique implicite dans la notion de *diversité profonde* de Taylor. Rioux insiste sur le fait que seule l'indépendance politique du Québec peut surmonter l'oppression et l'aliénation qui lui apparaissent inévitables dans la camisole de force fédéraliste. Aux yeux de Rioux, le Québec est une société que la colonisation a déformée et dont elle a retardé la croissance, et il accepte manifestement l'analogie entre le Québec et les peuples colonisés des pays en voie de développement. Il ne croit pas que l'indépendance du Québec doive nécessairement dégénérer en un nationalisme ethnique intolérant, mais croit plutôt que les petites collectivités, les communautés autochtones, par exemple, ou même la minorité anglophone du Québec, peuvent toutes entretenir un sentiment d'appartenance à une société québécoise pluraliste qui leur permet d'affirmer leurs identités collectives au sein d'un Québec indépendant.

Le concept de communauté de Laurendeau s'inscrit dans la tradition d'Henri Bourassa, fondateur et premier directeur du quotidien *Le Devoir,* dont Laurendeau a été directeur en chef à son tour. Comme Bourassa, il insiste sur les aspects culturels du statut de nation, ainsi que sur le rôle particulier joué par le Québec dans la protection de la langue et des traditions propres au Canada français. Laurendeau rejette sans cesse la position selon laquelle il faut traiter le Québec comme n'importe quelle autre province et reconnaît que la démographie et les pressions assimilationnistes subies par les minorités francophones hors Québec entraînent une situation dans laquelle le Québec est inévitablement, au sens réel et premier du terme, l'État national des Canadiens français. De surcroît, Laurendeau n'hésite pas à parler de la *société québécoise,* expression par laquelle il entend l'ensemble des institutions et des relations inspirées par la langue française et la culture commune aux Québécois. Ensemble, ces notions du Québec comme État national des francophones canadiens et du Québec comme société distincte constituent l'architecture d'une pensée nationaliste modérée sur la réforme du fédéralisme canadien. Il est aisé de repérer les liens entre la pensée de Laurendeau et les concepts de statut particulier et de société distincte qui ont donné lieu à d'innombrables débats depuis les années 1960.

Ces convictions distinguent Laurendeau de Trudeau, quoique, à certains égards, leurs opinions sur le dualisme canadien et le statut égal des deux communautés linguistiques au sein des institutions fédérales se rapprochent. Mais, au bout du compte, Laurendeau est un nationaliste québécois, même s'il garde un pied dans le nationalisme canadien-français d'Henri Bourassa, alors que Trudeau n'en est manifestement pas un. Ce dernier rejette en effet la notion de statut constitutionnel particulier pour le Québec, puisqu'il y voit l'élévation de l'identité communautaire à un degré qui, selon lui, constitue une menace pour les droits des minorités et s'attaque à la dignité humaine.

Le hic, c'est la dignité. C'est sur ce point que Trudeau se démarque de Laurendeau et de tous ceux qui ont de la sympathie envers le nationalisme québécois. Car, alors que les nationalistes insistent sur le fait que la dignité individuelle et une vie réussie exigent une expérience de vie au sein d'une communauté et la reconnaissance de son identité communautaire par le biais d'institutions sociales et politiques, Trudeau imagine une dignité individuelle qui n'est pas ancrée dans l'identité communautaire, mais qui la transcende. Selon lui, c'est cette transcendance qui confère de la dignité aux actes et à l'existence de quelqu'un. Une fois de plus, il faut saisir la distinction que Trudeau établit entre communauté et société. Les communautés définies par des liens inhérents à la langue, à l'ethnicité, à la culture et à l'histoire seraient, insiste-t-il, moralement inférieures aux sociétés au sein desquelles les liens inhérents à la vie civile transcendent les identités communautaires. De façon très réelle, Trudeau est peut-être le dernier citoyen canadien en vue à défendre le concept de nationalisme civique, concept que Taylor considère comme dépassé et mal adapté à la quête d'authenticité de l'homme moderne. Les différentes visions communautariennes élaborées par Laurendeau, Rioux et Taylor ont le vent en poupe ces dernières années. Est-ce un simple retour du balancier intellectuel ou cela augure-t-il d'une profonde reconfiguration de l'expérience canadienne de la réconciliation des différences communautaires? Seule l'expérience le dira.

CONCLUSION

Par leur propre praxis, c'est-à-dire la mise en pratique de leurs idées dans les cercles politiques et sociaux auxquels ils ont contribué, et par l'influence des réflexions des autres, chacun des penseurs abordés dans cet ouvrage a laissé un héritage durable. Chacun a influencé le cours des choses.

Innis, l'iconoclaste universitaire qui était très conscient « d'avoir l'intuition de beaucoup de choses, mais de n'avoir de pouvoir sur presque aucune » a consacré sa vie à la création et au perfectionnement d'une approche typiquement canadienne, la théorie des ressources premières, pour comprendre l'évolution historique du pays, tout en contribuant à l'établissement et à la défense de l'infrastructure et des normes intellectuelles d'une recherche universitaire en sciences sociales autonome.

Grant, le critique social non orthodoxe aux idées contrariantes s'est répandu en injures contre ce qu'il percevait comme de la morosité croissante et a remis en question les hypothèses fondamentales et les remèdes universels des élites dirigeantes canadiennes et de leurs fonctionnaires. S'il l'a fait, ce n'est pas tant pour réellement renverser la vapeur – les choses lui paraissaient coulées dans le béton – que pour se lamenter sur ce qui était perdu, critiquer violemment le statu quo et sonner l'alarme pour indiquer à la société moderne vers quel avenir elle se dirigeait.

Taylor, le philosophe engagé de la gauche nationaliste canadienne, de jeune homme en colère du monde politique canadien qu'il était dans les années 1960, est devenu l'un des intellectuels les plus respectés du monde anglophone. On notera ses tentatives communautariennes de remodeler la pensée libérale de manières qui placent la dignité, l'identité et l'authenticité individuelles au cœur des débats. À l'encontre de Grant, qui est plus pessimiste, Taylor n'a jamais donné l'impression, que ce soit dans ses travaux ou dans son implication politique, qu'il se considérait lui-même comme le défenseur des causes perdues.

Humaniste impliqué en politique, Laurendeau était profondément préoccupé par la gestion de la diversité au Canada. Son implication a pris différentes formes, notamment la politique de partis, le journalisme et la co-présidence d'une des plus importantes commissions royales d'enquête du Canada. Les analyses de Laurendeau se caractérisaient par une impressionnante clairvoyance et se sont révélées exactes, à bien des égards, dans des sociétés de l'ensemble du monde développé. Au Canada, cependant, ses idées ont souffert de l'approche de Trudeau qui consistait à minimiser l'importance de la diversité profonde pour encourager une seule identité canadienne.

Rioux, l'un des intellectuels de gauche les plus importants au Québec, s'est laissé inspirer par toutes les possibilités qu'il voyait dans les petits villages, les petites villes et les régions éloignées. Il était toujours critique à l'égard des forces centralisatrices et impérialistes, et imaginait des options de rechange qui lui paraissaient pouvoir atténuer les injustices et les inéquités. Le principal élément moteur de sa philosophie de la vie et de la politique était la recherche de l'égalité entre les classes sociales, les communautés nationales et les peuples.

Se situant à l'autre extrémité du spectre par rapport à l'érudit monastique qu'était Innis, Trudeau a eu l'occasion de mettre ses idées en pratique et de remodeler les institutions politiques canadiennes. Il était au pouvoir au moment de la promulgation de la *Loi sur les langues officielles* en 1969, de la réaction d'Ottawa à la Crise d'octobre 1970 et de la promulgation de la *Loi constitutionnelle de 1982,* y compris l'enchâssement de la Charte des droits et libertés. Enfin, il se peut que son intervention publique ait constitué un élément décisif dans la défaite de l'accord lac Meech en 1990. À la mort de Trudeau à l'automne 2000, un sentiment de perte a été éprouvé à l'échelle canadienne. Peut-être cela avait-il moins à voir avec son héritage de politiques et d'institutions (qui n'ont pas toutes été populaires aux yeux de nombreux Canadiens et Québécois), qu'avec le sentiment que le Canada venait de perdre son « philosophe-roi », un être exceptionnel dans n'importe quelle société, mais plus encore dans la vie politique du pays.

Tous ces hommes laissent une impression durable et indélébile au firmament de la pensée politique canadienne. Leurs contributions continuent de résonner dans la société et la politique canadiennes et québécoises, et continueront de le faire pendant plusieurs générations encore.

Bibliographie

ACLAND, Charles. 1999, « Histories of Places and Power : Innis in Canadian Cultural Studies » dans Charles Acland et William Buxton (dir.). *Harold Innis in the New Century : Reflections and Refractions,* Montréal et Kingston, McGill-Queen's University Press, p. 243-260.

ANCTIL, Pierre. 1988, *Le Devoir, les Juifs et l'immigration,* Québec, Institut québécois de recherche sur la culture.

ANCTIL, Pierre. 1990, « Laurendeau et le grand virage identitaire de la Révolution tranquille », dans Robert Comeau et Lucille Beaudry (dir.), *André Laurendeau : Un intellectuel d'ici,* Sillery, Les Presses de l'Université du Québec, p. 227-240.

BALTHAZAR, Louis. 1990, « André Laurendeau, un artiste du nationalisme », dans Robert Comeau et Lucille Beaudry (dir.), *André Laurendeau : Un intellectuel d'ici,* Sillery, Les Presses de l'Université du Québec, p. 169-178.

BAUM, Gregory et Duncan CAMERON, (dir.). 1984, *Ethics and Economics : Canada's Catholic Bishops on the Economic Crisis,* Toronto, Lorimer.

BEHIELS, Michael D. 1985, *Prelude to Québec's Quiet Revolution : Liberalism versus Neo-Nationalism, 1945-1960,* Montréal, McGill-Queen's University Press.

BERGER, Carl. 1976, *The Writing of Canadian History : Aspects of English Canadian Historical Writing 1900-1970,* Toronto, Oxford University Press.

BERLAND, Jody. 1999, « Space at the Margins : Critical Theory and Colonial Spaces after Innis » dans Charles Acland et William Buxton (dir.). *Harold Innis in the New Century : Reflections and Refractions,* Montréal et Kingston, McGill-Queen's University Press, p. 281-308.

BICKERTON, James. 1999, « Too Long in Exile : Innis and Maritime Political Economy » dans Charles Acland et William Buxton (dir.). *Harold Innis in the New Century : Reflections and Refractions,* Montréal et Kingston, McGill-Queen's University Press, p. 225-239.

BOURGAULT, Pierre. 1982, *Écrits polémiques 1960-1981 : la politique,* Montréal, VLB Éditeur.

BRADFORD, Neil. 1998, *Commissioning Ideas : Canadian National Policy Innovation in Comparative Perspective*, Toronto, Oxford University Press.

BRODIE, Janine et Jane JENSON. 1989, *Crisis, Challenge and Change : Party and Class Revisited*, Ottawa, Carleton University Press.

BROOKS, Stephen et Alain-G. GAGNON. 1994, *Les spécialistes des sciences sociales et la politique au Canada : entre l'ordre des clercs et l'avant-garde*, Montréal, Boréal.

CANADA (GOUVERNEMENT DU). 1967, *Rapport de la Commission royale d'enquête sur le bilinguisme et le biculturalisme*, Introduction générale, Livre 1, Les langues officielles, Ottawa.

CAREY, James. 1999, « Innis "in" Chicago : Hope as the Sire of Discovery » dans Charles Acland et William Buxton (dir.). *Harold Innis in the New Century : Reflections and Refractions*, Montréal et Kingston, McGill-Queen's University Press, p. 81-104.

CHRISTIAN, William. 1977, « Harold Innis as Political Theorist », *Revue canadienne de science politique*, vol. X, n° 1 (mars), p. 21-42.

CHRISTIAN, William (dir.). 1980, *The Idea File of Harold Adams Innis*, Toronto, University of Toronto Press.

CHRISTIAN, William. 1993, *George Grant : A Biography*, Toronto, University of Toronto Press.

CHRISTIAN, William et Sheila GRANT (dir.). 1998, *The George Grant Reader*, Toronto, University of Toronto Press.

CLARK, S.D. « The Contribution of H.A. Innis to Canadian Scholarship » dans William Melody, Liora Salter et Paul Heyer. 1981, *Culture, Communication and Dependency : The Tradition of H.A. Innis*, Norwood, NJ, Ablex Publishing, p. 27-36

CLEMENT, Wallace et Glen WILLIAMS. 1989, « Introduction » dans Wallace Clement et Glen Williams (dir.), *The New Canadian Political Economy*, Montréal et Kingston, McGill-Queen's University Press, p. 3-15.

COMEAU, Paul-André. 1982, *Le bloc populaire, 1942-1948*, Montréal, Québec/Amérique.

COMEAU, Paul-André. 1990, « Préface » dans *Journal tenu pendant la Commission royale d'enquête sur le bilinguisme et le biculturalisme*, Montréal, VLB Éditeur/Septentrion.

COOPER, Barry. 1978, « A imperio usque ad imperium : The Political Thought of George Grant » dans L. Schmidt (dir.). *George Grant in Process : Essays and Conversations*, Toronto, Anansi Press, p. 13-21.

CREAN, Susan et Marcel RIOUX. 1983, *Two Nations*, Toronto, Lorimer.

CREIGHTON, Donald. « Harold Adams Innis : An Appraisal » dans William Melody, Liora Salter et Paul Heyer. 1981, *Culture, Communication and Dependency : The Tradition of H.A. Innis,* Norwood, NJ, Ablex Publishing, p. 13-26.

DANDURAND, Renée B. 1992, « Marcel Rioux et Fernand Dumont : deux penseurs québécois de la culture (1965-1985) » dans Jacques Hamel et Louis Maheu (dir.). *Hommage à Marcel Rioux. Sociologie critique, création artistique et société contemporaine,* Montréal, Éditions Saint-Martin, p. 39-76.

DANSEREAU, Pierre. 1990, « André Laurendeau : les options réversibles » dans Robert Comeau et Lucille Beaudry (dir.). *André Laurendeau : un intellectuel d'ici,* Sillery, Les Presses de l'Université du Québec, p. 179-184.

DION, Léon. 1973, « Québec and the Future of Canada » dans Dale Thomson (dir.). *Québec Society and Politics : Views from the Inside,* Toronto, McClelland and Stewart, p. 250-262.

DION, Léon. 1990, « André Laurendeau : un intellectuel engagé ? » dans Robert Comeau et Lucille Beaudry (dir.), *André Laurendeau : Un intellectuel d'ici,* Sillery, Les Presses de l'Université du Québec, p. 265-276.

DION, Léon. 1993, *Québec 1945-2000 : Les intellectuels et le temps de Duplessis,* tome 2, Sainte-Foy, Les Presses de l'Université Laval.

DRACHE, Daniel. 1995, « Introduction : Celebrating Innis : The Man, the Legacy, and Our Future » dans Daniel Drache (dir.). *Harold Innis Staples, Markets and Cultural Change,* Montréal et Kingston, McGill-Queen's University Press, p. xiii-lix.

DRACHE, Daniel et Wallace CLEMENT. 1985, « Introduction : The Coming Age of Canadian Political Economy » dans Daniel Drache et Wallace Clement (dir.). *The New Practical Guide to Canadian Political Economy,* Toronto, James Lorimer and Company, p. ix-xxiv.

DUCHASTEL, Jules. 1981, *Marcel Rioux. Entre l'utopie et la raison,* Montréal, Nouvelle Optique.

DUMONT, Fernand. 1990, « De Laurendeau et l'intellectuel d'aujourd'hui » dans Robert Comeau et Lucille Beaudry (dir.), *André Laurendeau : Un intellectuel d'ici,* Sillery, Les Presses de l'Université du Québec, p. 259-263.

FILION, Gérard. 1947, « La démission de M. Laurendeau », *Le Devoir,* 9 juillet.

FOURNIER, Marcel. 1992, « Le sens du possible » dans Jacques Hamel et Louis Maheu (dir.). *Hommage à Marcel Rioux. Sociologie critique, création artistique et société contemporaine,* Montréal, Éditions Saint-Martin, p. 197-205.

GALBRAITH, John Kenneth. 1958, *The Affluent Society*, Boston, Houghton Mifflin.

GRANT, George. 1969, *Technology and Empire: Perspectives on North America*, Toronto, Anansi Press.

GRANT, George. 1969, *Time as History*, Toronto, Canadian Broadcasting Corporation.

GRANT, George. 1981, « The Case Against Abortion », *Today Magazine*, n° 3 (octobre), p. 12-13.

GRANT, George. 1985, *English-Speaking Justice*, Toronto, Anansi Press.

GRANT, George. 1987, *Est-ce la fin du Canada? Lamentation sur l'échec du nationalisme canadien*, Montréal, Hurtubise/HMH, traduction de *Lament for a Nation: The Defeat of Canadian Nationalism*, Toronto, 1965, McClelland and Stewart.

GRANT, George. 1988, « The Triumph of the Will » dans Denyse O'Leary (dir.). *The Issue of Life: A Christian Response to Abortion in Canada*, Burlington, Welch Publishing, p. 156-66.

GUILLAUME, Sylvie. 1990, « La transmission de l'héritage français : trois types de nationalisme canadien-français, 1913-1959 » dans *Études québécoises*, vol. 10 (printemps-été), p. 121-132.

HEYER, Paul. « Innis and the History of Communication : Antecedents, Parallels, and Unsuspected Biases » dans William Melody, Liora Salter et Paul Heyer. 1981, *Culture, Communication and Dependency: The Tradition of H.A. Innis*, Norwood, NJ, Ablex Publishing, p. 247-260.

HORTON, Donald J. 1992, *André Laurendeau: French Canadian Nationalist 1912-1968*, Toronto, Oxford University Press.

HURTIG, Mel. 1991, *The Betrayal of Canada*, Toronto, Stoddart.

INNIS, Harold. 1936, « Discussion in the Social Sciences », *Dalhousie Review*, vol. 15, n° 4 (janvier), p. 401-13.

INNIS, Harold. 1940, « Review of the Rowell-Sirois Report » dans *Canadian Journal of Economics and Political Science*, n° 6, p. 562-571.

INNIS, Harold. 1946, *Political Economy in the Modern State*, Toronto, Ryerson Press.

INNIS, Harold. 1956a, *Essays in Canadian Economic History*, sous la direction de Mary Q. Innis, Toronto, University of Toronto Press.

INNIS, Harold. 1956b, *The Fur Trade in Canada: An Introduction to Canadian Economic History*, rév. et mise à jour de Innis, 1930, Toronto, University of Toronto Press.

INNIS, Harold. 1964a, *The Bias of Communication*, réimpression de Innis, 1951, Toronto, University of Toronto Press.

INNIS, Harold. 1964b, *The Cod Fisheries: The History of an International Economy*, réimpression de Innis, 1940, Toronto, University of Toronto Press.

KING, William Lyon Mackenzie. 1925, *La question sociale et le Canada : industrie et humanité,* Paris, F. Alcan, traduction de *Industry and Humanity : A Study in the Principles of Underlying Reconstruction,* Toronto, 1918, T. Allen.

KROKER, Arthur. 1984, *Technology and the Canadian Mind. Innis/McLuhan/Grant,* Montréal, New World Perspectives.

LAFOREST, Guy. 1992, *Trudeau et la fin d'un rêve canadien,* Sillery, Septentrion.

LAURENDEAU, André. 1952, « Y a-t-il une crise du nationalisme » dans *L'Action nationale,* vol. XL (décembre), p. 205-225.

LAURENDEAU, André. 1962, *La crise de la conscription 1942,* Montréal, Les Éditions du jour.

LAURENDEAU, André. 1970, *Ces choses qui nous arrivent : Chronique des années 1961-1966,* Montréal, Éditions HMH.

LAURENDEAU, André. 1973, *André Laurendeau : Witness for Québec,* Essais choisis et traduits par Philip Stratford, Toronto, Macmillan of Canada.

LAURENDEAU, André. 1990, *Journal tenu pendant la Commission royale d'enquête sur le bilinguisme et le biculturalisme* (avec une préface de Paul-André Comeau), Montréal, VLB Éditeur/Septentrion.

LAXER, James et Robert LAXER. 1977, *The Liberal Idea of Canada : Pierre Trudeau and the Question of Canada's Survival,* Toronto, Lorimer.

LEVITT, Kari. 1970, *Silent Surrender : the Multinational Corporation in Canada,* Toronto, Macmillan of Canada.

LINTEAU, Paul-André, René DUROCHER, Jean-Claude ROBERT, François RICARD. 1986, *Histoire du Québec contemporain : Le Québec depuis 1930,* Montréal, Boréal.

MARITAIN, Jacques. 1965, *L'homme et l'État,* Paris, Presses universitaires de France.

MELODY, William, Liora SALTER et Paul HEYER. 1981, *Culture, Communication and Dependency : The Tradition of H.A. Innis,* Norwood, NJ, Ablex Publishing.

MILLARD, Gregory et Jane FORSEY. 2001, « Technology and the Malaise of Modern Agency : Grant and Taylor », allocution présentée à l'assemblée annuelle de l'Association canadienne de science politique, Québec, le 29 mai 2001.

MONIÈRE, Denis. 1983, *André Laurendeau et le destin d'un peuple,* Montréal, Québec/Amérique.

MONIÈRE, Denis. 1990, « André Laurendeau et la vision québécoise du Canada » dans Robert Comeau et Lucille Beaudry (dir.), *André Laurendeau : Un intellectuel d'ici,* Sillery, Les Presses de l'Université du Québec, p. 191-200.

MUGGERIDGE, John. 1978, « George Grant's Anguished Conservatism » dans L. Schmidt (dir.). *George Grant in Process: Essays and Conversations*, Toronto, Anansi Press, p. 40-48.

NADEAU, Jean-François. 1993, « Itinéraire de la pensée d'André Laurendeau (1912-1968) » dans *L'Action nationale*, vol. 83, n° 5 (mai), p. 645-658.

NOBLE, Richard. 1999, « Innis's Conception of Freedom » dans Charles Acland et William Buxton (dir.). *Harold Innis in the New Century: Reflections and Refractions*, Montréal et Kingston, McGill-Queen's University Press, p. 31-45.

O'DONOVAN, Joan E. 1984, *George Grant and the Twilight of Justice*, Toronto, University of Toronto Press.

OLIVER, Michael. 1991a, *The Passionate Debate: The Social and Politcal Ideas of Québec Nationalism, 1920-1945*, Montréal, Véhicule Press.

OLIVER, Michael. 1991b, « Laurendeau et Trudeau : leurs opinions sur le Canada » dans *L'engagement intellectuel : mélanges en l'honneur de Léon Dion*, Sainte-Foy, Les Presses de l'Université Laval, p. 339-368.

OWRAM, Doug. 1986, *The Government Generation: Canadian Intellectuals and the State, 1900-1945*, Toronto, University of Toronto Press.

PANITCH, Leo. 1990, « Elites, Classes and Power in Canada » dans Michael Whittington et Glen Williams (dir.). *Canadian Politics in the 1990s*, troisième édition, Toronto, Nelson Canada, p. 182-207.

PANITCH, Leo et Donald SWARTZ. 1985, *From Consent to Coercion: The Assault on Trade Union Freedoms*, Toronto, Garamond Press

QUÉBEC, Commission d'enquête sur l'enseignement des arts au Québec (Commission Rioux). 1969, Rapport, 3 volumes, Québec, L'Éditeur officiel du Québec.

REIMER, A. James. 1978, « George Grant : Liberal, Socialist or Conservative ? » dans L. Schmidt (dir.). *George Grant in Process: Essays and Conversations*, Toronto, Anansi Press, p. 49-60.

RIOUX, Marcel. 1951a, « Remarques sur l'éducation secondaire et la culture canadienne-française », *Cité Libre*, vol. I, n° 2 (février), p. 34-42.

RIOUX, Marcel. 1951b, « Some Medical Beliefs and Practices of the Contemporary Iroquois Longhouse of the Six Nations Reserve », *Journal of Washington Academy of Sciences*, vol. 41, n° 5, p. 152-158.

RIOUX, Marcel. 1953, « Remarques sur l'éducation secondaire », *Cité Libre*, vol. 4, n° 8 (novembre).

RIOUX, Marcel. 1955a, « Idéologie et crise de conscience du Canada français », *Cité Libre*, n° 14 (décembre), p. 1-29.

RIOUX, Marcel. 1955b, « Notes autobiographiques d'un indien Cayuga », *Anthropologica*, n° 1, p. 18-37.

RIOUX, Marcel. 1957, *Belle-Anse,* Ottawa, Musée national du Canada.

RIOUX, Marcel. 1960, « La démocratie et la culture canadienne-française », *Cité Libre,* vol. IX, n° 28 (juin-juillet), p. 3-4, 13.

RIOUX, Marcel. 1961, « Socialisme, cléricalisme et Nouveau Parti », Cité Libre, vol. XI, n° 33 (janvier), p. 4-8.

RIOUX, Marcel et Jacques DOFNY. ([1962] 1972), « Les classes sociales au Canada français » dans Marcel Rioux et Yves Martin (dir.). *La société canadienne-française,* Montréal, Hurtubise HMH, p. 315-324.

RIOUX, Marcel. 1964, « Le socialisme aux U.S.A. », *Socialisme 64,* n° 1, p. 87-107.

RIOUX, Marcel. 1965, « Conscience nationale et conscience de classe au Québec », *Cahiers internationaux de sociologie,* n° XXXVIII (janvier-juin), p. 99-108.

RIOUX, Marcel. [1969a, 1977] 1987), *La question du Québec,* Montréal, L'Hexagone.

RIOUX, Marcel. 1969b, « Remarques sur la sociologie critique et la sociologie aseptique », *Sociologie et Sociétés,* vol. 1, n° 1 (mai), p. 53-67.

RIOUX, Marcel, Yves LAMARCHE et Robert SÉVIGNY (dir.). 1973, *Aliénation et idéologie dans la vie quotidienne des Montréalais francophones,* Montréal, Les Presses de l'Université de Montréal, 2 volumes.

RIOUX, Marcel. 1974, *Les Québécois,* Paris, Seuil.

RIOUX, Marcel, Hélène LOISELLE, François LORANGER, Claude JUTRA, Léon BELLEFLEUR, Laurent BOUCHARD et Gérald GODIN. 1975, « Rapport du Tribunal de la culture » dans *Liberté,* n° 101 (décembre), p. 4-85.

RIOUX, Marcel. 1977, « Le développement culturel » dans Daniel Latouche (dir.). *Premier mandat : une prospective à court terme du gouvernement péquiste,* Montréal, L'Aurore.

RIOUX, Marcel. 1978a, *Essai de sociologie critique,* Montréal, Hurtubise HMH.

RIOUX, Marcel. 1978b, « Ceux d'en haut et ceux d'en bas », *Possibles,* vol. 2, n° 2-3 (hiver-printemps), p. 7-11.

RIOUX, Marcel. 1978-1979, « Régions : nostalgie ou avant-garde », *Vie des arts,* vol. 73, n° 93, p. 18-19.

RIOUX, Marcel. 1979, « Quelle éducation ? Quelle culture ? », *Possibles,* vol. 3, n° 3-4 (printemps-été), p. 203-210.

RIOUX, Marcel et Susan CREAN. 1980, *Deux pays pour vivre : un plaidoyer,* Montréal, Les Éditions Saint-Martin.

RIOUX, Marcel. 1980a, « Le besoin et le désir d'un pays », *Possibles,* vol. 4, n° 2 (hiver), p. 7-13.

RIOUX, Marcel. 1980b, « L'autogestion, c'est plus que l'autogestion », *Possibles*, vol. 4 n° 3-4 (printemps-été), p. 15-22.

RIOUX, Marcel. 1981, *Pour prendre publiquement congé de quelques salauds*, Montréal, L'Hexagone.

RIOUX, Marcel. 1982, « Développement culturel et culture populaire » dans Gilles Pronovost (dir.). *Cultures populaires et sociétés contemporaines*, Québec, Les Presses de l'Université du Québec, p. 159-164.

RIOUX, Marcel.1983, « La région incertaine », *Protée*, vol. 11, n° 1 (été), p. 11-12.

RIOUX, Marcel. 1984, *Le besoin et le désir*, Montréal, L'Hexagone.

RIOUX, Marcel. 1985, « Sociologie critique et création artistique », *Sociologie et Sociétés*, vol. XVII, n° 2 (octobre), p. 5-11.

RIOUX, Marcel. 1986, « De l'État-Providence à l'État-Provigo », *Possibles*, vol. 10, n° 3-4 (printemps-été), p. 29-39.

RIOUX, Marcel. 1990a, *Un peuple dans le siècle*, Montréal, Boréal.

RIOUX, Marcel. [1979] 1990b, « Un écrivain et son pays » dans *Un peuple dans le siècle*, Montréal, Boréal, annexe III, p. 407-432.

RIOUX, Marcel. 1990c [1975], « Les intellectuels et la liberté » dans *Un peuple dans le siècle*, Montréal, Boréal, annexe IV, p. 433-446.

RYAN, Claude. 1990, « Il a soulevé les vraies questions et réfuté les réponses toute faites » dans Robert Comeau et Lucille Beaudry (dir.). *André Laurendeau : Un intellectuel d'ici*, Sillery, Les Presses de l'Université du Québec, p. 277-281.

RYERSON, Stanley Bréhaut. 1990, « Laurendeau, la Commission royale, l'histoire » dans Robert Comeau et Lucille Beaudry (dir.), *André Laurendeau : Un intellectuel d'ici*, Sillery, Les Presses de l'Université du Québec, p. 219-222.

SALTER, Liora. « "Public " and Mass Media in Canada : Dialectics in Innis's Communication Analysis » dans William Melody, Liora Salter et Paul Heyer. 1981, *Culture, Communication and Dependency : The Tradition of H.A. Innis*, Norwood, NJ, Ablex Publishing, p. 193-208.

SALTER, Liora et Cheryl DAHL. 1999, « The Public Role of the Intellectual » dans Charles Acland et William Buxton (dir.). *Harold Innis in the New Century : Reflections and Refractions*, Montréal et Kingston, McGill-Queen's University Press, p. 114-134.

SCOTT, F.R. 1957, « W.L.M.K. » dans F.R. Scott et A.J.M. Smith (dir.). *The Blasted Pine*, Toronto, Macmillan, p. 27-28.

SIEGFRIED, André. 1907, *Le Canada. Les deux races. Problèmes politiques contemporains*, Paris, Armand Colin.

SCHMIDT, Larry (dir.). 1978, *George Grant in Process : Essays and Conversations*, Toronto, Anansi Press.

SMILEY, Donald. 1967, *The Canadian Political Nationality,* Toronto, Methuen

SPRY, Irene. 1999, « Economic History and Economic Theory : Innis's Insights » dans Charles Acland et William Buxton (dir.). *Harold Innis in the New Century : Reflections and Refractions,* Montréal et Kingston, McGill-Queen's University Press, p. 105-113.

STAMPS, Judith. 1999, « Innis in the Canadian Dialectical Tradition » dans Charles Acland et William Buxton (dir.). *Harold Innis in the New Century : Reflections and Refractions,* Montréal et Kingston, McGill-Queen's University Press, p. 46-66.

TAYLOR, Charles. 1970, *The Pattern of Politics,* Toronto, McClelland and Stewart.

TAYLOR, Charles. 1982, *Radical Tories : The Conservative Tradition in Canada,* Toronto, Anansi Press.

TAYLOR, Charles. 1985a, « Human Agency and Language », *Philosophical Papers,* vol. 1, New York, Cambridge University Press.

TAYLOR, Charles. 1985b, « Philosophy and the Human Sciences », *Philosophical Papers,* vol. 2, New York, Cambridge University Press.

TAYLOR, Charles. 1985c, « Atomism » dans *Philosophy and the Human Sciences,* New York, Cambridge University Press, p. 187-210.

TAYLOR, Charles. 1985d, « What's wrong with negative liberty ? » dans *Philosophy and the Human Sciences,* New York, Cambridge University Press, p. 211-229.

TAYLOR, Charles. 1985e, « Legitimation Crisis ? » dans *Philosophy and the Human Sciences,* New York, Cambridge University Press, p. 248-288.

TAYLOR, Charles. 1985f, « Kant's Theory of Freedom » dans *Philosophy and the Human Sciences,* New York, Cambridge University Press, p. 318-337.

TAYLOR Charles. 1992a, *Grandeur et misère de la modernité,* Montréal, Bellarmin, traduction de *The Malaise of Modernity,* Concord, Ont., House of Anansi, 1991.

TAYLOR, Charles. 1992b, *Rapprocher les solitudes : écrits sur le fédéralisme et le nationalisme au Canada,* Sainte-Foy, Presses de l'Université Laval.

TAYLOR, Charles. 1994, *Multiculturalisme : différence et démocratie,* Paris, Aubier, traduction de *Multiculturalism and the Politics of Recognition,* Princeton, N.J., Princeton University Press, 1992.

TAYLOR, Charles. 1995, *Philosophical Arguments,* Cambridge, Mass., Harvard University Press.

TAYLOR, Charles. 1998, *Les sources du moi : la formation de l'identité moderne,* Montréal, Boréal, traduction de *Sources of the Self : the Making of the Modern Identity,* Cambridge, Mass, Harvard University Press, 1992.

TOCQUEVILLE, Alexis de. 1961, *De la démocratie en Amérique*, Paris, Galli-mard.

TRUDEAU, Pierre Elliott. 1967, *Le fédéralisme et la société canadienne-française*, Montréal, HMH

TRUDEAU, Pierre Elliott. 1970a, *La Grève de l'amiante*, Montréal, Éditions du jour.

TRUDEAU, Pierre Elliott. 1970b, *Les cheminements de la politique*, Montréal. Éditions du jour.

TRUDEAU, Pierre Elliott. 1972, *Trudeau en direct*, Montréal, Éditions du jour.

TRUDEAU, Pierre Elliott et Thomas S. AXWORTHY. 1990, *La recherche d'une société juste*, Montréal, Édition du jour.

UNDERHILL, Frank. *In Search of Canadian Liberalism*, Toronto, Macmillan, 1960.

WESTFALL, William. « The Ambivalent Verdict : Harold Innis and Canadian History » dans William Melody, Liora Salter et Paul Heyer. 1981, *Culture, Communication and Dependency : The Tradition of H.A. Innis*, Norwood, NJ, Ablex Publishing, p. 37-52.

WHITAKER, Reginald. 1983, « "To Have Insight Into Much and Power Over Nothing" : The Political Ideas of Harold Innis », *Queen's Quarterly*, vol. 90, n° 3 (automne), p 818-831.

Quebec, Canada
2003